U0915813

新课改视域下高中地理教学研究与案例设计

张玉玲　秦　江　金儒成◎主　编

XINKEGAI SHIYU XIA
GAOZHONG DILI JIAOXUE YANJIU
YU ANLI SHEJI

贵州大学出版社
Guizhou University Press

图书在版编目（CIP）数据

新课改视域下高中地理教学研究与案例设计 / 张玉玲，秦江，金儒成主编．-- 贵阳：贵州大学出版社，2022.8
ISBN 978-7-5691-0635-0

Ⅰ．①新… Ⅱ．①张… ②秦… ③金… Ⅲ．①中学地理课-教学研究-高中 Ⅳ．①G633.552

中国版本图书馆 CIP 数据核字（2022）第 141594 号

新课改视域下高中地理教学研究与案例设计

XINKEGAI SHIYU XIA GAOZHONG DILI JIAOXUE YANJIU YU ANLI SHEJI

著　　者：张玉玲　秦　江　金儒成

出 版 人：闵　军
责任编辑：段丽丽　杨鸿雁
装帧设计：陈　丽

出版发行：贵州大学出版社有限责任公司
地址：贵阳市花溪区贵州大学北校区出版大楼
邮编：550025　电话：0851-88291180
印　　刷：贵州思捷华彩印刷有限责任公司
开　　本：787 毫米 ×1092 毫米　1/16
印　　张：15
字　　数：311 千字
版　　次：2022 年 8 月第 1 版
印　　次：2022 年 8 月第 1 次印刷

书　　号：ISBN 978-7-5691-0635-0
定　　价：48.00 元

版权所有　违权必究
本书若出现印装质量问题，请与出版社联系调换
电话：0851-85987328

本书作者：

张玉玲　毕业于西南师范大学地理系（现为西南大学地理科学学院）。中学高级教师，贵阳市教育科学研究所地理教研员，贵州省教育科学研究院地理兼职教研员，获贵州省“最美劳动者”称号，贵州省骨干教师，贵州省汪际地理名师工作坊成员，贵州省地理学会副秘书长，贵州省教育学会常务理事，贵阳市地理学科基地专家，贵阳市秦江名师工作室指导教师，贵阳市高中地理学科带头人工作站顾问。主编《新课标中学复习用地理知识地图册》等。

秦　江　贵阳市第六中学正高级教师，贵州师范大学硕士研究生导师，贵州省黔灵名师，贵阳市名师，贵阳市秦江名师工作室主持人，贵阳市高中地理学科带头人，贵阳市高中地理学科带头人工作站站长，贵阳市高中地理学科基地指导专家，贵州省地理学会常务理事。主持或参与完成多项省市级课题，主编《高中地理实践力教学案例》，多篇论文在《地理教学》《贵州教育》等刊物发表。

金儒成　贵州师范大学自然地理学硕士，陕西师范大学教育学部学校课程与教学专业在读博士生。贵州师范大学附属中学高级教师，贵州省骨干教师，贵州省地理学会常务理事，贵州省高考文科综合评卷组专题组长，贵州省高中地理樊敏名师工作室成员，贵阳市高中地理学科带头人工作站成员，贵州师范大学学科教学（地理）专业研究生课程主讲教师。主编有《高中地理试题设计理论与实务》《高中地理研学实践案例》等著作，参与编写著作近 10 种。主持省部级课题 2 项，参与省部级课题多项。

编审：秦　江　　邓　宏　　郑　建

本书获以下课题支持

贵阳市名师工作室专项课题

“基于培养高中生地理实践力的地理实验教学行动研究”

（主持人：秦　江　立项编号：GYYB21120）

贵州省教育科学规划课题、贵阳市教育科学规划重点课题

“基于学科核心素养的高中地理问题式教学实践与研究”

（主持人：张玉玲　立项编号：GYZD19012）

贵州省教育科学规划课题、贵阳市教育科学规划专项课题

“高考招生制度改革背景下普通高中课程实施对策研究”

（主持人：金儒成　立项编号：2019B080）

序

2021 年 1 月 13 日，恰逢冬日暖阳，贵阳市高中地理教研员张玉玲召集贵阳市中学地理教育教学界一群志同道合者相聚一堂，围绕高中地理“新课标、新教材、新高考”系列活动开展了第一次研讨活动，探讨在新一轮课程改革中贵阳市高中地理教育教学将会遇到的问题以及应对策略和具体解决措施，拟通过课程标准（后文简称课标）与教材研读、不同版本教材比较以及课堂教学设计、优秀课例展示等一系列活动推进高中地理课程改革。大家最后将系列活动的总结成果定位为《新课改视域下高中地理教学研究与案例设计》，于是本书的编撰工作便正式开始。2021 年 6 月，贵阳市高中地理学科带头人工作站的成立为编撰工作的顺利进行提供了保障。

经过前期研究，从 2021 年 3 月开始，专家们相继在市级研修活动中分单元开展“新课标、新教材、新高考”系列培训；随着工作室专项课题以及张玉玲、金儒成等老师主持的课题立项，以课题为支撑，对“新课标、新教材、新高考”背景下教育教学改革的研究更加系统、规范和具体；课题组成员作为多所学校地理学科教育教学的中坚力量，使课题研究发挥了较为广泛的辐射和带动作用。

两年来，工作室（站）始终聚焦课堂，引领成员探索课堂教学改革，研究教法和学法，创立“任务驱动、课例剖析、领悟提升、成果分享、反思回顾”的五段式课例研修模式，先后开展基于“新课标、新教材、新高考”的课例研究 20 余次，打磨课例 20 余节，有 16 节课例在省市优质课、教学设计评选中获一等奖或作为示范课、公开课在市级教研活动中展示。

地理课堂不能仅仅局限在教室，编写组带领教师和学生走近大自然，走向社会，先后利用休息时间开展了 5 次地理野外考察实践活动，广泛挖掘乡土地理课程资源，体验生活中的地理。以提升教师地理野外考察指导能力为手段，以培养学生地理核心素养为目的，以大地为纸，以双脚为笔，练就一双地理慧眼，书写乡土情怀，守望乡愁。

秉承“格物致知，画地成图”的宗旨，历经两载艰辛，《新课改视域下高中地理教学研究与案例设计》终于面世，一篇篇研究成果凝聚着大家的智慧，一个个鲜活案例展现出团队的情怀。对此，我很欣慰和开心，欣慰的是没有辜负这群志同道合者的期盼和初心，开心的是我们一路走来硕果累累、收获满满。

秦　江

前　言

党的十九大报告明确提出："要全面贯彻党的教育方针，落实立德树人根本任务，发展素质教育，推进教育公平，培养德智体美全面发展的社会主义建设者和接班人。"以立德树人引领全面发展，是党的教育方针的根本任务。立什么德，树什么人？中国学生发展核心素养给出了未来"能够担当中华民族伟大复兴重任"的人才要求，是党的教育方针的细化和具体化。培养中国学生发展核心素养，基础教育课程发挥着关键作用。

建立核心素养与课程教学的内在联系，挖掘各学科课程的育人价值是贯彻党的教育方针、落实立德树人根本任务的关键。2017 年教育部印发了《高中地理课程标准》，2020 年进行了修订，新课标凝练出地理学科核心素养，由"人地协调观、综合思维、区域认知和地理实践力"组成，是学生通过地理知识的学习所形成的正确价值观念、必备品格和关键能力。人地协调观属于基本价值观念，综合思维和区域认知属于基本思想和方法，地理实践力属于基本活动经验，各个素养相互融合与促进，形成学生发展的综合品质与能力。

新课程、新课标，对高中地理教育教学提出了新要求，地理学科核心素养的培养，需要教师改变教学理念，以学生为主体，让学生在参与和实践中不断感知与内化核心素养。新课标在教学实施建议中特别提出了"重视问题式教学"和"加强地理实践"。"问题式教学"是用"问题"整合相关学习内容的教学方式，以"问题发现"和"问题解决"为要旨，是培养地理核心素养的重要的教学方法。"地理实践"是支持学生地理学科核心素养发展的重要手段。地理实践活动的设计和实施，要以地理学科核心素养的培养为宗旨。

为引领贵阳市高中地理教师的专业发展，有效促进贵阳市高中地理课堂教学方法的改革，促进学生学习方式的转变，实现高中地理学科教育教学的高质量发展，贵阳市教育科学研究所（书中称贵阳市教科所）高中地理教研室、贵阳市秦江名师工作室未雨绸缪，于 2021 年初启动新课标、新教材研修工作，聘请省市部分地理教育教学专家培训全市高中地理教师，系统性研读《普通高中地理课程标准（2017 年版 2020 年修订）》，发挥教研室和名师工作室引领、带动、辐射作用。2021 年贵阳市作为教育部公布建设的普通高中新课程新教材实施的国家级示范区，为这项工作的开展增加了强大动力，贵阳市高中地理学科带头人工作站的成立也为此项工作的可持续开展注入了新鲜活力。

在课标研读的基础上，广大一线教师积极参与多个课题的研究，如贵阳市高中地理教研员张玉玲主持的省级课题“基于学科核心素养的高中地理问题式教学实践与研究”，秦江主持的名师工作室专项课题“基于培养高中生地理实践力的实验教学行动研究”等。本书以课题研究成果为主，汇集了新课标、新教材实施以来贵阳市众多高中地理一线教师在课堂教学改革方面积极探索取得的成果。

“基于学科核心素养的高中地理问题式教学实践与研究”课题组首先构建了“三环六步”问题式教学模式。三环即“发现问题—探究问题—解决问题”三个环节，其中每个环节对应两个步骤，即“创设情境、提出问题、合作探究、成果展示、解决问题、迁移拓展”。其次，提炼了指向核心素养的问题设计策略。指向区域认知地理学科核心素养的问题设置应与区域认知主要内容“区域位置、区域特征、区域差异、区域联系和区域发展”相关联；指向综合思维的问题设计可从“多要素的分析”“要素的整体性联系”“探究动态演变”“地方性解释”的路径层层推进；指向地理实践力素养的问题设计主要从指向区域认知和综合思维及人地协调观素养来落实；指向人地协调观的问题设计可从“自然环境对人类活动的影响”“人类活动对地理环境的影响”以及“人地关系协调发展”三方面设问。最后，课题组老师初步形成了在教学设计中设置“问题清单”栏目的模式，使教学目标、教学流程清晰化。

“基于培养高中生地理实践力的实验教学行动研究”课题组，首先确定探索地理实验教学三轮行动研究的策略：第一轮行动研究“学生用观察实验的方法收集和处理地理信息，发现问题、探索问题的兴趣”；第二轮行动研究“学生与他人合作设计地理实验的方案，独立思考并选择适当的器材开展实验”，培养学生的动手能力；第三轮行动研究“学生实施地理实验方案，主动从体验和反思中学习，实事求是，克服困难的勇气和方法”。其次，课题组初步形成了地理实验教学的“五步”行动法，即按照筛选、设计、论证、实践、评估五个步骤开展高中地理实验教学行动研究。教学实验筛选遵循“必要性、安全性”原则，实验设计遵循“科学性、创新性”原则，实验论证遵循“客观性、主体性”原则，教学实践遵循“实操性、体验性”原则，教学评估遵循“真实性、实效性”原则，以此帮助老师们在地理实验教学中做到设计科学、逻辑缜密、环节清晰、可操作性强。最后，课题组老师们组织实施了一些典型的实验教学，通过课例教学展示，共同听课、评课、议课，完善教学中的实验设计和实验步骤，在实验探究活动中取得了一些成果。

在课标研读和课题研究的基础上，贵阳市教科所组织全市高中地理教师开展课例观摩和研究、说课比赛，教学设计比赛，优质课大赛等一系列活动，为老师们搭建平台，帮助老师们在“三新”（即新课标、新教材、新高考）背景下的教育教学探索中尽快实现专业成长。自贵阳市秦江名师工作室、贵阳市高中地理学科带头人工作站成立以来，工作室、工作站始终聚焦课堂教学改革，采用“五段式”课例研修模式，即通过任务驱动、课例剖析、领悟提升、成果分享、反思回顾等环节，力求帮助老师们“磨出一个成果，提升一层境界”，多次在贵阳市高中地理教科研活动中承担公开课、示范课等，实现成果转化，在省市优质课比赛中取得优异成绩。

本书正是基于以上研究成果而编写。本书编写目录与湖南教育出版社出版的（书中称湘教版）《普通高中地理（必修一）》的目录基本一致，包括走进地理学、宇宙中的地球、地球表面形态、地球上的大气、地球上的水、地球上的植被与土壤、附录等。每章包括章首语和小节。章首语简要介绍本章在高中地理教育教学中的地位和作用、知识结构、学业要求、课时建议几方面的内容。各小节由内容研读、教学设计、乡土地理案例三个部分组成。第一部分“内容研读”包括内容要求、认知内容、教材对比、教学建议四个部分。其中，“内容要求”引用了《普通高中地理课程标准（2017年版2020年修订）》与本节内容对应的内容要求，但原文中的行为动词、行为条件不在每节进行解读，相关说明统一归纳于附录；教材对比以人民教育出版社和湖南教育出版社出版的高中地理必修第一册（书中称人教版和湘教版教材）对比为主。第二部分“教学设计”包括学情分析、教学目标、重难点、教学方法（问题清单）、教学资源、教学过程、作业设计、教学反思、点评等。其中，学情分析包括认知基础、不足条件，主要针对学生学习本节内容已经具备的知识和能力储备，以及学习本节内容可能存在的困难、思维瓶颈等进行分析。第三部分“乡土地理教学资源”旨在为老师们的教学提供身边的鲜活素材。

为了方便老师们参考，我们还为每个教学设计配套了教学课件，大家用微信扫描二维码即可下载。

感谢老师们的参与，感谢贵阳市多所学校地理教研组对书中收录课例的研讨、打磨和验证。感谢各级领导对本书编写的支持。感谢贵阳市地理教育教学专家对本书编写的指导。

作为探路者，我们在摸索中行进，以期在荆棘中踩出一条路，为一线年轻地理教师在课堂教学中能够指向地理核心素养的培养、落实新课改要求提供一些借鉴和参考。由于能力和时间有限，书中难免有不足之处，恳请各位专家学者与老师们、同学们批评指正。

目　录

《走进地理学》教学研究与案例设计

内容研读：游慧明　张玉玲　秦　江

地理学是研究地理环境以及人类活动与地理环境关系的科学，在现代科学体系中占有重要地位。

教材中“走进地理学”部分是高一地理的入门课，是学生从初中地理课程学习进入高中地理课程学习的衔接和过渡。通过“地理学是什么”“地理学做什么”和“地理学怎么做”三个部分内容，从学科理论到学科实践，从过去到未来的学科发展，从学科交叉到现代技术应用等方面，多角度、多层次地展示地理学科特点和学科价值。

“地理学是什么”这部分内容对地理学的概念进行了必要的完善，帮助学生在进入高中阶段后对地理学所包含的内容得到进一步认识，同时，也让学生了解地理学的学科体系，以及地理学科在高中阶段对个人成长与发展的意义。

“地理学做什么”这部分内容，从地理学的科学价值、社会价值和育人价值三个方面向学生阐释了地理学的价值，能够加深学生对地理学科的认知。

“地理学怎么做”这部分内容对地理学研究的方法和技术进行了介绍。强调了野外考察、地理实验、地理观测、地理调查等地理实践，着重介绍了“3S”技术——地理信息系统（GIS）、遥感（RS）、全球卫星导航系统（GNSS）的运用及其对地理学发展的促进作用。

本部分的教学发挥着导入高中地理课程学习的作用，建议采用2个学时完成教学，达到学业质量“水平2”的要求。

走进地理学

教学设计：郭晓敏　潘文霞

地理学是一门经世致用的学科，具有区域性和综合性的特点。人地关系是地理学研究的重点，揭示并合理解决人类与地理环境所面临的问题是地理学的使命。科技的发展促进了地理学研究方法和研究方式的改变，“3S”技术已经贯穿于地理学问题解决的各个环节，推动了地理学的快速发展，展示了地理学在人类社会、经济、生产发展中所起到的不可替代的作用。

一、内容研读

◎ 认知内容

“走进地理学”作为高中地理课程学习的开篇，无需强调相关内容的系统性，也不必面面俱到，关键在于引导学生初步达成对高中地理学科的认识，激发学生的学习兴趣，并初步了解地理信息技术。结合课程内容要求、教材的特点和贵州实际，学生通过学习本节内容需要知道以下知识：

1. 地理学是什么——探究地球表层的道理和规律的科学。

地理学已不再是对大地之描述：陈述什么地方（where），产生什么现象（what）；而是对作为人类家园的“地”球表层之道“理”的认识和发现：世界为什么会这样（why）和将会怎样（will be）。

2. 地理学做什么——阐述地理学的价值。

地理学除了具有科学价值外，还因与社会密切相连，具有社会价值、育人价值。

3. 地理学怎样做——了解“3S”技术。

课标强调利用地理信息技术探究有关自然和人文地理的问题，学生应了解的必备知识是：全球卫星导航系统（GNSS）、遥感（RS）和地理信息系统（GIS）的工作原理、应用。

教师可以结合所在地区常见的自然、人文现象和中国近年来的大事件进行讲授，以便学生联系生活，加深理解。

◎ 教材对比

人教版、中图版、鲁教版三个版本教材均无前言部分的设计，沪教版和湘教版教材均把“走进地理学”作为地理必修第一册的前言部分，以下针对本部分内容进行简要对比，见表 0-1 和表 0-2。①

---

① 中图版、鲁教版和沪教版教材，分别指中国地图出版社、山东出版集团有限公司、上海教育出版社出版的教科书。

表 0–1 沪教版教材和湘教版教材“走进地理学”内容结构对比

版本	沪教版	湘教版
页数	4 页	6 页
章节	前言（走进地理学）	前言（走进地理学）
内容板块	一、什么是地理学 二、为什么要学习地理 三、怎样学习地理	一、地理学是什么 二、地理学做什么 三、地理学怎样做
图表数量	图片 7 组 表格 0 张	图片 7 组 表格 0 张 对话框 3 个
活动与材料数量	活动（探究）：0 个 阅读（案例）：1 个	活动（探究）：0 个 阅读（案例）：3 个

从“内容板块”看，两个版本的内容差不多，都分为三个框题，都把该部分作为初、高中地理课程学习的衔接。“怎样学习地理”框题，沪教版侧重于学好高中地理课程的方法，湘教版则侧重于地理学的应用技术。从“阅读”板块的数量上看，沪教版虽少但“地理信息技术及其应用”阅读部分已包括了遥感、全球导航卫星系统和地理信息系统，内容丰富；湘教版“阅读”材料为三个，第一个阅读“地理学在浦东机场建设中发挥的作用”，后两个阅读“遥感技术与资源普查”“地理信息技术在道路交通中的应用”是地理信息技术应用的案例说明。此外，湘教版有三个对话框对应新设置的三个人物：女学生“丹霞”，男学生“经纬”，教师“苏扬（素养）”，试图构建一个学习共同体，营造浓厚的地理学习氛围，增强教材与师生之间的交流与沟通。

表 0–2 沪教版教材和湘教版教材“走进地理学”主要图幅对比

版本	沪教版	湘教版
主要图幅	图 1 地理学内容体系 图 2 应用遥感技术监测咸海 20 年面积变化 图 3 北斗卫星导航系统示意图 图 4 车载定位导航 图 5 地理信息系统图层叠加原理示意图 图 6 上海市农用地 GIS 综合管理平台 图 7 浙江德清地理信息小镇	图 1 四川亚丁自然保护区仙乃日雪山 图 2 地理学学科体系示意 图 3 上海浦东国际机场 图 4 九段沙地理位置 图 5 北斗卫星导航系统示意 图 6 地理信息技术在交通管理中的应用示意 图 7 地理信息技术在道路管理中的应用示意

沪教版和湘教版教材的图幅数量一样，其中相同图幅有：地理学学科体系示意图、北斗卫星导航系统示意图，说明“地理学科内容体系，北斗卫星导航系统”是需要重视的内容。不同之处：沪教版的图幅主要放在第三板块，从环境监测、日常生活、农业规划等方面直观展示地理信息技术的应用；湘教版三个板块内容均有图幅对应，如自然景观、地理学发挥的作用、地理信息技术的应用等。

◎ 教学建议

本节内容是让刚迈入高中的学生对地理学有一个初步的认知，形成地理学学科体系的轮廓框架。在进行教学之前，建议参考沪教版的内容，如地理学内容体系示意图、“怎样学习地理”中学好高中地理课程的重要途径和地理的学习过程等，找到适合自己和当地学生的内容，收集事例制作成多媒体课件，教学建议以图件、视频展示为主，有条件的学校可利用丰富的地理标本、模型和仪器等开展教学，充分展现地理学的魅力。

教学方法建议基于真实情境，教师引导学生发现问题、探究问题和解决问题，让学生在问题的解决过程中逐步形成地理核心素养。

教学过程上，建议从身边的典型事例入手，如“3S”技术，教师在课堂上不应过多关注技术细节，可利用一次赛事的过程、疫情防控过程等具体事例对所渗透的知识进行适当的说明，让学生体会到生活中地理无处不在。

建议本节内容的教学使用 2 课时。第 1 课时学习地理学是什么、地理学做什么；第 2 课时学习地理学怎样做，并进行知识巩固。

二、教学设计

◎ 学情分析

认知基础：初中地理课程由认识全球和认识区域组成，侧重于地理事物和现象的学习，不涉及较为深层次的成因分析。通过课程学习，学生能初步运用地图、地球仪等地理工具获取地理信息，也具有一定的认识和分析地理问题的意识和能力。

不足条件：因中考制度的实施，初中地理结业考试设置在初二进行，初三空缺一年，学生对地理知识遗忘严重，缺乏必要的知识准备，使初、高中地理知识衔接不够。大多数学生在初中阶段学习地理重记忆、轻理解，忽视理性思考和推理，在地理学习的基本能力方面偏弱。

◎ 教学目标

1. 通过观看视频、示意图，初步认识地理学的学科体系。

2. 通过观看视频、景观图片，指出地理学在日常社会生产实践中发挥的巨大作用。

3. 通过图文材料，说出“3S”技术的区别和联系，说明地理信息技术在实际生活中如何解决问题。

4. 通过互联网，选择适宜的地理信息技术，初步观察某一地理问题。

◎ 重点难点

1. 教学重点：地理学是什么，地理学做什么，地理学怎样做。

2. 教学难点：探究地理信息技术在自然地理和人文地理问题中的实际应用。

◎ 教学方法

问题式教学，问题清单见表 0-3。

表 0-3 《走进地理学》问题清单

核心问题	子问题	素养指向
1. 地理学是什么	①地理学研究的对象是什么？ ②地球表层由哪些圈层组成？ ③说出景观图中包含的地球圈层。	综合思维（要素综合）
2. 地理学做什么	说出地理学在日常社会生产实践中发挥的巨大作用。	区域认知 综合思维（时空综合、要素综合） 人地协调观（“人对地”“地对人”） 地理实践力
3. 地理学怎样做	①如何学习地理学？ ②地理信息技术有哪些？ ③说出“3S”技术的区别和联系。 ④列举地理信息技术在实际中的应用。	区域认知 综合思维（要素综合、时空综合、地方综合） 人地协调观（“人对地”）

◎ 教学资源

湘教版教材，多媒体课件，视频，计算机，智能手机。

◎ 教学过程

第 1 课时《地理学是什么、地理学做什么》、第 2 课时《地理学怎样做》的教学过程分别见表 0-4 和表 0-5。

表 0–4 《地理学是什么、地理学做什么》教学过程设计

教学环节	教师导学	学生活动	设计意图
发现问题	【引入】引入中央电视台贵州宣传片经典广告词：“走遍大地神州，醉美多彩贵州。”播放“多彩贵州”旅游宣传视频。 【设问】从地理学科视角，思考广告词的合理性。 【讲述】用“山美、水美、人更美；走遍大地神州，醉美多彩贵州”概述学生分享的内容。此时此刻的你们很自豪，也很幸运，因为从今天起，大家将和我一起，运用地理视角、地理思维揭开贵州山、水、人美的谜底。	【观察】认真观看视频，获取多彩贵州的自然和人文景观，思考广告词与地理学之间的联系。 【发言】在教师引导下，学生从自然和人文两方面概述视频中的景观特点。 【质疑】学生仔细研读广告词，为什么会选择这句话作为贵州的“代言”？	依托真实情境，挖掘能够深入探讨的学科内容，激发学生的探究欲望，并鼓励学生发现问题、提出问题，在教师引导下，共同提出核心问题。
探究问题	【板书】一、地理学是什么 【设问】地理学研究的对象是什么？ 【讲解】地理学是一门古老而又现代的科学，“地理”出自《周易·系辞上》“仰以观于天文，俯以察于地理”。现代地理学中，“地”指地球、地球表层和区域；“理”指事理、规律，指事物、现象之间的内在联系和规律性。人地关系是地理学的研究重点。	【分享】学生阅读教材相关内容，分享对这一问题的看法。 【倾听】认真听取讲解，从教师补充的内容中理解地理学研究的对象。	通过概念的解读，让学生初步了解地理学的内涵。
	【设问】地球表层是由哪些圈层相互作用组成的复杂的巨系统？ 【播放】播放兴义万峰林、铜仁梵净山、安顺黄果树瀑布、毕节百里杜鹃等景观视频。 【设问】说出景观图中包含的地球圈层。 【归纳】地理学是研究四大圈层及其相互作用组成的复杂的巨系统，并探索其中规律的科学，按系统要素和内在规律分门别类地对其进行研究，形成了自身的学科体系。	【发言】学生阅读教材相关内容找出问题的答案。 【观看】“多彩贵州”旅游宣传短片中的典型代表画面。 【归纳】独立思考景观图中包含的地球圈层，并分享思考结果。 【质疑】其他学生提出疑问或补充。	通过景观图展示出大自然的美，激发学生的好奇心与探索欲。

（续表）

教学环节	教师导学	学生活动	设计意图
探究问题	【展示】展示地理学学科体系示意图。 【讲述】地理学是人类知识宝库的重要组成部分，旨在“探索自然规律，昭示人文精华”。 中央电视台播放的贵州旅游宣传片，彰显贵州丰厚的人文底蕴，自然与现代交融的崭新姿态，这样的华丽转身，地理学做出了特殊贡献！	【阅读】教材第2页图2的相关内容，读取地理学学科体系。	通过学生对子问题的探究，认识地理学研究的对象，并初步得出地理学研究的学科体系。
	【板书】二、地理学做什么 【播放】视频中的画面：贵州高铁、航空、“十三五”期间易地扶贫搬迁、中国国际大数据博览会、中国天眼等。 【归纳】贵州从一个山地众多，交通极其不便，依靠传统农业的落后省份蜕变成依靠生态资源，走出人与自然和谐、经济与生态相融的“绿色之路”，改善交通运输条件，完成易地扶贫搬迁，大力发展旅游业、大数据产业等，各行各业发展更加智能化、现代化，经济水平快速提升。 【总结】这些无不渗透着地理学做出的贡献：对科学发展观、人与自然协调、区域协调等重要方面提供的解释和解决之道，对区域规划、产业布局、自然资源利用和环境保护等决策提供支持，对经济重构、提高竞争力、技术创新等方面提供科学依据，等等。	【观看】观看两段新版“多彩贵州”旅游宣传短片，思考与导入视频的区别。 【讨论】发现差异，分组讨论地理学在日常社会生产实践中发挥的巨大作用。 【分享】小组代表针对每一幅画面体现出的地理学发挥的作用分享讨论结果。学生补充。 【聆听】感悟地理知识的价值，学习“生活中的地理”和“有用的地理”。	提供材料，培养学生信息提取和总结概括的能力。 小组讨论，培养学生合作探究的意识和综合分析问题的能力。 了解贵州的蓬勃发展现状，增强学生的家乡情怀。 概括知识的脉络与主线，深化主题，强化重点。强调地理学的重要性。

（续表）

教学环节	教师导学	学生活动	设计意图
解决问题	【展示】展示教材第3页“阅读”：地理学在浦东机场建设中发挥的作用。 【总结】地球表层在不断演化，人类社会在不断发展，新的认知领域也在不断出现，亟须地理学深刻揭示和合理解决人类与地理环境所面临的问题，勇于开拓并科学认知新领域。	【探究】学生可以利用教材中的案例，说出地理学在案例中的作用，也可寻找身边的事例加以说明。	加深理解和巩固所学的知识，将所学的知识运用于实际，培养学生的科学探索精神。
板书设计	**前言　走进地理学** 一、地理学是什么 地理 {“地”：地球、地球表层（面）、区域（地区）；“理”：事理、规律} 二、地理学做什么		

注：“板书设计”是教学过程设计必不可少的部分，其内容虽与表头中的“教师导学”“学生活动”“设计意图”缺乏对应，但考虑到其特殊性，仍将其合并在教学过程设计表格中。

表0–5　《地理学怎样做》教学过程设计

教学环节	教师导学	学生活动	设计意图
发现问题	【展示】播放视频并展示部分场景图像：崇礼区地上建筑普查、雪如意三维模型和部分相关服务平台等。 【讲解】“科技冬奥”是2022年北京冬奥会的特色之一，不论是场馆建设、赛事服务还是综合保障，处处透着“科技范儿”，地理信息技术也积极参与到助力冬奥行列中。	【观察】认真观看视频并阅读图像，获取信息，感受科技冬奥的视觉冲击。 【思考】地理信息技术如何助力冬奥？	创设情境，激发学生的探究欲望，并在教师引导下，共同提出核心问题。

（续表）

教学环节	教师导学	学生活动	设计意图
探究问题	【板书】三、地理学怎样做 【设问】 1. 如何学习地理学？ 2. 地理信息技术有哪些？ 3. 列举地理信息技术在实际生活中的应用。 4. 说出“3S”技术的区别和联系。 【归纳】地理学习过程包括“五会”：会使用教材、会运用地图、会查阅资料、会学以致用和会应用技术。 【点拨】关于问题3，学生能够联系实际，列举一些耳熟能详的地理信息技术的运用案例，比如百度导航等，但因学生不容易正确区分遥感和卫星定位系统，教师可以根据学生列举的案例，从关键设备、工作原理和具体应用方面来讲述，帮助学生进行重难点突破。	【探究】以小组为单位，完成“一起向未来，地理信息技术助力科技冬奥”主题探究任务。 【分享】分小组分享子问题讨论结果，其他小组认真聆听、评价，提出疑问或补充，并针对疑问共同交流，形成成果。 【倾听】认真学习教师系统讲解的地理信息技术的概念，关注每一种地理信息技术的关键设备和工作原理。	依托图文材料中蕴含的学科内容，培养学生的信息提取和总结概括能力。 小组讨论，培养学生合作探究的意识和综合分析问题的能力，培养学生的地理学科素养。
	【播放】播放“北斗与我们的生活”视频，简述北斗卫星导航系统（BDS）的研发背景和应用情况。 【展示】北斗卫星导航系统及其应用、北斗卫星导航系统运行示意图。 【归纳】GNSS 的主要功能是定位、导航等，在交通运输、户外运动、工程测量等领域都有广泛应用；RS 广泛应用于资源普查、地图绘测、天气预报、军事侦察、环境与灾害监测、城市与区域规划等；GIS 相当于人的大脑，可以储存庞大的空间数据，用于地图制作、空间分析、虚拟现实与地理模拟、空间地理建模等。	【观看】学习全球四大卫星定位系统，GPS 发展最早，也比较完善，在世界范围内使用广泛。BDS 是中国自行研制的全球卫星定位与通信系统，是世界第三个成熟的全球卫星导航系统。 认真观看视频，获取北斗卫星导航系统在生活中的应用介绍，总结其功能和特点。 【分享】各小组列举的“3S”技术应用的具体案例和推断理由。我们可以从两个方面来区别“3S”技术的应用：描述中的关键词和工作功能。可用“一个大脑、两只眼睛”来形象比喻三者的联系。	以北斗卫星导航系统的研发背景为例，增强学生的民族自豪感和国家认同感，帮助学生树立为祖国高科技发展努力学习的目标。 借助示意图和事例图像，化难为易，促进学生对抽象知识内容的构建。

（续表）

教学环节	教师导学	学生活动	设计意图
解决问题	【展示】利用电脑或智能手机进行互联网访问：北京市地理信息共享服务平台（https://beijing.tianditu.gov.cn/）。 【小结】地理信息技术学科的发展与应用，日益成为地理学前沿科学研究的重要领域，并成为地理学服务于社会生产的主要途径，广泛应用于社会的各个领域。科学发展无止境，希望同学们努力奋进，创新地理信息技术，一起走向未来！	【观察】利用电脑或智能手机进行互联网访问，感悟地理知识的价值。 【笔记】回顾前言所学知识，梳理思路，完成笔记。	学生通过解决现实情境下的地理问题，逐步培养自身的地理核心素养和科学探索精神。 提高学生的总结思维能力。
板书设计	三、地理学怎样做 （关键词） “3S”技术 GNSS → 定位、导航、精密、精准等 RS → 获取、变化、动态、实时监测、影像等 GIS → 分析、处理、查询、预测、分布等		

◎ 作业设计

2020 年 8 月 18 日至 20 日，长江上游出现了历史罕见的大面积连续暴雨，洪水猛涨。特大洪峰到达重庆时，长江、嘉陵江重庆段水位大幅超警戒线，主城滨江区域多地房屋进水、道路被淹，防洪形势严峻。图 1 为洪峰到达重庆市区时的景象。读图完成 1~2 题。

图 1

1. 为迅速获取本次洪水淹没范围的信息，主要用到的地理信息技术为（　　）

A.GNSS　　B.RS　　C.GIS　　D.IT

2. 在受灾区域，接到求救信号后，营救人员很快确定求救人员所处位置并成功营救。能准确定位求救人员的技术是（　　）

A.GNSS　　B.RS　　C.GIS　　D.IT

（2021 年 12 月贵州省学业水平考试）健康码是以真实数据为基础，可显示用户是否接种疫苗、是否去过中高风险地区行程等信息，对从中高风险地区流入人员加强跟踪管理，提高防控效率，为疫情防控“加码”护航。图 2 左为贵州健康码，右为小明健康码截图。完成 3~4 题。

图 2

3. 个人健康码能显示用户是否去过中高风险地区，其借助的地理信息技术主要是（　　）

A. 遥感技术　　B. 文字处理系统　　C. 雷达监测　　D. 全球定位系统

4. 对获取的信息进行处理、分析，为科学防控疫情提供依据，此过程主要应用的地理信息技术是（　　）

A. 遥感技术（RS）　　B. 地理信息系统（GIS）

C. 全球定位系统（GPS）　　D. 北斗导航系统（BDS）

【参考答案】

1.B　2.A　3.D　4.B

◎ **教学反思**

亮点：关注家国情怀。第 1 课时以“多彩贵州”为主题，充分利用新、旧版本的贵州旅游宣传片，借助片中优美的自然景观和浓郁的民族风情，日新月异的高速、绿色和智能发展为探究情景，让学生从地理视角认识和欣赏自然与人文环境，懂得人与自然和谐共生的道理。第 2 课时以“科技冬奥”为主题，以充分利用地理信息技术助力冬奥为探究情景，让学生感悟技术创新发展给人类社会带来的变化。关注学生主体。研读课标、教材和学情，收集主题素材，设计问题链并贯穿教学始终。引导学生通过自主、合作、探究等学习方式完成学习任务。

不足：由于课堂时空有限，很难将博大精深的地理学的内涵、研究对象和发展讲清楚。考虑教学对象是高一的学生，他们储备的地理知识和解决地理问题的能力有限，所以在处理地理信息技术的内容上，没有过多关注技术细节，只是粗浅地介绍。

再教设计：增强理论知识的学习，关注地理学的发展趋势，丰富地理学是什么和地理学做什么的内容。在素材运用上，对图文材料的编辑处理能力需要提升。

点评

“走进地理学”是高一地理的入门课，包括“地理学是什么”“地理学做什么”和“地理学怎样做”三部分。本教学设计总体来说，教学目标定位准确；教学内容选取有效，两节课分别以“醉美多彩贵州”和“北京科技冬奥”创设情境、提出问题；教学内容处理得当，如第 2 课时以“北京科技冬奥”为主线，通过对“3S”技术助力奥运的简单介绍，让学生了解地理信息技术的基础知识和基本概念，为后续章节中地理信息技术的应用做好铺垫；教学过程为“三环六步”问题式教学模式，教师创设情境，提出问题，并在问题清单导引下，引导学生在真实情境中合作探究，从分析问题到解决问题，思路清晰，过程流畅，体现了以学生为主体的教学理念。建议在子问题链的设计上再做推敲，提高问题设计质量。

点评：张玉玲（贵阳市教育科学研究所）

三、乡土地理案例

为切实贯彻习近平总书记提出的“六个精准”，在中共贵州省委、省人民政府的安排部署下，2015 年以来，贵州省充分利用地理信息数据、技术、人才的优势助力脱贫攻坚，可将地理信息技术在贵州省精准帮扶、科学指导帮扶措施、扶贫工作监管等多个方面的应用案例，在教学中进行示例展示、知识补充等。

◎ 做好动态遥感监测，助推易地扶贫搬迁

贵州省基于“时空大数据”的思维，利用“互联网 +”和测绘地理信息技术开展了全省易地扶贫搬迁动态遥感监测工作，完成了全省搬迁对象旧房拆除及复垦复绿、易地扶贫搬迁集中安置点及配套设施（主要包含党建、就业、产业、就学、就医等）建设进度、成效的监测。

◎ 搭建基于国土资源云平台的精准扶贫作战图管理系统

2016 年，贵州省国土资源云精准扶贫挂图作战系统的建设，完成了全省贫困人口信息、搬迁安置点、增减挂钩相关项目、土地整治相关项目等的空间位置、图片采集及精确定位，采集了全景影像，形成了“一总两专”全省作战图总系统。项目在国内国际上产生较大影响，技术上引领了我国“地理信息 + 精准扶贫”航向，推动了地理信息的深耕应用。

◎ 做好基层信息化，助推脱贫提质增效

2019 年，贵州省自然资源厅利用信息化技术，无偿帮助双坪乡研发一套自然资源智慧扶贫系统。该系统包含平板端和网页端，汇聚了土地整治、土地利用现状、增减挂钩、地质灾害、矿产资源、基本农田、耕地质量、地球化学、林业、生态红线、贫困户等近 20 大类数据，实现各类数据的“聚、通、用”，助推扶贫项目更好、更快、更精准落地。

第一章 《宇宙中的地球》教学研究与案例设计

内容研读：王利亚 印朝华 张玉玲

中学地理课程讲述的对象是人类赖以生存的地球。目前，地球是人类的唯一家园。人类生活在地球上，受到地球的自然环境和社会环境的影响和制约，在茫茫宇宙中，地球是太阳系中一颗既普通又特殊的星球，其自身的圈层结构和今天的自然环境经历了极其漫长的演化过程。人类要生存和发展，就必须充分认识地球所处的宇宙环境和自然环境。

高中地理必修一课程主要包括三方面内容：地球科学基础，自然地理实践，自然环境与人类活动的关系。湘教版教材设置了五个章节的内容，第一章即为宇宙中的地球，对地球科学的基础知识进行了介绍，这部分内容为后面指导学生开展自然地理实践，引导学生分析自然环境与人类活动的关系打下基础。从知识结构上看，本章内容分为三个部分：地球的宇宙环境和太阳对地球的影响、地球的圈层结构以及地球的演化过程。这一章内容体现了立德树人的根本任务，响应了国家的发展理念，完善了地理学的学科体系，体现了学生发展的多元需求，为学生储备了终身发展必备的地理基础知识和基本技能。

在高中地理学业水平考试和地理核心素养培养目标下，本章要求如下：

人地协调观：能认识到地球作为太阳系内一个行星的普通性和具有生命的特殊性，了解地球是人类生活的唯一家园，有助于学生树立正确的人地协调观，树立尊重自然、顺应自然、保护自然的观念。

综合思维：能从空间和时间两个维度，由远及近、由外到内、由静到动、由古至今，构成对地球自然状态的整体、全面、系统、动态的认识，体现时空综合。

区域认知：能够在真实的乡土地理情境中观察和感悟地理环境及其与人类社会的关系，增强家国情怀，增强社会责任感。

地理实践力：教师通过提高学生对生活中的自然地理现象进行观察、识别、描述、解释、欣赏的意识与能力，设计简易实验，引导学生认识身边的地理现象，使学生的地理实践力得到提升。

根据本章的教学目标，建议使用6个学时完成教学，其中第一节“地球的宇宙环境”1个学时，第二节“太阳对地球的影响”1个学时，第三节“地球的圈层结构”2个学时，第四节“地球的演化”2个学时，使学生能达到学业质量“水平2”的要求。

第一节　地球的宇宙环境

教学设计：王　敏　邹天琦

太阳系中八大行星之一的地球，是宇宙中目前已知存在高级智慧生命的唯一天体，是包括人类在内的上百万种生物的家园。认识地球的宇宙环境，认识地球作为一个行星的一般特点和作为有生命存在的星球的特殊之处，认识地球上一切自然变化的根本能量来源，是我们整体认知地球自然状态的基础。

一、内容研读

◎ 内容要求[①]

1.1 运用资料，描述地球所处的宇宙环境，说明太阳对地球的影响。

◎ 认知内容

内容要求中“1.1（地球的宇宙环境）”突出了提取和解读信息的能力，以学生在感性认识的基础上利用资料描述地球的宇宙环境等学习活动为核心内容。内容指明了学生需要掌握的基础地球知识，从“地球”视角来认识“宇宙环境”，形成科学的自然观、宇宙观。根据课程内容要求和多版本教材的特点，学生应重点掌握以下主干知识：

1. 地球在宇宙中的位置。

2. 地球在太阳系中的位置。

---

①本书的“内容要求”列出的是《普通高中地理课程标准（2017年版2020年修订）》中与每节内容对应的要求，特此说明。

3. 地球上高级智慧生命存在的条件。

4. 太阳辐射、太阳活动对地球上地理环境、人类活动的影响（见本章第二节）。

◎ **教材对比**

针对人教版、湘教版教材中“地球的宇宙环境”的内容进行简要对比，教材内容基本一致，主要是呈现方式有所不同。教材内容结构对比见表 1–1，主要图幅对比见表 1–2。

表 1–1 人教版教材和湘教版教材“地球的宇宙环境”内容结构对比

版本	人教版	湘教版
页数	7 页	9 页
章节	第一章第一节	第一章第一节
内容模块	一、地球在宇宙中的位置 二、行星地球	一、人类对宇宙的认识 二、多层次的天体系统 三、特殊行星——地球
图表数量	图片 10 组 表格 2 张	图片 10 组 表格 1 张
活动与材料数量	活动：1 个 自学（阅读）：1 个	探究：1 个 阅读：3 个 活动：3 个

从课堂导入角度看，湘教版以人类对宇宙的认识历程出发，人教版则以我国载人飞船工程首位航天员杨利伟回忆从太空中俯视地球的感想引入。从对课标内容的呈现上看，人教版和湘教版均介绍了主要天体系统、地球在宇宙中的位置，对比描述地球的物质组成、形态大小和运动规律，从而解释地球上存在高级智慧生命的条件。人教版从“高智慧生命生存和繁衍的家园”的角度直接描述了地球的特殊性，湘教版则通过阅读、探究活动等形式引导学生进一步探究地球存在高级智慧生命的基本条件。教材丰富的阅读、探究、实践活动有助于学生拓展思维、形成科学的自然观和宇宙观，同时更直观地从宏观上了解地球在天体系统中所处的位置，从微观上认识地球在太阳系中所处的位置，为后续的学习奠定必要的天文学知识基础。

两个版本的教材都通过丰富的图文资料强化学生对地球所处宇宙环境的直观认识，有利于教师在课标的要求下根据具体学情组织教学。具体来看，教学都需关注、解读多层次的天体系统示意图、太阳系示意图，可选用探索宇宙的相关素材对核心内容作进一步补充，拓展学生的认知视野。

表 1–2 人教版教材和湘教版教材“地球的宇宙环境”主要图幅对比

版本	人教版	湘教版
主要图幅	图 1.1 中国“风云四号”气象卫星拍摄的地球 图 1.2 宇宙中的物质存在形式举例 图 1.3 天体系统 图 1.4 太阳系结构示意 图 1.5 地球上看到的银河 图 1.6 太阳系在银河系中的位置 图 1.7 确定月亮在天空中的位置 图 1.8 月相观测描绘示例（2016 年） 图 1.9 太阳系行星的体积和位置示意 图 1.10 以哈勃名字命名的空间望远镜	图 1-1 银河 图 1-2 中国 500 米口径球面射电望远镜 图 1-3 多层次的天体系统示意 图 1-4 银河系示意 图 1-5 在北半球肉眼可见的河外星系——仙女星系 图 1-6 太阳系示意 图 1-7 哈雷彗星 图 1-8 美国月球探测器在月球上空拍摄的地球照片 图 1-9 农历上半月傍晚可见的月亮 图 1-10 农历下半月清晨可见的月亮

◎ 教学建议

本章节是学生在高中阶段学习地理的第一个章节，激发学生兴趣极为重要。直观展示震撼、有趣的宇宙环境，引导学生从“地球”视角来认识“宇宙环境”，主动观察、归纳，实现课堂从教师“教”到学生“学”的转变，在学生心中埋下好知乐学的种子。教师作为引导者，应促进学生主动积极思考探究，培养其核心素养。若学生能力较强，也可尝试创设情境、启发学生主动构建问题，更好地发挥问题式教学的效用。本节内容教学建议使用 1 课时，教师根据实际情况安排教学。

在实践教学时要利用信息技术，打造交互式课堂。本节内容较为抽象，有效利用信息技术和交互式课堂进行教学，可以加强学生对真实世界的理解，而非仅停留在抽象认知层面。

在课外实践中，积极利用教材中的活动建议。通过分析太阳系八大行星的基本数据探究地球的普通性和特殊性，收集人类进行宇宙探索的研究成果，选择擅长的方式向家人讲解地球所处的宇宙环境等活动，将课堂学习的理论知识进一步内化、活化，逐步感知身边的地理。也可针对学生学情和学习条件设计其他相应的实践活动，甚至放手让学生参与活动设计，建设以学生为中心的课后实践课堂，充分培养学生的地理实践能力。

二、教学设计

◎ 学情分析

认知基础：学生在初中阶段的地理学习聚焦地球本身，关注地球的形状和大小，对地球的外部环境缺乏系统的学习，对宇宙的常识性认识主要来自科普类材料，知识基础相对较弱；在生活中对星空银河等自然现象有感性的认识，对世界、对宇宙有极强的好奇心，有比较积极的实践探究意愿。

不足条件：由于视野和空间感知能力的局限，学生对宇宙环境的认识较为单调。本节内容聚焦地球所处的宇宙环境，从宏观视角认识地球的外部环境，空间尺度宏大，空间距离、行星特征等“天文数字”均较为抽象，对学生的认知水平要求较高，需要学生具备较强的空间想象能力。

◎ 教学目标

1. 运用资料，说明不同天体之间的层级关系，描述地球在不同宇宙尺度中的位置。

2. 通过探究学习活动，观察、描述天体特征，逐步提高科学探究意识和能力。

3. 运用图文资料，描述地球作为太阳系行星的普通性和特殊性，说明地球上存在高级智慧生命的基本条件，树立宇宙是物质的和运动的这一科学宇宙观。

◎ 重点难点

1. 教学重点：天体系统的层次及地球在宇宙中的位置，地球的普通性和特殊性。

2. 教学难点：地球上存在高级智慧生命的条件。

◎ 教学方法

软件 Celestia（鸟瞰地球）演示法、讲授法。利用 Celestia（鸟瞰地球）软件除了能够鸟瞰地球，还能畅游太阳系乃至银河系以外的星座，可以实现日食、月食、星系等的模拟自动运行。借助 Celestia（鸟瞰地球）这一软件，直观展示地球所处的宏观宇宙环境，引导学生观察、沉浸式感知宇宙的浩瀚，配合教师讲授，有助于形象化认知宇宙，提升学习效率。

◎ 教学资源

湘教版教材，多媒体课件，Celestia（鸟瞰地球）软件。

◎ 教学过程

本节教学过程详见表 1–3。

表 1–3 《地球的宇宙环境》教学过程设计

教学环节	教师导学	学生活动	设计意图
情境导入	【展示】打开软件 Celestia（鸟瞰地球），展示浩瀚美丽的星空（总星系），再放大到银河系，再到太阳系、地球，提醒学生关注“我们在哪里”。 【提问】世界有多大？地球之外是什么样的呢？ 【讲解】宇宙大爆炸后形成了浩瀚的星空，我们所居住的地球便是无数星球中的一个。人类探索宇宙的脚步从未停歇，今天我们也一起仰望星空，在浩瀚星海中追寻宇宙的奥秘。 【板书】第一节　地球的宇宙环境	【观察】观看 Celestia（鸟瞰地球）演示并寻找太阳系和地球。 【描述】描述自己眼中的地球。	运用信息技术演示地球所处的宇宙环境，让学生沉浸式感知宇宙的浩瀚神奇，激发学生兴趣。
新课教学	1．人类对宇宙的认识 【板书】一、人类对宇宙的认识 【设问】人类探索宇宙的历程和成果是怎样的呢？ 【讲解】人类认识宇宙的过程漫长而曲折。尽管人类对宇宙的知识积累得越来越多，但与茫茫宇宙相比，目前人类对宇宙的认识，还只是沧海一粟。 【设问】宇宙有多大呢？ 【讲解】宇宙是所有时间、空间和物质的总和，是我们这个物质世界的整体。天文学家把人类已经观测到的有限宇宙，叫作“可观测宇宙”或“已知宇宙”，其半径约 137 亿光年。 【板书】“可观测宇宙”半径约 137 亿光年	【阅读】阅读教材第 9 页，分享人类探索宇宙的历程和成果。 【探究】比较感知“可观测宇宙”的半径，计算太阳光到达地球的时间，直观感知宇宙尺度。	阅读人类探索宇宙的历程，体会宇宙的魅力，培养学生的科学探索精神和百折不挠的意志品质。 让学生直观感知可观测宇宙的空间尺度，强化区域认知素养。
	2．多层次的天体系统 【设问】浩瀚的宇宙里有些什么呢？ 【展示】打开Celestia(鸟瞰地球)软件，搜索天体，展示仙女星系、银河系、猎户座星云、太阳系、地月系。 【设问】这些天体系统的空间大小一样吗？它们之间是什么关系呢？ 【讲解】天体在不断运动，而这些不断运转着的天体，构成了不同层次的天体系统。天体是有系统和层次的。	【观察】观察天体。 【发言】分小组阅读教材学习天体系统（地月系、太阳系、银河系），请学生上台利用 Celestia（鸟瞰地球）软件展示其所处的天体层次并介绍天体，分享对天体系统的认识。	

（续表）

教学环节	教师导学	学生活动	设计意图
新课教学	【板书】二、多层次的天体系统 可观测宇宙：河外星系、银河系 银河系：其他恒星系、太阳系 太阳系：其他行星系、地月系	【活动】找位置：在 Celestia（鸟瞰地球）软件中展示“飞越”宇宙的虚拟实境，通过缩放从“大范围到小范围”地找到地球在宇宙中的位置。	培养学生自主学习和展示交流的能力。引导学生体会宇宙的物质性和系统性。
	3．特殊行星——地球 【展示】教师操作 Celestia（鸟瞰地球）软件，展示太阳系模型。 【设问】 1. 动态倾斜展示八大行星运动，提问：八大行星的运动方向有什么特点？ 2. 动态俯视展示八大行星运动，提问：八大行星的运动轨道形状如何？ 3. 动态水平展示八大行星运动，提问：八大行星的运动轨道相对关系是平行还是斜交？ 【归纳】八大行星都在绕着太阳转，它们的公转方向具有同向性，公转轨道面具有共面性，公转轨道形状具有近圆形，如此看来，地球是太阳系里一颗普通的行星。 【板书】三、特殊行星——地球 1. 太阳系行星运动特征：同向性、共面性、近圆性 【设问】地球是目前我们所知道的唯一存在高级智慧生命的星球。想找到地外智慧生命，参照地球上存在高级智慧生命的条件，应该关注哪些内容呢？ 【归纳】地球孕育出独一无二的高级智慧生命，使其成为太阳系乃至宇宙中一颗特殊的行星。地球上存在高级智慧生命的“金锁链”条件有适宜的太阳光照和温度范围、液态水、恰到好处的大气厚度和大气成分。 【板书】2. 地球上存在高级智慧生命的条件：适宜的温度、适合生物生存的大气、液态水	【观察】太阳系的大行星。 【讨论】观察八大行星的运动，从运动方向、轨道形状、轨道相对位置关系等方面进行小组讨论，归纳概括其运动特征。 【质疑】从运动特征看，地球是普通的，但为什么说地球“特殊”呢？ 【思考】阅读教材，从地球在太阳系中的位置、与太阳的距离、地球的体积质量等基本特点思考地球存在高级智慧生命的条件。	结合设问，引导学生应用软件进行观察，归纳太阳系行星的运动特征，强化学生的观察、比较、归纳等能力。 自主探究、类比分析地球上存在高级智慧生命的条件，培养学生的综合思维与迁移应用能力。

（续表）

教学环节	教师导学	学生活动	设计意图
小结	【展示】播放《流浪地球》视频片段。 【总结】浩瀚宇宙中，地球是一个普通而特殊的星球。地球是至今人类所知的宇宙中唯一存在高级智慧生命的天体，是人类唯一的家园。深刻认识到这一点，是我们学习地理的起点，也是我们热爱地球的起点。	【发言】观看视频，分享自己对地球所处宇宙环境的认识，理解地球的普通性与特殊性，明确地球是我们唯一的家园。	学生通过深刻认识地球所处的宇宙环境，树立基本的人地协调观、宇宙观。
课后实践	【作业】以小组为单位，在接下来的一个月每日观察月球，看月相及月球位置是如何变化的，并加以记录。 【归纳】教师使用 Celestia（鸟瞰地球）等软件展示月相变化，并点评和总结。	【探究】学生通过一个月的观察后，以小组为单位分享观测结果。	培养学生的实践力，让学生在实践中体会地理的魅力。
板书设计	**第一节　地球的宇宙环境** 一、人类对宇宙的认识　　“可观测宇宙”半径约137亿光年 二、多层次的天体 可观测宇宙：河外星系；银河系 银河系：其他恒星系；太阳系 太阳系：其他行星系；地月系 三、特殊行星——地球 1.太阳系行星运动特征：同向性、共面性、近圆性 2.地球上存在高级智慧生命的条件：适宜的温度、适合生物存在的大气、液态水		

◎ 作业设计

一、选择题

（2021 年贵州省学业水平考试）2021 年 5 月，“天问一号”探测器成功着陆于火星乌托邦平原南部预选着陆区，我国首次火星探测任务着陆火星取得成功，在火星上首次留下中国人的印迹。图 1 甲为“天问一号”探测器，乙示意太阳系（局部），丙示意太阳系在银河系中的位置。读图完成 1~2 题。

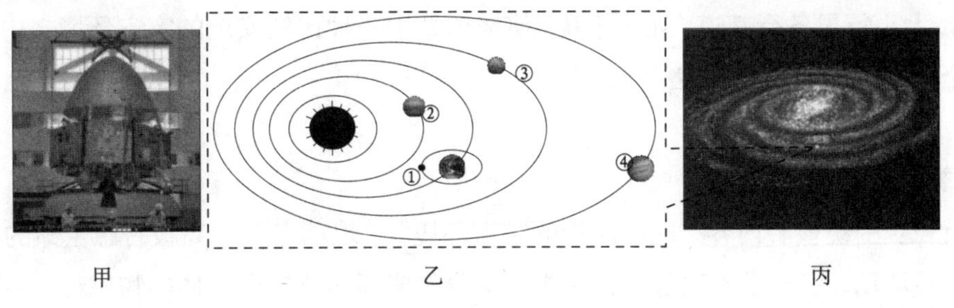

图1

1.“天问一号”探测器着陆在(　　)

A. ①　B. ②　C. ③　D. ④

2. 图中显示的天体系统级别共有(　　)

A. 一级　B. 二级　C. 三级　D. 四级

3. 与①相比，地球上存在高级智慧生命的条件是(　　)

A. 地表岩层坚硬　　B. 有适宜的温度

C. 宇宙环境安全　　D. 有稳定的光照

二、综合题

4. 地球上存在生命物质与其所处的宇宙环境关系密切。读图2“太阳系示意图”，此图所反映的地球上存在生命的有利宇宙环境有哪些?

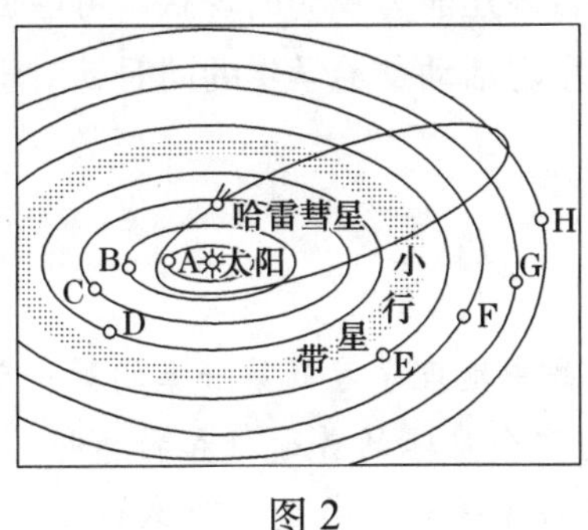

图2

三、实践活动

5. 利用Celestia(鸟瞰地球)等软件观察月相,整理观察记录并在班级内进行展示。

6. 利用假期休息时间，参观贵州陨石文化科普馆。

【参考答案】

1.C　2.C　3.B

4. 大小行星各行其道，互不干扰，使地球处于一种比较安全的宇宙环境之中。（轨道安全，互不干扰） 5. 略 6. 略

◎ 教学反思

优点：围绕核心内容“地球所处的宇宙环境”“地球上存在高级智慧生命的条件”设计实践活动，引导学生通过软件模拟、实践观测等环节探究天体的物质性、层级性，直观感知宇宙空间的浩瀚和地球、人类的渺小。谈“天”是为了说“地”，聚焦地球的特殊性，进一步理解地球具有适合生命演化和人类发展的条件，从高中地理第一课开始呈现地理环境的浩大、复杂，树立起敬畏自然、爱护家园的敬畏观念。同时，恰当而有趣的地理实践活动可以有效吸引学生的注意力，激发学生对地理学习的兴趣和学习动机，有助于引导学生进一步“走进地理学”。

不足：教学过程中用 Celestia（鸟瞰地球）软件展示太阳系八大行星运动时，偶尔会出现卡顿、滞后的现象，此演示环节对网速、教学电脑配置和操作人员的熟练程度要求较高，其中一个环节出问题将会影响课堂的流畅度和整体的教学效果；开展课堂活动时，请学生利用 Celestia（鸟瞰地球）软件分享对天体系统的认识，因学生专业术语积累较少、表达偏口语化，耗时较多，对重难点分配的教学时间略有挤占。

再教设计：可将本地星空展示、“飞越宇宙找地球”、太阳系展示、月相演示等环节的 Celestia（鸟瞰地球）软件画面提前录屏保存为教学视频，以备不时之需；针对学生专业术语积累少、语言表达能力较弱的现状，可以提前准备一些对天体特征的描述，供学生选择，将课堂学习活动交给学生的同时针对学习活动的开展及时引导、即时反馈。

点评

本节课是学生进入高中地理学习的第一章的第一节，认识地球的位置，让学生了解我们生存的这个星球的普通性和特殊性，为后面的学习打下基础。教师运用现代信息技术手段，打造交互式课堂，是一节符合课标要求的现代教学课堂。教学设计符合以学生为主体的理念，充分考虑学生学情，通过单位换算、软件模拟、实践观测、数据分析等探究活动，由浅入深、由近及远，带领学生畅游太空和宇宙，充分调动学生学习的求知欲和积极性，让学生学有所乐，学有所得，学有所用，达成教学目标，并渗透核心素养的培养，是一节比较成功的示范课。

点评：王利亚（贵阳市第一中学）

三、乡土地理教学资源

1. 平塘国际天文体验馆：2016年9月25日，世界最大单口径射电望远镜——“中国天眼”500米口径球面射电望远镜（FAST）工程在贵州省平塘县大窝凼的喀斯特洼坑中落成，开始接收来自宇宙深处的电磁波。借助“天眼”，科研人员可以窥探星际之间互动的信息，观测暗物质，测定黑洞质量，甚至搜寻可能存在的星外文明。

平塘国际天文体验馆与FAST项目、观景平台一起正式对外开放，以“中国天眼，平塘星动”为主题，展示了古人对宇宙的探索历程、射电天文学、太阳系家族、恒星与星系、宇宙天象等内容，旨在宣传“中国天眼”项目，普及天文学常识。

2. 星空观测活动：师生可结合 Celestia（鸟瞰地球）、星空漫步等手机应用软件深入认识星空。若条件允许，可到地势较高、视野开阔的郊区开展星空观测活动。

3. 贵州陨石文化科普馆，学校天文馆。

4. 月相、星空观测 APP 等。

第二节　太阳对地球的影响

教学设计：胡亚梅　王利亚

本节内容将视野从第一节的宇宙聚焦到太阳系，研究离地球最近的恒星——太阳对地球产生的影响。以太阳的影响为例，认识宇宙环境为地球环境创造了怎样的条件，进而造成了怎样的影响。同时太阳辐射是地球上大气运动、水循环的主要动力，在本节做简单说明，为后续大气受热、水循环的学习奠定基础，体现地理环境的整体性。

一、内容研读

◎ 内容要求

1.1 运用资料，描述地球所处的宇宙环境，说明太阳对地球的影响。

◎ 认知内容

内容要求中突出了综合思维，以培养学生的思考分析能力为重。根据课程内容要求和多版本教材的特点，学生应主要知道以下方面的知识：

1. 地球所处的宇宙环境（见本章第一节）。

2. 太阳辐射及其分布特征：太阳辐射的概念，太阳辐射能量随波长的变化，太阳辐射在大气上界的分布特征及其影响。

3. 太阳辐射对地球的影响。

4. 太阳活动及其在太阳外部结构的分布特征：太阳活动的概念，太阳外部结构，太阳活动现象举例及其分布。

5. 太阳活动对地球的影响。

◎ 教材对比

本节就人教版与湘教版两个版本，针对太阳对地球的影响这部分内容进行简要对比（见表1–4、表1–5）。

表1–4 人教版教材和湘教版教材“太阳对地球的影响”内容结构对比

版本	人教版	湘教版
页数	6页	6页
章节	第一章第二节	第一章第二节
内容模块	一、太阳辐射对地球的影响 二、太阳活动对地球的影响	一、太阳辐射与地球 二、太阳活动与地球
图表数量	图片10组 表格0张	图片5组 表格1张
活动与材料数量	活动（思考）：3个 阅读（案例）：1个	活动（探究）：2个 阅读（案例）：5个

两版教材都将本节内容分为两部分：太阳辐射对地球的影响与太阳活动对地球的影响，详细介绍太阳辐射及其在大气上界的分布，说明太阳辐射对地球的影响，介绍太阳活动及其在太阳外部结构的分布，介绍黑子、耀斑等太阳活动现象，以案例形式说明太阳活动对地球的影响。依据课标及教材，可以明确本节的教学思路为：太阳辐射—太阳辐射对地球的影响—太阳活动—太阳活动对地球的影响。

从活动、探究内容上看，两版教材都以探究、思考作为引入，分别在太阳辐射与太阳活动部分设计活动探究，以实际案例作为阅读材料，培养学生阅读、思考能力的同时，建立地理学与生活的联系，提高学生的学习兴趣。

表 1–5 人教版教材和湘教版教材“太阳对地球的影响”主要图表及数量对比

版本	人教版	湘教版
主要图表	图 1.11 西藏冈底斯藏医学院的太阳能光伏电站 图 1.12 北半球大气上界太阳辐射的分布 图 1.13 热带雨林和亚寒带针叶林生物量的差异 图 1.14 家庭太阳能供热系统 图 1.15 柴达木盆地中的太阳能光伏电站 图 1.16 太阳大气层的结构 图 1.17 吹向地球的太阳风 图 1.18 太阳活动现象举例 图 1.19 太阳活动强烈时对地球的影响 图 1.20 不同尺度时间段内太阳黑子数的变化	图 1-11 太阳黑子“蝴蝶图” 图 1-12 太阳辐射能量随波长的分布 图 1-13 太阳外部结构与太阳活动示意 图 1-14 太阳表面的黑子 图 1-15 极光 表格 大气上界水平面太阳辐射的分布

从图表数量上看，人教版选取的图片较多，尤其在太阳辐射的部分，选取了 5 组图片，展示了太阳能光伏电站、生物群落差异等，直观体现出太阳辐射为地球提供能量。而湘教版则多以文字的形式来说明。

从图表的内容上看，两版教材都重点关注到太阳辐射在大气上界的分布、太阳外部结构、太阳活动现象实景图与太阳黑子数量的周期性变化。由此可见，该部分内容是教学中需重点关注的部分。尤其在太阳活动的部分，由于概念抽象，与生活联系少，以实景图展示可以帮助学生认识太阳活动，另外可选择一些视频资料，动态地展示太阳活动。

◎ 教学建议

本节主体为“太阳对地球的影响”，表现为太阳辐射对地球的影响与太阳活动对地球的影响，其中关键在于“影响”。作为知识铺垫，可先带领学生认识太阳辐射、太阳活动，再举例说明其对地球的影响，把握基础知识与重点知识的教学环节用时，抓牢核心内容。

本节教学着重培养学生的综合思维素养，要巧用教材图文资料与活动探究，以案例分析的形式进行课堂教学，引导学生处理与理解材料，引导学生思考，提高学生信息提取、分析能力，并进行总结与归纳，帮助学生形成知识体系。此外，还可精选其他课外资料，如具体案例、视频等，以案例的形式呈现。

课时建议：建议本节内容的教学使用 1 课时。

二、教学设计[①]

◎ 学情分析

认知基础：学生经过初中地理的学习，对基本的地理现象与地理事物有所认识与了解，具备一定的总结归纳能力。学生在日常生活中对太阳辐射对地球的影响略有了解，如太阳能发电、生物光合作用等，在教学中要结合生活经验，感受生活中的地理学。

不足条件：由于中考结束后的长假，学生遗忘基础知识的现象普遍存在，对于地理基础知识掌握程度不足；这一阶段学生抽象思维正在发育，而本节内容抽象概念、学科术语较多，如太阳辐射、黑子、耀斑、磁暴等，概念解释难度大，且学生不易理解；太阳活动部分知识与生活关联度低，从前的生活与学习中也并未提及，在日常生活中没有具象的表现。

◎ 教学目标

1. 通过实验探究、案例分析，说出太阳辐射与太阳活动对地球的影响。
2. 通过图表分析，描述太阳辐射在地球大气上界的分布与影响因素。
3. 观察视频及示意图，识别太阳活动及其在太阳外部结构的分布。
4. 联系生活实际，辩证地认识太阳辐射、太阳活动对地球的影响。

◎ 重点难点

1. 教学重点：太阳辐射对地球的影响，太阳活动对地球的影响。
2. 教学难点：太阳辐射在地表的分布规律及其影响因素，太阳辐射对地球的影响，各类太阳活动的概念及其对地球的影响。

◎ 教学方法

问题式教学。以问题链为线索，引导学生发现问题—探究问题—解决问题。本节问题清单如表 1–6 所示。

① 本节课获贵阳贵安2021年普通高中教师说课评选活动一等奖，说课教师：胡亚梅（贵阳市第一中学）。

表 1–6　《太阳对地球的影响》问题清单

核心问题	子问题	素养导向
太阳辐射是什么？	太阳能量如何传输到地球？	综合思维、区域认知
	到达地球的太阳辐射有何分布规律？	
太阳辐射对地球有何影响？	为什么说太阳辐射是大气运动的主要能量来源？	综合思维、地理实践力
	太阳如何提供能量？	
太阳活动是什么？	太阳放出的能量不稳定，会出现什么情况？	综合思维
	常见的太阳活动有哪些？	
太阳活动对地球有何影响？	材料中体现了哪些太阳活动？	综合思维

实验教学法。利用实验探究，引导学生认识大气运动是由于大气受热不均引起的，进而引导学生认识到大气运动的根本能量来源是太阳辐射分布不均。

◎ 教学资源

湘教版教材，多媒体课件，大气运动实验器材。

◎ 教学过程

本节教学过程详见表 1–7。

表 1–7　《太阳对地球的影响》教学过程设计

教学环节	教师活动	学生活动	设计意图
情境导入	【播放】播放视频《太阳浩劫》片段。 【设问】科幻片中地球的生死存亡往往与太阳密不可分，为什么科幻片设定中的太阳对地球有如此大的影响？这种设定有科学依据吗？ 【讲解】今天我们一起走进这颗离地球最近的恒星——太阳。 【板书】第二节　太阳对地球的影响	【观察】观看视频。 【质疑】科幻片的设定是否有科学依据？	以科幻片导入，激发学生学习的积极性，使学生积极参与思考。
知识梳理	【设问】太阳日复一日升起为我们带来光明，你真的了解太阳吗？ 【讲解】太阳基础背景知识：温度、主要成分等。	【思考】太阳如何发光发热？	铺垫基础知识，帮助学生建立良好的知识体系。
提出问题	【设问】太阳的能量如何传输到地球？ 【板书】太阳辐射	【发言】通过太阳辐射传输到地球。	问题导入，激发学生求知欲望。

（续表）

教学环节	教师活动	学生活动	设计意图
活动探究	【设问】太阳辐射是什么？ 【讲解】天气寒冷时，取暖设备不断向外辐射电磁波，将能量释放出去。	【发言】太阳辐射是太阳以电磁波的形式向宇宙空间放射的能量。	抽象概念生活化描述，便于理解。
	【设问】请同学们读教材图 1-12，说一说太阳辐射的波长大致范围与集中波段。 【归纳】太阳辐射波长范围为 0.15 ～ 4 微米，分为紫外光、可见光和红外光三部分。太阳辐射的能量主要集中在可见光波段。	【探究】读教材图 1-12，看看太阳辐射的波长大致范围与集中波段。	提高学生提取信息的能力，培养学生的综合思维。
	【设问】这些到达地球的太阳辐射有何分布规律呢？ 【归纳】太阳辐射随纬度分布的一般规律是：纬度由低到高，太阳辐射由多到少。	【探究】以小组为单位绘制大气上界太阳辐射分布规律统计图，并描述其分布规律。	培养学生的数据分析、统计能力以及小组合作探究与归纳的能力。
	【设问】我国的年太阳辐射量是否遵循这一规律？如果不遵循，还与哪些因素有关？ 【归纳】还可能与海拔、天气情况及昼长等因素有关。	【探究】读我国年太阳辐射分布示意图，观察分布规律。 【讨论】我国年太阳辐射量与规律不符的区域有哪些？造成这种现象的原因可能有什么？	提升学生辩证思维能力，培养其综合思维与区域认知能力。
承转过渡	【设问】太阳辐射对地球有怎样的影响？ 【板书】对地球的影响	【思考】生活中有哪些现象是太阳辐射带来的。	点明本节核心内容。
自主学习	【设问】太阳辐射对地球有何影响？	【发言】太阳辐射为地球提供光热资源，太阳辐射为地球上大气运动、水循环及生物活动提供能量，太阳辐射是地球重要的能量来源。	培养学生自主学习能力，梳理教材，构建完整知识结构。
提出问题	【设问】为什么说太阳辐射为大气运动、水循环提供能量？	【思考】大气运动及水循环如何进行？大气运动及水循环的能量来源于太阳吗？	问题导学，攻克难点。

（续表）

教学环节	教师活动	学生活动	设计意图
活动探究	【设问】空气为何会流动？ 【设问】自然界中的空气为何会受热？ 【设问】大气运动的动力来源可能是什么？	【探究】大气运动实验。 【观察】实验现象。 【讨论】实验出现了怎样的现象？这些现象如何发生？大气运动的动力来源可能有什么？ 实验报告见附表（即表1-8）。	通过观察、分析、总结与归纳，提高学生的小组合作能力，培养学生的综合思维与地理实践力。
	【演示】水的蒸发。 【设问】水蒸发的热量来源于什么？ 【设问】推论水汽循环运动的动力来源可能是什么？	【讨论】水蒸发的热量来源于什么？水汽循环运动的动力来源可能是什么？	
提出问题	【设问】太阳如何为人类生产生活提供能源？	【思考】地球上的能源有哪些？与太阳有何关系？	问题导学，攻克难点。
活动探究	【设问】 1. 人类直接或间接利用的太阳能有哪些？ 2. 目前人类使用最广泛的化石能源——煤、石油、天然气，它们的能量从何而来？ 【展示】煤、石油、天然气形成动画。 【讲解】化石能源是地质历史时期的太阳辐射能。	【讨论】以小组为单位，讨论生活中的能源有哪些是太阳能提供的。 【观察】煤、石油、天然气的形成过程。	通过观察、分析、总结与归纳，结合生活实际，培养学生的综合思维。
承转过渡	【设问】太阳辐射给地球带来能量，太阳对地球还会有怎样的影响？	【思考】生活中还有哪些现象与太阳有关？	点明本节核心内容。
提出问题	【设问】太阳源源不断地向宇宙空间放出能量，如果放出的能量不稳定会出现怎样的情况？ 【板书】太阳活动	【发言】太阳释放能量的不稳定性导致的一些明显现象是太阳活动。	以太阳释放能量的不稳定性引出太阳活动。
自主学习	【设问】太阳外部结构如何？ 【讲解】太阳活动类型。 【设问】请同学们阅读教材，将太阳活动类型与其所在圈层一一对应，并表示在自己的示意图中。	【绘图】按自己的理解，绘制太阳大气层外部结构示意图。	学生通过动手绘制示意图，巩固基础知识。

（续表）

教学环节	教师活动	学生活动	设计意图
知识梳理	【展示】太阳活动视频。 【设问】你能区分各种常见的太阳活动吗?	【观察】观看视频。 【发言】黑子、耀斑等常见的太阳辐射的异同。	直观地了解太阳活动。
提出问题	【设问】请同学们自主学习，太阳活动对地球有什么影响? 【板书】连接“太阳活动”与“对地球的影响”	【发言】产生磁暴现象；影响短波通信，干扰电子设备；高纬度地区出现极光；影响地球气候。	构建完整知识结构网络。
活动探究	【展示】太阳活动影响地球的事件。 ① 1859 年卡林顿事件，地磁仪的指针因超强的地磁强度而跳出了刻度范围。并且这天夜里，北极光一直向南到古巴和夏威夷。 ② 1940 年 3 月 24 日，大磁暴使美国明尼苏达等州 80%的长途电话中断。 ③ 1979 年 3 月，对越自卫反击战时，大耀斑导致部队无线通信完全中断。 ④ 1984 年里根总统访华,太阳风暴导致“空军一号”与美国失去通讯联络。 ⑤ 1991 年 4 月 29 日，强磁暴发生后美国缅因州核电厂发生灾难性破坏。	【思考】这些事件体现了哪些太阳活动对地球的影响呢? 【探究】以小组为单位，将事件与太阳活动的影响一一对应。 【分享】 ①为高纬度地区出现极光； ②⑤为出现磁暴现象； ③④为影响地球上的无线电短波通信。	提高学生的信息获取能力与总结归纳能力，培养其综合思维，帮助学生认识到太阳活动影响人类生产生活的具体方面。
思维拓展	【提问】有同学提出：太阳辐射对地球的影响都是有利的，太阳活动对地球的影响都是不利的，根据所学知识，以小组为单位进行讨论，并进行分享。 【归纳】不能片面地说太阳辐射对地球的影响都是有利的，太阳活动对地球的影响都是不利的。	【讨论】太阳辐射过强可能会导致皮肤癌等疾病，而太阳活动产生的极光可作为旅游资源，等等。	帮助学生回顾知识，提升学生辩证思维，培养其综合思维。
课堂小结	【小结】在茫茫宇宙中，太阳只是一颗普通的恒星，但对地球来说，她并不是满天星海中的普通一员，她是能量来源，她是人类观测宇宙的窗口，她孕育了地球万物。从古至今，人类对太阳的崇拜和探索从未停止。 【展示】“羲和号”视频。 【小结】太阳中还存在着许多未解之谜，静等大家探索。	【思考】太阳是距离地球最近的一颗恒星，但人类对太阳的探究还处于起步阶段，未来的探索掌握在我们手中。	引导学生感受现代科学的进步，激发学生的科学研究兴趣，培养学生的科学探究精神。

（续表）

教学环节	教师活动	学生活动	设计意图
板书设计	第二节　太阳对地球的影响 太阳活动 — 太阳 — 太阳辐射 对地球的影响		

表 1–8　大气运动实验报告

实验器材	大小塑料瓶各一个、蜡烛一支、橡皮泥、记号笔与裁纸刀
实验步骤	对照组： 实验组：
实验现象	对照组： 实验组：

◎ 作业设计

一、单项选择

俗话说："万物生长靠太阳。"太阳为地球带来了勃勃生机。据此完成 1~2 题。

1．"万物生长靠太阳"体现了太阳辐射可以直接为地球提供（　　）

A．文化习俗　　B．光热资源　　C．矿产资源　　D．万有引力

2．下列现象与太阳辐射有关的是（　　）

A．大气运动　　B．火山喷发　　C．地球磁场　　D．潮汐现象

二、实践活动

3．尝试进行太阳观测，填写观测报告。

4．推测下一次太阳活动的极大年，以小论文的形式说明它可能带来的危害，并提出防御措施。

【参考答案】

1.B　2.A　3. 略　4. 略

◎ **教学反思**

优点：本节课以太阳作为导入，利用问题式教学法，梳理教材内容，设计具有逻辑性的教学问题链，引导学生思维进阶；利用案例分析、实验探究，着重突破教学重难点，达成教学目标，培养学生的综合思维、区域认知、地理实践力；以思维导图的形式设计板书，重点表述本节课的思维逻辑与重点内容，利于学生知识结构的建立。

不足：多以小组讨论方式进行探究，无法具体了解学生个人的认知程度；实验探究时，因工具的使用存在风险，仅设计教师演示，学生参与感可能较弱。

再教设计：可将小组学习任务落实到每一位同学手中，以互评、自评的方式，检测学生任务参与程度与完成程度。

点评

本节课采用问题式教学法进行教学，设计核心问题和子问题，形成问题驱动式教学，按照三环六步法展开课堂教学，教学设计符合以学生为主体的理念，充分考虑学生学情，通过读图分析、绘制图表、模拟实验等探究活动以及核心问题和子问题的层次递进，训练学生的读图能力和思考习惯以及语言表达能力等，培养学生的综合思维和地理实践力，激发学生探索新知，是一节较成功的教学案例。

点评：王利亚（贵阳市第一中学）

三、乡土地理教学资源

太阳黑子是太阳表面可以看到的最突出现象，也是太阳活动的明显标志之一。近年来，随着太阳活动从极小期逐渐进入极大期，太阳活动正在逐渐活跃。教学中可选择利用学校的天文望远镜开展太阳黑子观测活动。为避免太阳光对眼睛造成伤害，在使用望远镜观察太阳黑子时，必须加装专用的太阳滤光膜或太阳滤光镜。

贵州师范大学、贵州师范学院等高校的天文馆。

学校天文馆和地理教室等。

第三节　地球的圈层结构

教学设计：陶林凤　钟　蕾

本节是地理必修一第一章第三节，地球的圈层结构是地球内部圈层和外部圈层的总称，地球内部圈层包括地壳、地幔和地核，外部圈层包括大气圈、水圈和生物圈。本节重在介绍内部圈层，对外部圈层仅做简单介绍，为后面详细学习各圈层做铺垫。

一、内容研读

◎ 内容要求

1.2 运用示意图，说明地球的圈层结构。

1.11 运用资料，说明常见自然灾害的成因，了解避灾、防灾的措施。

◎ 认知内容

学生能运用示意图认识各圈层特点、位置关系及它们之间的联系。

内容要求中“1.11（自然灾害）”强调“运用资料”，教师可以重点选取所在地区的地震事件进行讲授，以便学生联系生活，加深理解。学生应知道地震的相关知识，以及避灾、防灾的措施。

◎ 教材对比

不同版本教材具有不同的特色和优势，表1–9和表1–10是针对人教版和湘教版内容进行的简单对比。

表1–9　人教版教材和湘教版教材“地球的圈层结构”内容结构对比

版本	人教版	湘教版
页数	4页	6页
章节	第一章第四节	第一章第三节
内容模块	一、地球的内部圈层结构 二、地球的外部圈层结构	一、地震和地震波 二、地球的内部圈层 三、地球的外部圈层
图表数量	图片4组 表格0张	图片6组 表格0张

（续表）

版本	人教版	湘教版
活动与材料数量	活动（思考）：1个 阅读（案例）：0个	活动（思考）：3个 阅读（案例）：1个

对比发现，人教版的内容较简洁，把地震的知识放到了自然灾害一节。人教版是“教学内容＋活动”的形式，活动内容较简单，注重基本知识的呈现；湘教版则是“教学内容＋阅读＋活动”的形式，活动较多，能够拓宽学生视野，注重学生探究能力的培养。

表 1–10　人教版教材和湘教版教材“地球的圈层结构”主要图幅对比

版本	人教版	湘教版
主要图幅	图 1.33　地球内部探秘 图 1.34　地球内部地震波传播速度与圈层结构示意图 图 1.35　地球的外部圈层结构示意图 图 1.36　自然景观图片	图 1-16　科拉超深钻井地标及其地理位置 图 1-17　地震构造示意图 图 1-18　地震波的传播速度与地球内部圈层的划分 图 1-19　地球内部圈层示意 图 1-20　煮熟的鸡蛋及其剖面 图 1-21　地球圈层结构示意

从主要图幅上看，人教版使用图幅少，在两个主要知识点上分布较均匀；湘教版图幅使用相对较多，图片反映的内容更丰富。地球的内外圈层结构图及地震波传播速度图是两个版本都有的，说明二者在核心知识上是一致的。但其他方面又有不同，在创设情境时，人教版通过凡尔纳的科幻小说《地心游记》作为开篇，增加了趣味性；湘教版则列举了人类钻井的深度的历史，直接发问地球内部该如何探究，直奔主题。人教版还增加了景观图，方便讲解外部圈层时让学生进行实体对照；湘教版展示了煮熟的鸡蛋的剖面图，方便老师开展对比活动。

◎ 教学建议

本章要求以“宇宙中的地球—地球—自然环境”的思路进行教学，应在空间范围上把自然环境放到地球圈层结构中来认识。宏观上，自然环境是地球的一个表层系统，它由大气圈、岩石圈、水圈、生物圈四大圈层交叉而成。微观上，应该具体到区域的自然环境是由岩石、土壤、气候、地貌、水文、生物等自然地理要素组成的。建议本节内容的教学使用 2 课时。

二、教学设计

◎ 学情分析

认知基础：地球外部圈层与人类生活密切相关，学生有一定的生活经验和阅历，理解起来较为容易；学生活跃，善于表达自己的想法。

不足条件：在义务教育阶段，学生没有学习过地球内部圈层的相关知识，没有相关知识储备；学生提炼精髓，进行简洁表达的能力有欠缺，空间想象能力也欠缺。

◎ 教学目标

1. 能说出地震波的特点，知道如何避灾、防灾。

2. 能运用示意图，说明地球的内部圈层划分依据，概括内部圈层的特点。能说出地球的外部圈层结构及关系。

◎ 重点难点

1. 重点：学生能够运用示意图，说出各圈层位置、特点及其相互关系。

2. 难点：运用示意图，说明地球内部圈层划分的依据。

◎ 教学方法

案例式教学。第 1 课时以我国发生过的两次大地震的基础数据作为案例，讲解地震构造、地震的影响等知识，进而引出怎样防灾减灾。

探究式教学。第 2 课时让学生分析地震波在地球内部传播速度变化图，自行划分地球内部圈层，锻炼学生的读图、析图能力，同时培养学生的探究能力。

◎ 教学资源

湘教版教材；多媒体课件；汶川地震改编的电影视频片段；超高弹性钢丝弹簧，每组 1 个（每个弹簧上绑一个车载头部灵活的娃娃玩偶）；《地心历险记》电影预告片片段；煮熟的鸡蛋，每组 1 个（已分成两半）。

◎ 教学过程

本节第 1 课时《地震和地震波》、第 2 课时《地球的圈层结构》的教学过程分别见表 1–11 和表 1–13。

表 1–11 《地震和地震波》教学过程设计

教学环节	教师导学	学生活动	设计意图
新课导入	【展示】播放“汶川地震”视频片段。 【设问】现在很多地区会提前发布地震预警，预警和预报两者有何区别？ 【讲解】地震波概念。	【观看】带着问题观看视频，阅读教材，初步了解地震预警和预报的区别。	通过看视频，对地震灾害的影响形成直观认识。
新课教学	【演示】用弹簧模拟演示波的传播和运动。 【设问】 1. 横波和纵波谁的破坏力更强？ 2. 横波与纵波在传播方式上的不同之处是什么？ 3. 试着解释预警和预报的区别。 【补充】目前地震发生的具体时间和地点还无法预测。但当地震发生后，可利用横波和纵波传播的时间差，及时发出预警，争取到应急反应时间。所以，监测地震波是进行地震预警的重要依据。	【思考】小组演示并观察实验，阅读教材，结合物理知识填写横波纵波特点的表格（附表，即表 1-12）。 【分享】学生运用模拟实验，演示车载玩偶的运动，分享对地震波传播和运动的认识。 【讨论】两种波的破坏力，预报和预警的区别。 【分享】用示意简图，科普地震构造。学生对分享结果进行评价和补充。	演示很直观，可以帮助学生理解地震波的特点，为后面的学习打基础。
	【展示】展示唐山、汶川地震数据对照表（含震源深度、烈度、失踪人数、经济损失等）。	【讨论】阅读材料，小组讨论完成问题。 【分享】小组展示讨论结果，其他组点评、补充。	让学生再次感受地震的巨大破坏力，激发学生思考防灾减灾的方法。
	【设问】 1. 两次地震灾害损失有何差异？原因是什么？ 2. 分析影响地震烈度的因素。 【归纳】灾情的大小受震级、震源深度、震中距等多个因素的影响，并且烈度可以有多个。	【归纳】根据“全球两大地震带分布示意图”概括主要地震带分布规律。 【讨论】根据角色身份，讨论防震减灾的措施。	运用对比研究的方式，帮助学生区分震级和烈度等容易混淆的概念。
	【展示】全球两大地震带分布示意图。 【展示】中国近年地震统计和危害图片。 【设问】政府、普通市民、学生分别应该怎样防震减灾呢？ 提示：从灾前、灾中、灾后三个阶段来讨论。 【讲解】学生自由表达，老师适当补充（“逃生黄金 12 秒”）。 【板书】防灾减灾	【分享】模拟地震发生的三个阶段情境，学生进行角色扮演，分享讨论结果。 各小组代表发言，其他组点评、补充。	让学生感受到地震灾害离我们并不遥远，树立防灾减灾和关注生命的意识，增强灾害来临时的自救能力。

（续表）

教学环节	教师导学	学生活动	设计意图
小结	【归纳】地震无情人有情，希望我们掌握防震减灾知识，让自己及身边的人免受伤害，同时也能在关键的时候做到一方有难、八方支援。最后希望大家努力学习，未来可以深入研究地震相关知识，争取早日拥有预报地震的技术，造福人类。		升华情感，激励学生为以后突破难题、造福人类而不断努力。
板书设计	地球的圈层结构 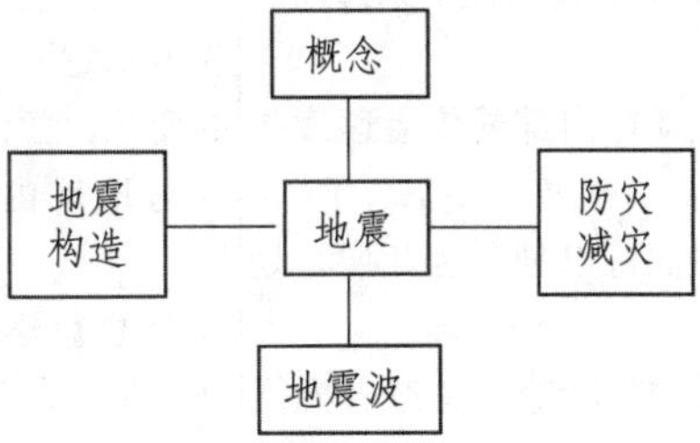 概念 地震构造 — 地震 — 防灾减灾 地震波		

表 1–12　《地震和地震波》附表

类型	共性	速度	传播介质	人的感受
横波				
纵波				

表 1–13　《地球的圈层结构》教学过程设计[①]

教学环节	教师导学	学生活动	设计意图
新课导入	【播放】播放《地心历险记》预告片视频。人们总是对未知的世界充满好奇，我们不断探索浩瀚的宇宙，同时也幻想着地球内部的景色。地球内部究竟是什么样的？影片中有哪些场景可能真实存在？ 【板书】地球的圈层结构、内部圈层	【观看】带着问题观看视频，然后回答问题。 【质疑】真实的地心深处有生命存在吗？	通过视频激发学生对地球内部的好奇心，提高学习兴趣。

① 本节为名师工作室研讨课例，授课教师：陶林凤（贵阳市南明甲秀高级中学）。

（续表）

教学环节	教师导学	学生活动	设计意图
新课教学	【转承】地球是不透明体，我们可以通过什么方法了解地球内部结构呢？ 【展示】展示苏联超深钻井地表景观图、B 超图、X 光片图。 【讲解】通过记录地震波在地球内部不同深度的传播速度，得到一幅曲线图。	【发言】钻井（打洞）、拍 X 光片、拍西瓜……	参考生活实例，利用地震波探究地球内部圈层的划分，培养学生的科学探究意识。
	【展示】展示地震波的传播速度示意图。 【设问】 1. 横波和纵波在地球内部的传播速度是如何变化的？ 2. 你认为地球内部可以划分为几层，划分依据是什么？ 3. 推测各圈层的物质状态，总结各圈层特点。 【归纳】借助探测数据，一般将地球内部分为地壳、地幔、地核三层。 根据学生对地球内部各圈层的总结情况，完善①上下地幔、外内核的划分，②软流层、岩石圈知识，并针对学生的质疑进行解答。	【读图】读“地震波的传播速度示意图”，根据地震波的变化，尝试在图中右半部分对地球内部结构进行分层。 【分享】学生在 PPT 上划分并讲解，其他小组点评、补充。 【质疑】（学生可能有的疑问） 地球内部分几层？软流层、岩浆是液态还是固态？地球内核呈固态，图中横波曲线会在内核出现吗？地心存在生命吗？ 学生对《地心历险记》视频中真实存在和虚构的环境进行归纳。	借助“地震波的传播速度示意图”，学生自行划分地球内部圈层并展示，培养学生获取图表信息、分析图表的能力和表达能力。
	【讲述】莫霍界面、古登堡界面的由来。	【聆听】学习聆听。	科普不连续面命名的由来。
	【设问】鸡蛋内部和地球的内部圈层结构有何异同点？ 【讲述】其实大自然中有很多东西都具有神奇的相似性，只要我们仔细观察，一定会有惊喜！ 【展示】投影部分学生绘制的“地球内部圈层示意图”。 【设问】大家一起来找茬，找出图中可能存在的错误。	【观察】观察教师发的鸡蛋教具，完成课本第 27 页的活动，绘制地球内部圈层示意图，填写观察记录。 【分享】学生代表发言，并展示绘图。 【评价】学生认真观察图片，找出错误并更正。	联系生活实物，学会用对比、类比的方法认识事物，培养学生留心生活、观察生活的意识。 检验学生的学习效果，再次强化易错知识点。

（续表）

教学环节	教师导学	学生活动	设计意图
新课教学	【转承】对地球内部圈层有了更深的认识后，开始对地球外部圈层的学习。 【设问】 1. 在地球各圈层位置关系图中指出各字母代表的分别是哪个圈层。说出判断依据。 2. 举例说明各圈层的联系。 3. 岩石圈属于内部圈层还是外部圈层，岩石圈与内外部圈层又有什么关系？ 【归纳】岩石圈及地球的各外部圈层之间并不是独立的，它们之间相互联系、相互渗透，共同构成了自然地理环境。	【发言】学生说出判断依据。举例：大气中有微生物，有气态水；水中有动植物，也有氧气。其他同学点评、补充。	培养学生的阅读和思考能力。 点明地理环境的整体性，培养综合思维，为后面的学习做铺垫。
小结	【讲述】我们的生活受到自然地理环境的影响，同时我们也影响着自然地理环境。我们不断探索未知的自然界，不断深入了解地球，都是为了更好地与地球和谐相处。所以，不论何时，都希望大家始终对大自然保有好奇与热情，也始终保持敬畏。		
板书设计	第三节 地球的圈层结构 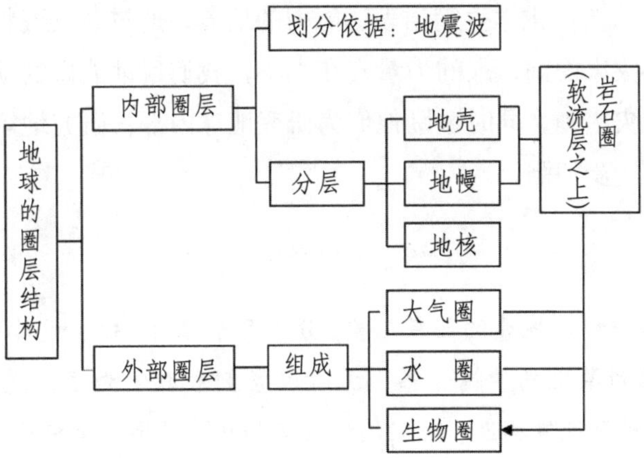 地球的圈层结构 内部圈层：划分依据：地震波；分层：地壳、地幔、地核 岩石圈（软流层之上） 外部圈层：组成：大气圈、水 圈、生物圈		

◎ 作业设计

埃塞俄比亚东北部阿法尔地区，自 2005 年有两座火山喷发后就形成了不到 1 千米的裂缝，但迄今裂缝全长已达 60 千米，最宽处 8 米，该地已经成为科学家们见证海洋形成的天然实验室。据此完成 1~2 题。

1. 阿法尔地区的裂缝形成于火山喷发之后，裂缝中的火山组成物质都来自地球

内部的（　　）

A. 地幔　　B. 地核　　C. 地壳　　D. 岩石圈

2. 裂缝从 1 千米延长到 60 千米，非洲大陆也可能一分为二，这些直接改变的是地球圈层中的（　　）

A. 生物圈　　B. 大气圈　　C. 岩石圈　　D. 水圈

【参考答案】

1. A　　2. C

◎ **教学反思**

优点：这两节课通过案例分析和合作探究的教学方式开展，都以学生为主体，活动设计多样，通过模拟演示、画图科普、角色扮演、图上分层、道具对比等活动形式，充分调动学生的听、说、看等感官，让学生积极参与到课堂中，给予了学生充分地自主表达的时间。

不足：案例分析和活动探究对学生的分析能力和语言表达能力要求较高，容易出现时间不够的问题，活动多样，场面控制会比较困难，对老师的控场能力要求高。

再教设计：要注重学生简洁表达能力的培养，通过各种资料，让学生真正地体会到在地震这种灾害面前，人的力量实在太小，我们目前能做的就是好好学习，尽可能地做好防震减灾措施，同时激励他们为研究地球内部、研究地震而努力学习，在情感培养上可以进一步加强。

点评

本节课讲述地球的圈层结构，分为两个课时，教学设计从学生实际出发，充分考虑到学生的学情。第 1 课时以案例式教学为主，通过真实案例的比较分析，讲解地震构造、地震的影响等知识，引导学生提出防灾减灾的措施，并通过角色扮演等活动，激发学生学习积极性。第 2 课时以探究式教学为主，设计了一系列的探究问题，通过视频、图片、模拟道具等辅助手段，引导学生积极主动参与学习。两节课均体现了以学生为主体的学习理念，符合新课改的要求，达成教学目标，并注重地理核心素养的渗透，是比较值得推荐的两节课例。

点评：王利亚（贵阳市第一中学）

三、乡土地理教学资源

贵州省地震局。

地震视频资源等。

第四节 地球的演化

教学设计：李颉颃

地球演化就是地球的历史，是指地球从诞生之后，地球系统由简单到复杂的过程，包括形貌的变迁、生命现象和活动的发展等历史过程。

一、内容研读

◎ 内容要求

1.3 运用地质年代表等资料，简要描述地球的演化过程。

◎ 认知内容

内容要求中“1.3（地球演化过程）”突出了对地理实践力的要求，关注的重点是学生学会使用地质年代表等资料去描述地球的演化过程，以教师提供的化石实物、图片以及相关视频等资料作为核心内容来研究地球的演化过程。结合课程内容要求、多版本教材的特点和贵州实际，学生应主要知道以下方面的知识：

1. 地层、化石。2. 地质年代表。3. 地球的演化历程。

◎ 教材对比

如表 1-14 和表 1-15 所示。

表 1-14 人教版教材和湘教版教材“地球的演化”内容结构对比

版本	人教版	湘教版
页数	6 页	6 页
章节	第一章第三节	第一章第四节
内容模块	一、化石和地质年代表 二、地球的演化历程	一、地层和化石 二、地球的演化史

（续表）

版本	人教版	湘教版
图表数量	图片 10 组 表格 0 张	图片 10 组 表格 1 张
活动与材料数量	活动（探究）：1 个 阅读（案例）：1 个	活动（探究）：3 个 阅读（案例）：3 个

与人教版教材相比，湘教版采用更多的阅读、图表等进行展示，特别是地质年代表中生物发展阶段的归纳，让学生对这部分知识有了更加清晰的认识。大量的活动内容不仅加强了学生对此部分知识的掌握，同时也拓宽了学生的视野，更加贴合学生实际。与湘教版教材相比，人教版对该部分的知识内容表达更为简洁、灵活，留给教师把握的空间更大，有利于教师在课标的要求下根据个人优势组织教学内容，选择教学方法。

表 1-15　人教版教材和湘教版教材“地球的演化”主要图幅对比

版本	人教版	湘教版
主要图幅	图 1.21　1908 年法国自然历史博物馆安装中的梁龙化石 图 1.21　太行山王莽岭的化石 图 1.23　A、B 两地地层对比 图 1.24　地质年代表示意（a） 图 1.25　地质年代表示意（b） 图 1.25　蓝藻形成的叠层石 图 1.26　联合古陆示意 图 1.27　寒武纪海洋景观复原 图 1.28　侏罗纪景观复原 图 1.29　中华龙鸟复原 图 1.30　第四纪早期北美太平洋景观复原	图 1-22　三叶虫化石 图 1-23　大羽羊齿化石 图 1-24　密封于琥珀内的昆虫化石 图 1-25　澳大利亚沙克湾的现代叠层石 图 1-26　古生代早期海生无脊椎动物复原图 图 1-27　古生代中期鱼类复原图 图 1-28　生物进化与环境演变示意 图 1-29　曾经称霸地球的恐龙 图 1-30　新生代生物复原图 图 1-31　地质时期的气候变化

从主要图幅上看，两个版本使用的图幅都比较多，主要是不同种类化石图、不同时期景观的复原图、地质年代表，让学生对相应地质年代地球表面的自然景观和不同地质年代之间的关系有一定的了解。

◎ 教学建议

相对来说，学生对本节内容比较陌生，部分概念比较抽象，不易理解和记忆。例如学生需要建立相应地质年代地球表面的自然景观和不同地质年代之间的关系，即形成一种宏观视觉下的时空综合。虽然高中生的抽象思维开始占主导，但对这一内容来说，仍需通俗易懂的文字和图像等材料的支撑。所以在教学中，为达到课标要求，需要铺垫性知识，教师应为学生提供如地层、地壳、古生物等知识。同时可以提供化石等实物、景观图片、视频，让学生有更为直观的认识。有条件的学校还可以带领学生参观地质博物馆、野外考察寻找化石等，丰富课堂内容，提升学生的地理实践力。此外，设计相应的作业更有利于该部分知识内容的巩固提升。建议本节内容的教学使用 1~2 课时。

二、教学设计①

◎ 学情分析

认知基础：在学习本节课之前，学生通过电影、电视纪录片以及平时所看的课外书等，对地球的演化有了一些基础的认识。

不足条件：本节内容多属陈述性内容，学生可能在记忆地质年代表及综合分析对应地质历史时期生物、环境的演化特征等方面存在较大困难。

◎ 教学目标

1. 通过视频及实物展示，了解地层和化石的概念，掌握其规律。（区域认知、地理实践力）

2. 了解地质年代表，能够使用地质年代表查询不同地质时期的动物、植物特征。（地理实践力）

3. 运用地质年代及相关资料简要描述地球的演化历程。（综合思维、人地协调观）

◎ 重点难点

1. 教学重点：学会使用地质年代表等资料描述地球演化历史。

2. 教学难点：记忆地质年代顺序与特征。

◎ 教学方法

案例式教学。以黔灵山公园地层考察案例，设置导入、实验关键环节，提出：黔灵山很久以前是一个什么样的环境、这里的环境都发生过什么样的变化、我们又如何来研究它的变化等问题，循循善诱，尽量让学生自己判断、评价答案的正确与否，最

① 本节课获六盘水市教学成果一等奖，授课教师：李顿颀（贵州省实验中学）。

终顺理成章地得出结果。

探究式教学。设计一个表格，让学生分别从动物、植物、陆地变迁三个方面利用化石和实物图片探究地球演化的过程，尽量让学生自己总结、同学互评、找出问题，最后得出结果。

◎ 教学资源

湘教版教材，多媒体课件，化石，野外考察的样本岩石，学生合作探究的表格、图片。

◎ 教学过程

本节教学过程详见表 1–16。

表 1–16 《地球的演化》教学过程设计

教学环节	教师导学	学生活动	设计意图
创设情境	【展示】用北斗街景地图展示黔灵山公园的位置。 【讲述】黔灵山在漫长的地质历史时期孕育、形成、发展并遗留下丰富的地质遗迹，其复杂的地质构造，是揭示贵州地质发展的天然博物馆，是野外考察的良好基地。这节课我们将以黔灵山公园的岩层考察为例学习研究地球历史的方法。	【观察】找到黔灵山公园的具体地理位置。	用身边的案例导入，激发学生兴趣。用地图展示位置，培养学生的区域认知能力。
成果展示	【设问】黔灵山很久以前是一个什么样的环境？这里的环境都发生过什么样的变化？我们又如何来研究它的变化呢？	【展示】学生展示查找的关于黔灵山地质历史的相关资料。	通过查找资料培养学生的地理实践力。
方法传授	【讲解】研究地层和化石是研究地球演化历史的最主要途径，下面就让我们先来了解有关地层和化石的概念。 【板书】研究地球历史 如何研究：地层、化石、地质年代表	【阅读】阅读教材第 29~30 页，分别找到地层、化石、地质年代表的概念。 【发言】用自己的语言讲述地层的概念。	培养学生的自主学习能力和语言表达能力。
实验验证	【展示】展示黔灵山正门东侧的地层图片，观察采集的石灰岩标本。 【设问】根据盐酸滴到石灰岩标本上的反应，这些岩石可能含有什么成分？是什么岩石？	【观察】展示石灰岩标本，让学生观察其层理结构。 【实验】将稀盐酸滴到石灰岩标本上，观察现象，猜测岩石的成分。	通过观察、实验，培养学生的动手和观察能力，落实地理实践力的培养。

（续表）

教学环节	教师导学	学生活动	设计意图
实验验证	【展示】展示关于正门东侧岩石的论文截图。播放视频：鲕粒灰岩的介绍。 【设问】根据视频介绍，黔灵山公园原来是一个什么样的环境？ 【归纳】黔灵山公园原来是一片汪洋大海，经过几次地壳运动，地壳隆起，形成了今天的黔灵山。	【发言】碳酸钙，石灰岩。 【质疑】怎么能凭借一个简单的现象就判定是石灰岩呢？ 【观察】观看图片中关于黔灵山公园大门东侧岩石地质历史的介绍，观看视频中关于鲕粒灰岩形成环境的介绍。	让学生知道对待科学必须有严谨的态度，同时通过资料和视频总结，培养学生的学科思维。
解决问题提炼方法	【设问】那什么又是化石呢？ 【展示】展示教师找到的化石图片及实物。 【设问】化石和地层之间存在什么关系呢？ 【展示】A、B 两地地层对比图。 【归纳】化石和地层之间的关系。	【观察】观察化石的种类及图中化石和地层之间的关系 【讨论】A、B 两地是否具有同一时代的地层？将同时代的地层用线连接起来，猜想两地地层产生差异的原因。	培养学生分析问题和解决问题的能力。
解决问题提炼方法	【讲解】研究地球地质历史还有一个非常重要的“工具”——地质年代表。 【展示】地质年代表。 【设问】关岭发现三叠纪的化石，距今有多少年历史？注意区分“纪”和“系”的异同。 【设问】显生宙的范围是什么？ 【展示】地球 46 亿年浓缩为一天示意图。 【设问】冥古宙、太古宙、元古宙加起来约占地球多少个小时？ 【设问】人类是什么时候出现的？ 【讲述】在漫漫历史长河中，人类显得多么的渺小，但我们对地球研究的梦想却从未停止！	【阅读】地质年代表。 【发言】2 亿多年。 【回答】距今 5.4 亿年前。 【阅读】读图，在图中找出冥古宙、太古宙、元古宙对应的时间，三者合约 21 小时。 【发言】人类在最后两分钟才登上历史的舞台，历史很短。	通过教材的阅读培养学生的自主学习能力，通过概念的讲述培养其语言表达能力。 培养学生对地理图表的解读和分析能力。 适时对学生进行情感教育，培养学生的人地协调观。

（续表）

教学环节	教师导学	学生活动	设计意图
运用方法解决问题	【设问】我们的家乡贵阳原来是一个什么样的环境？ 【板书】二、地球的演化历程 【展示】 图片：来自贵州师范大学的鹦鹉螺化石和贵阳花溪的珊瑚化石。 材料：地层和化石能够很好地反映当时的地理环境。珊瑚一般生长在水温为25℃～30℃、海水深度在25米内的海域。 【设问】图中的化石是哪一个年代的？贵阳原来是一个什么样的环境？ 【设问】贵阳两亿多年前是汪洋一片，贵州又是什么样的呢？ 【展示】 图片：教师在家乡盘州找的化石图片。 实物：教师在家乡盘州找的化石。 视频：关于贵州海陆变迁的博物馆语音视频介绍。	【阅读】阅读图片中化石的产地、年代、种类以及材料。（注意关注“浅海”环境与“滨海”环境的差异。） 【回答】三叠纪，贵阳属气候比较温暖的浅海环境。 【回答】贵州在两亿多年前也是一片汪洋大海，随着复杂的地质作用，地壳上升，高原隆起，形成了今天的云贵高原。	激发学生兴趣，培养学生提取信息的能力。 通过珊瑚生长环境，推测贵州原来的自然环境，培养学生分析问题、解决问题的能力。 利用化石、视频，激发学生兴趣，同时培养学生提取信息、分析问题、解决问题的能力。
合作探究	【讲解】同学们通过前面的学习知道了我们的家乡在两亿多年前是汪洋一片，我们也可以用同样的方法来研究地球的演化历史。 【板书】二、地球的演化历程：前寒武纪、古生代、中生代、新生代 【展示】合作探究，完成附表（即表1-17）。 【评价】对学生成果展示进行评价。 【设问】还有一个重要的成煤时期，是在什么时候？ 【设问】还有一个重要的成矿时期，是在什么时候？	【探究】把资料包内的图片按照植物、动物和海陆变迁分类并粘贴在相应表格中，用关键词对图片进行描述。 【发言】小组派一个代表展示合作探究的成果，分别从植物、动物、陆地变迁三个方面对地球的演化历程进行描述，其他组进行提问和评价。 【发言】在古生代和中生代后期。 【发言】前寒武纪。	培养学生的综合思维、小组合作、语言表达等方面的能力。 对学生合作探究未涉及的内容进行补充，使知识更加完善。
视频总结	【展示】视频《地球历史之歌》。 【板书】三、研究意义：建设美丽家园	【观察】聆听歌曲，注意观察歌词内容。	让知识系统化，便于学生理解记忆。

（续表）

教学环节	教师导学	学生活动	设计意图
情感升华	【讲述】同学们，地球的历史还在继续书写，人类还在追寻建设美好家园的梦想。老师相信，通过不懈的努力，你们的梦想一定会实现，人类对地球研究的梦想因你们而精彩，我们的家园因你们而更加美丽，未来的世界属于你们！		激发学生学习积极性和科学探究的兴趣，培养学生保护环境的意识。
板书板图设计	地球的历史 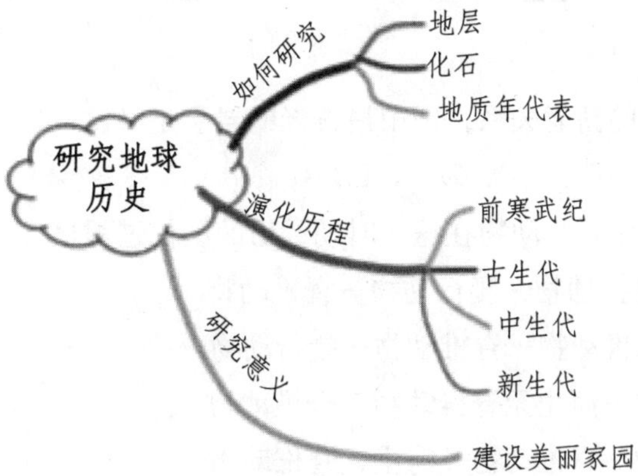 研究地球历史 如何研究：地层；化石；地质年代表 演化历程：前寒武纪；古生代；中生代；新生代 研究意义：建设美丽家园		

表 1–17 《地球的演化》附表

地质年代	分类		
	植物	动物	陆地变迁
新生代（0.65 亿年前至今）			
中生代（2.52 亿年前 ~0.65 亿年前）			
古生代（5.41 亿年前 ~2.52 亿年前）			
前寒武纪（地球诞生 ~5.41 亿年前）			

◎ 作业设计

一、单项选择题

陕西省神木市近日发现一系列巨大脚印化石，经考古专家实地考察，初步认定这批化石是 1 亿年前恐龙的脚印。据此回答第 1 题。

1. 恐龙繁盛的时代是（　　）

A. 太古宙　　B. 元古宙　　C. 古生代　　D. 中生代

读某地地质剖面略图，回答2~3题。

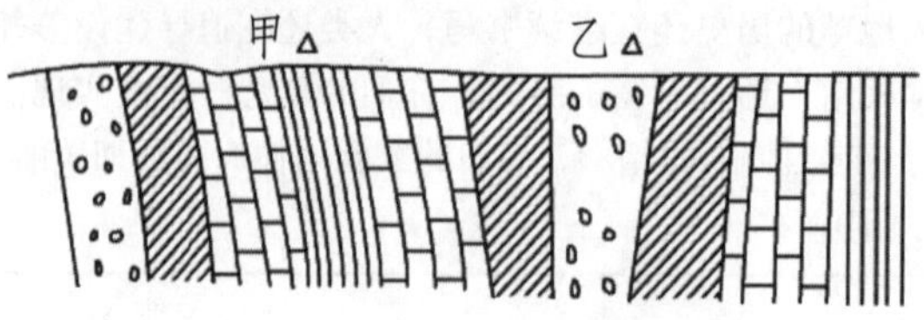

图1

2. 根据化石的新老关系，图中最古老的岩层是（　　）

A. ①　　B. ②　　C. ③　　D. ④

3. 根据图中化石，动物在这一时期经历的演化过程是（　　）

A. 海生无脊椎动物—爬行动物—脊椎动物

B. 海生无脊椎动物—脊椎动物—爬行动物

C. 爬行动物—海生无脊椎动物—脊椎动物

D. 爬行动物—脊椎动物—海生无脊椎动物

地层中含有下图所示的化石。读图完成4~5题。

图2

4. 该地层形成的时间最不可能的是（　　）

A. 寒武纪　　B. 二叠纪　　C. 石炭纪　　D. 泥盆纪

5. 该地层形成的地理环境是（　　）

A. 湖泊　　B. 高山　　C. 高原　　D. 盆地

二、材料分析题

6. 读图文资料，完成下列要求。

《侏罗纪公园》是一部科幻冒险电影。影片主要讲述了哈蒙德博士召集大批科学家利用结在琥珀中的史前蚊子体内的恐龙血液提取出恐龙的遗传基因，将已绝迹6500万年的史前庞然大物复生，使整个努布拉岛成为恐龙的乐园，即“侏罗纪公园”。

图3左图示意恐龙生存的环境，右图示意地质时期（局部）全球气温、降水量变化。

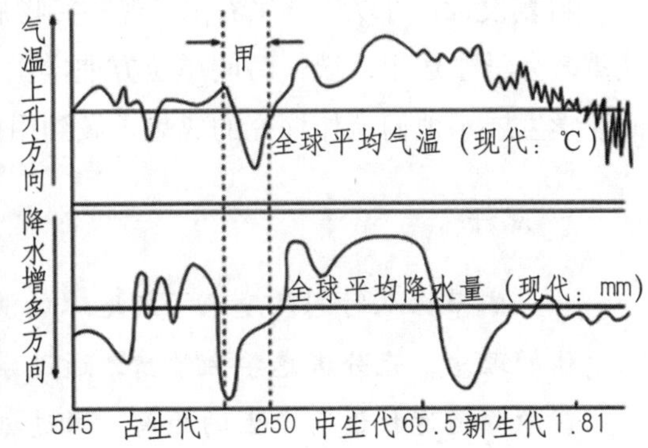

图3

（1）指出科幻电影《侏罗纪公园》中的恐龙这种物种主要出现的地质年代，说明人们研究这一早已灭绝的物种的方法。

（2）指出在恐龙繁盛的时代地球上主要的植物并简析其对我们目前的人类社会有何影响。

（3）据右图，描述地质时期气候的变化特点。

【参考答案】

1.D　　2.A　　3.B　　4.A　　5.A

6.（1）中生代的侏罗纪和白垩纪。研究地层和化石。

（2）裸子植物；中生代大量裸子植物死亡，埋藏于地层中，形成了目前人类社会大量使用的化石燃料——煤炭，为现代人类提供了丰富的能源。

（3）全球气候一直处于波动变化之中；冷暖干湿相互交替；变化周期长短不一（温暖期较长，寒冷期较短）。

◎ **教学反思**

优点：利用黔灵山公园野外地质考察的真实情境导入新课，以一系列问题贯穿一节课的主要内容，让学生带着问题进入新课，明确本节课的学习目标与任务，做到有的放矢；以小组合作探究，学生成果展示，实验验证，化石、岩石实物展示等多种方式开展教学，增强学生的直观感受，注重方法教授，强调培养学生的地理实践力。

不足：教师对地质年代表部分的处理，讲授稍微多了一些；指令不够明确，导致部分小组分工不明确，合作效率不高；对学生的合作探究成果展示及小组之间的评价不够。

再教设计：可以让学生看书、观察实物后归纳总结概念的内涵；地质年代表部分，注重教会学生运用，统一时间单位方便学生记忆，带着学生一起分析；预留充足的时间让学生展示他们合作探究的成果，做到组内、组间互评。

点评

本节课从时间尺度来了解地球的演化过程，教学设计符合以学生为主体的理念，充分考虑学生学情，通过学生身边熟悉的场景黔灵山公园引入教学，迅速拉近与学生的距离。通过创设情境—成果展示—方法传授—实验验证—解决问题提炼方法—运用方法解决问题—合作探究—视频总结等环节，充分调动学生学习的积极性，使学生始终带着兴趣来学习，教学效果明显，达成教学目标，同时也培养了学生综合思维和地理实践力等核心素养，对学生终身发展都有用，是一节成功的教学案例。

点评：王利亚（贵阳市第一中学）

三、乡土地理教学资源

贵州地处我国西南腹地，古生物化石十分丰富，从距今 6.35 亿年到距今 258 万年的地质史均有化石记录，岩层及岩层的化石记录着大量的地质事件和生态信息，其中著名的贵州龙、海百合、鱼龙等生物化石是三叠纪的重要标志。这些化石的发现，使贵州成为国际地质界公认的“三叠纪沉积岩王国”和“古生物王国”。贵州是三叠纪古生物群的世界级宝库，其中的海百合等是世界唯一的古生物遗产。

地点	化石及特点
赤水桫椤国家级自然保护区	“现代环境”保存了远古环境原始的“本底”状态，古生物孑遗植物桫椤因此得以幸存，成为“地球爬行时代”的标志性植物化石。
关岭“地质博物馆”（晚三叠纪——距今约2.2亿年）	古生物化石主要包括鱼龙、鳍龙、楯齿龙等海生爬行动物，也有海百合、菊石、双壳、牙形石、鹦鹉螺、腕足动物，此外还有裸子植物和蕨类植物。其中以鱼龙和海百合最为著名。
兴义“地质博物馆”（中三叠纪——距今约2.39亿年）	富含以胡氏贵州龙为主的海生爬行动物及鱼类、双壳类、菊石、甲壳类节肢动物及少量陆生植物的多门类化石生物群。其中以贵州龙最为著名。
凯里“地质博物馆”（中寒武纪早期——距今5.20至5.12亿年）	已发现的古生物化石，包括世界上少数保存完整的三叶虫、宽背虫的化石，闻名世界的乌溜坡——曾家崖剖面、苗板坡剖面（我国的第十一颗“金钉子”）也在那里。
瓮安“地质博物馆”（前寒武纪——大约距今6.35亿年）	已发现的古生物化石主要由立体保存的多细胞藻类，大型带刺疑源类和后生动物胚胎等多种化石组成。这里保存了迄今为止全球最古老的动物化石（大约距今6.35亿年）。

第二章 《地球表面形态》教学研究与案例设计

内容研读：陈红生　张　慧　金儒成

地貌是自然环境重要的组成要素之一，它与其他要素之间紧密联系，形成一个相互作用的整体，这也是本章要学习的内容。在地貌的学习中，与地表形态相关的自然灾害（如滑坡、泥石流等），在此一起讲解，有利于知识的逻辑联系。

对于地貌的种类，学生较为常见的、陆地上分布也最广的地貌有流水地貌、风成地貌、海岸地貌、冰川地貌等；对于常见的自然灾害，有气象灾害、地质灾害、生物灾害等。对于贵州省的师生来说，喀斯特地貌影响着我们生产生活的各个方面。在我们面对的自然灾害中，滑坡、泥石流等地质灾害尤为常见。在学业要求中，本章要达到目标是：

人地协调观：结合给定的地貌事象，知道人类对其产生影响的主要方式；通过常见自然灾害的成因和危害的分析，将自然灾害与人类活动相联系，辩证地思考自然灾害的成因和影响。认识到人类活动要遵循自然规律，人类要与自然和谐相处。

综合思维：对于给定的地貌事象，能够准确描述其主要特点，包括特定地貌的地貌形态的类型、地貌的规模、地貌景观的色彩特征、次级地貌的组合等；能够根据给出的某次自然灾害的资料，分析其成因和危害。

区域认知：能够归纳指定地貌的空间分布特征；能够根据给出的资料，归纳某种自然灾害的分布特点。

地理实践力：能与他人合作，设计并实施有效的地理实践活动，获得有效的实践效果，能够在地理实践中表现出独立思考的意识、求真务实的科学态度以及灵活运用知识的能力；在教师的指导下，分组收集整理相关资料，组织开展小组讨论，提高探究问题、自主学习和合作学习的能力。

本章的教学，根据贵州省的实际情况，建议采用 6 个学时完成教学，其中 1 个学时用于练习巩固，使学生更好地达到学业质量“水平 2”的要求。

第一节　流水地貌

教学设计：刘成名　张毓艳　金儒成

地表流水是陆地上塑造地貌最重要的外动力，它在流动过程中，侵蚀地面形成各种侵蚀地貌（如冲沟和河谷），把侵蚀的物质经搬运后堆积起来形成各种堆积地貌（如冲积平原），这些侵蚀地貌和堆积地貌，统称为流水地貌。而在流水侵蚀强烈的山区，遭遇暴雨时容易发生滑坡、泥石流等地质灾害。

一、内容研读

◎ 内容要求

1.4　通过野外观察或运用视频、图像，识别 3~4 种地貌，描述其景观的主要特点。

1.11　运用资料，说明常见自然灾害的成因，了解避灾、防灾的措施。

◎ 认知内容

内容要求中“1.4（地貌）”突出了对地理实践力的要求，以学生的野外或户外地貌景观的观察等实践活动为核心内容，若确实无法外出则可以考虑观看视频、地貌模型和景观图等替代方式。该条课标的认知内容规定了需要学习的主要地貌类型为 3~4 种。根据课程内容要求、各版本教材的特点并结合贵州实际，学生应掌握以下知识：

1. 流水地貌（河流地貌）：流水侵蚀地貌（河谷），流水堆积地貌（冲积扇、洪积扇、河漫滩、三角洲等）。

2. 风成地貌（风沙地貌，见本章第二节）。

3. 海岸地貌（海浪地貌，见本章第三节）。

4. 冰川地貌（见本章第三节）。

5. 喀斯特地貌（岩溶地貌，见本章第三节）。

内容要求中“1.11（自然灾害）”强调“运用资料”，教师可以重点考虑将所在地区常见的自然灾害用于讲授，以便学生联系生活，加深理解。结合课程内容要求、各版本教材的特点和贵州实际，学生在本节应学习滑坡、泥石流这两种地质灾害，学习后能够简述这两种灾害的成因，了解避灾、防灾措施。

◎ 教材对比

由于贵州省所用教材主要为人教版教材和湘教版教材，因此以下主要针对这两个版本的教材进行对比分析，详见表 2−1 和表 2−2。

表 2−1 人教版教材和湘教版教材“流水地貌”内容结构对比

版本	人教版	湘教版
页数	3 页	6 页
章节	第四章第一节 （常见地貌类型）	第二章第一节 （流水地貌）
内容板块	二、河流地貌	一、流水侵蚀地貌 二、流水堆积地貌
图表数量	图片 5 组 表格 0 张	图片 12 幅 表格 1 张
活动与材料数量	活动（探究）：0 个 阅读（案例）：1 个	活动（探究）：3 个 阅读（案例）：2 个

湘教版教材将流水地貌知识单独列为一节，采用更多的阅读、图表等进行展示，大量的活动在加强学生对此知识的掌握的同时，也拓宽了学生的视野，更加贴合贵州学生实际。此外，湘教版还将自然灾害中的滑坡与泥石流内容放在本节进行学习。

表 2−2 人教版教材和湘教版教材“流水地貌”主要图幅对比

版本	人教版	湘教版
主要图幅	图 4.6 澜沧江上游的“V”形河谷 图 4.7 冲积平原 图 4.8 呼伦贝尔草原上的河曲和牛轭湖 图 4.9 三角洲 图 4.10 黄河三角洲海岸线的变迁	图 2-1 嘉陵江青居镇附近遥感影像 图 2-2 河谷横剖面结构示意 图 2-3 金沙江虎跳峡 图 2-4 澜沧江峡谷河流阶地 图 2-5 曲流与牛轭湖 图 2-6 牛轭湖形成示意 图 2-7 雅鲁藏布大峡谷景观 图 2-8 冲积扇 图 2-9 洪积扇 图 2-10 尼罗河三角洲 图 2-11 长沙湘江橘子洲 图 2-12 可升降水槽示意

图表是地理知识内容的主要载体。从图幅上看，人教版教材使用量较少，主要呈现河谷、冲积平原、三角洲等内容；湘教版图幅使用量相对较多，主要呈现河谷、冲

积扇和洪积扇、三角洲等内容，同时增加了一些实例图片。

◎ 教学建议

本节知识内容较为细碎，有着典型的“宽而浅”的特点。所以在教学中，要以“流水地貌”这一大概念为统领设计教学内容，通过流水地貌的景观特点，做好总结归纳。针对能力层次较高的学生，还可以讲解一些简单的成因。

在教学中建议以景观图片展示为主，辅以简单原因讲解，重点使用讲授法、演示法等教学方法，要求学生多参与到课堂活动中，充分发挥教师的主导作用和学生的主体作用。如果条件允许，可以组织学生到校外进行流水地貌的考察。

教学过程上，建议从身边的河流或者大家熟知的典型的河流入手，如南明河、乌江、湘江河等，可以激发学生学习的兴趣，让学生学习生活中有用的地理，更加深入认识家乡，了解乡土地理，有利于培养学生的区域认知素养。

建议本节内容的教学使用 2 课时。第 1 课时学习流水侵蚀地貌和流水堆积地貌；第 2 课时学习滑坡和泥石流，并进行知识巩固。

二、教学设计

◎ 学情分析

认知基础：通过初中阶段对地形图判读的学习，学生基本掌握了 5 种主要地形，也会辨别山地次一级的地形，如山谷、山脊等。学生学习过山谷，了解山谷处容易形成河流。同时，学生在初中的学习中知道了我国的两大河流的水系特征，有河流相关知识储备，比如发源地、上中下游、入海口等。学生在生活中也常见到河流，了解河水的运动规律是从高向低、河岸上会有很多石头或泥沙等现象。对贵州常见的滑坡、泥石流等地质灾害，学生在生活中有所接触，部分同学甚至有过亲身经历。

不足条件：学生虽然学习过地形知识，但是由于没有内外力相关知识储备，对于流水地貌形成过程的理解有一定难度；贵州学生在日常生活中看到的流水地貌主要有峡谷、河漫滩等，难以接触到河流阶地、洪积扇、冲积扇、冲积平原、三角洲等地形，对这类地形缺乏感性上的认识；学生接触到的流水地貌都在脑海中呈点状分布，无法在宏观上从整条河流上游山地、中游、入海口等部位将各类地貌的位置对应；高一学生的整体性思维较差，不易将地形、河流流速等与河流地貌建立联系。

◎ 教学目标

1. 通过观察景观图片、示意图，识别次级流水地貌，包括河谷、河漫滩、河流阶地、冲积扇、三角洲等，并能描述其主要特点，简单分析其成因。

2. 通过流水作用模拟实验，初步认识并能分辨流水侵蚀地貌和流水堆积地貌。

3. 分析泥石流和滑坡产生的原因、主要危害及治理措施。

4. 从身边的河流入手进行学习，培养学生认识家乡、了解家乡、热爱家乡的乡土情感。

◎ 重点难点

1. 教学重点：认识分辨常见的流水侵蚀地貌和流水堆积地貌；说明滑坡、泥石流的避灾、防灾措施。

2. 教学难点：描述次级流水地貌的主要特点，简单分析其成因；说明滑坡、泥石流的成因。

◎ 教学方法

讲授法，流水地貌、泥石流、滑坡等概念采用教师讲授的教学方法，有利于学生快速掌握；演示法，利用演示法展示流水侵蚀地貌和堆积地貌的图片，使学生能够直接观察并能够识别流水地貌；实验法，采用实验法简单模拟河流堆积地貌和侵蚀地貌的形成过程，不仅能够使学生直接观察到流水侵蚀和堆积地貌，还有助于帮助学生了解河流地貌的形成过程。实验报告见表 2–3。

表 2–3 “流水地貌”实验报告

1. 实验目的：

演示流水地貌的形成过程以及坡度与流水侵蚀和搬运能力之间的关系。

2. 实验用材：

①调节倾角为 20°、25°、30° 且 A 面铺了 5cm 混合颗粒大小不一的土层的升降水槽各 1 只；

②装满水的长嘴水壶 3 只。

3. 实验步骤

① 3 个实验组同时在可升降水槽 A 面顶端用长嘴水壶缓缓倒水；

②等 3 组 A 面水流全部呈线状，并且 B 面有明显扇状堆积体时，3 组同时停止倒水；

③观察堆积体形态、堆积物多少、堆积物颗粒分布状况并填表。

4. 实验结果

实验记录表

项目	倾角					
	20°		25°		30°	
A 面	侵蚀沟深度	侵蚀沟宽度	侵蚀沟深度	侵蚀沟宽度	侵蚀沟深度	侵蚀沟宽度
B 面	堆积物多少	堆积物颗粒分布	堆积物多少	堆积物颗粒分布	堆积物多少	堆积物颗粒分布

◎ 教学资源

湘教版教材，多媒体课件，可升降水槽，滑坡、泥石流视频。

◎ 教学过程

第 1 课时《流水地貌》、第 2 课时《滑坡和泥石流》的教学过程分别见表 2–4 和表 2–5。

表 2–4 《流水地貌》教学过程设计

教学环节	教师导学	学生活动	设计意图
导入	【创设情境】课件展示南江大峡谷、“玉水金盆”——底窝八寨田等贵阳周边的流水地貌景观图片。 【设问】请同学们思考这些地貌是由哪种外力作用塑造的。 【板书】流水地貌	【观察】观察图片展示的贵阳周边的流水地貌景观图片，直观感受流水地貌的特点。	利用身边的真实情境，让学生观察流水地貌，激发学生的学习兴趣。
新课教学	【讲解】讲解流水地貌概念。 【讲解】接下来我们用一个实验来简单模拟流水地貌的形成过程并展示其地貌特点。 【展示】展示倾角分别调为 20°、25°、30° 的可升降水槽，水槽 A 面铺上一定厚度并掺杂颗粒大小不一的沙子的土壤。	【倾听】倾听流水地貌的概念。 【准备实验】准备实验。 【探究】各小组用长嘴水壶同时在斜面 A 顶端缓缓倒水，至 A 面泥土上的水流成线状，并在 B 面顶端形成明显的扇状堆积体为止。	通过动手实验来模拟流水地貌的形成过程直至出现流水地貌的景观特征，培养学生的地理实践力。

（续表）

教学环节	教师导学	学生活动	设计意图
新课教学	【讲解】将学生分为 3 组，甲组负责倾角 20° 的水槽，乙组负责倾角 25° 的水槽，丙组负责倾角 30° 的水槽，每组有一个实验操作员，一个记录员，其他同学注意观察实验现象、沟谷和堆积物特点。 【展示】展示 3 个组 A 面的沟谷形态以及实验记录上的沟谷宽度和深度。 【讲解】我们将这类由流水侵蚀形成的地貌称为流水侵蚀地貌。 【板书】一、流水侵蚀地貌 【设问】同学们通过观察发现 3 个组的沟谷形态有没有区别？ 【讲解】通过实验我们发现倾角（也就是坡度）越大，沟谷深度越深。在实际环境中，山区坡度大，流水侵蚀地面形成峡谷，其两壁险峻陡峭，谷底几乎都被河床占据，河谷横断面大多呈 V 字形，也就是深度大于宽度。 【板书】V 型谷 【展示】南江大峡谷、花江大峡谷、鸭池河峡谷、金沙江虎跳峡等实际的“V 型谷”景观。 【设问】为什么贵州多深邃险峻的峡谷景观？ 【评价】对学生的回答可采用学生评价与教师评价相结合的方式。	【观察】分别观察本组 A 面侵蚀沟的深度和宽度，B 组堆积物的多少，以及堆积物颗粒分布特征，进行记录；各组交换观察其他组 A 面和 B 面特征，做好记录。 【讨论】讨论 3 个组 A 面沟谷深度、宽度的区别并思考造成这种差异的原因。 【发言】倾角（坡度）越大，沟谷越深、越窄。 【观察】观察流水侵蚀地貌景观形态特征。 【讨论】贵州多深邃险峻峡谷的原因。	通过分析坡度和流速不同，流水侵蚀能力也不同，形成的流水侵蚀地貌在形态上存在差异，培养学生的综合思维素养。 通过分析贵州多深邃险峻峡谷的原因，培养学生的综合思维素养和区域认知素养。
	【展示】河谷横剖面结构示意图。 【设问】河床有什么特点？河流阶地和河漫滩的区别是什么？ 【展示】澜沧江峡谷河流阶地和白龙江河流阶地的村落及农田。 【设问】为什么人们常选择河流阶地作为居住和耕作场所？ 【评价】对学生的回答可采用学生评价与教师评价相结合的方式。	【观察】河谷横剖面特征。 【讨论】河床的特点及河流阶地和河漫滩的区别。 【回答】河流阶地和河漫滩的主要区别。 【观察】河流阶地的景观特点。 【思考】为什么人们常选择河流阶地作为耕作和居住场所？ 【回答】地形相对平坦；距水源近；土壤颗粒较细，肥沃；地势较高，不易遭受洪灾等。	通过分析人们选择河流阶地作为居住和生活场所的原因，培养学生的综合思维素养并树立因地制宜的地理思想。

（续表）

教学环节	教师导学	学生活动	设计意图
新课教学	【设问】在流水地貌实验中，倾角小（坡度小）的甲组沟谷和其他组相比，形态有什么特点？ 【展示】3组沟谷形态对比。 【讲解】在地势平坦的地区，河谷一般呈宽而浅的槽形。 【展示】课件展示长江中游槽形河谷实景。 【板书】槽型谷	【讨论】与其他两组相比，甲组沟谷的形态特点。 【发言】沟谷更宽。 【观察】观察实际的槽形谷景观特点以及周边地形特点（平坦）。	培养学生的综合思维素养和区域认知素养。
	【展示】课件展示3个实验小组升降水槽B面的堆积物，以及3个小组的数据记录的堆积物多少和颗粒分布特征。 【设问】请同学们思考并简述堆积物的形成过程。 【评价】对学生的回答可采用学生评价与教师评价相结合的方式。 【设问】堆积物颗粒分布有什么特征？ 【设问】3个小组的堆积物数量有什么区别？	【观察】观察堆积物形态特征和堆积物多少、颗粒分布特征并思考它们之间的内在联系。 【讨论】堆积物的形成过程。 【观察】堆积物颗粒分布特征。 【发言】自顶端至边缘颗粒物由粗到细。 【发言】3个小组中坡度越大，堆积物越多，堆积物中粗颗粒物占比越多。因为坡度越大，流水速度越快，搬运作用越强。	通过用实验数据来证实堆积物与流水流速之间的关系，培养学生的综合思维素养。
	【课件展示并讲解】洪积扇与冲积扇的形成过程以及它们的区别。 【板书】二、流水堆积地貌 冲积扇	【观察】实际环境中冲积扇与洪积扇的位置、形态特点以及它们之间的区别。	通过学习冲积扇与洪积扇的形成过程，培养学生的综合思维素养。
	【设问】请同学们自主学习冲积平原和三角洲的概念，思考冲积平原和三角洲的位置，以及塑造它们的外力作用是什么。 【展示】华北平原、成都平原、长江中下游平原、黄河三角洲、尼罗河三角洲实景图片。	【发言】冲积平原位于河流中下游或河流流经盆地处；三角洲位于河口。它们都是由流水堆积作用形成的。 【观察】冲积平原和三角洲的实景图片。	通过分析冲积平原和三角洲的位置，培养学生的区域认知素养。
	【设问】各种流水地貌的位置有什么不同？ 【评价】对学生的回答可采用学生评价与教师评价相结合的方式。 【展示】长江干流图和上游金沙江虎跳峡、中下游平原、长江三角洲的图片。	【讨论】各种流水地貌的位置。 【发言】V字形河谷多分布在河流上游山区，槽形河谷主要分布在中下游平原地区；冲积扇分布在山前，冲积平原分布在中下游，三角洲分布在河流入海口或入湖口。	通过分析各类流水地貌的位置，培养学生的区域认知素养。

（续表）

教学环节	教师导学	学生活动	设计意图
小结	本节课我们学习了流水地貌，流水地貌分为流水侵蚀地貌和流水堆积地貌两大类，主要学习了流水侵蚀地貌中的峡谷，以及流水堆积地貌中的冲积扇、冲积平原、三角洲等。通过学习我们知道了每种地貌的形态特点以及分布位置。希望学习本节课后，同学们在野外能够辨识各类流水地貌。		
板书设计	**第一节　流水地貌** 一、流水侵蚀地貌 河谷：V 型谷：深度大，岩壁较陡，谷底狭窄；槽型谷：深度较浅，谷底较宽 二、流水堆积地貌 冲积扇（山前）：外形似扇，扇顶至扇缘地面逐渐降低，堆积物由粗到细 冲积平原（中下游）：地形平坦 三角洲（河口）：地形平坦开阔		

表 2–5　《滑坡和泥石流》教学过程设计

教学环节	教师导学	学生活动	设计意图
导入	【展示】2017 年 6 月 24 日，四川省茂县叠溪镇新磨村滑坡前后对比视频。	【观察】观看视频，重点观察房屋、人员伤亡、道路被毁等自然灾害造成的后果并对其产生深刻印象。	利用真实情境激发学生的学习兴趣。
新课教学	【板书】三、滑坡和泥石流 （一）滑坡 【设问】滑坡带来的危害有哪些？ 【板书】1. 主要危害 【设问】既然滑坡会带来如此严重的危害，那么导致其发生的原因是什么呢？	【讨论】滑坡带来的危害。 【发言】滑坡的危害：掩埋农田和村庄，阻断道路，淤塞河道，导致人员伤亡和财产损失。	

（续表）

教学环节	教师导学	学生活动	设计意图
新课教学	【展示】介绍茂县自然地理特征的文字及地形地势图：茂县地处青藏高原和四川盆地交界地带，位于岷江上游。地形主要是高山峡谷，境内自然地貌特征呈现高山林立、河流深切的特点，相对高度在 1500 m 到 2500 m。境内有茂汶断裂、龙门山断裂带，地壳活动较频繁，岩石节理深度发育，地质条件脆弱，是 2008 年汶川地震重灾区。多年平均降水量 486.3 mm，降雨年内分布不均，集中在 5~10 月，最大日降水量可达 75.2 mm，瞬时降雨强度大。 【设问】诱发滑坡的原因除了自然原因，有没有人为原因呢？ 【板书】2. 滑坡成因 【设问】既然滑坡会给我们带来人员伤亡和财产损失，那我们应该如何进行防范和自救？ 【讲解】运用地理信息技术等先进技术加强监测和预警，及时发现滑坡隐患，提前远离可能发生滑坡的地方；当发现出现地下水水质、水量和动植物异常，山坡前缘土体隆起，山体裂缝，且裂缝加长加宽的征兆时赶紧撤离；如果不幸遇到滑坡，由于滑坡是沿着一定方向向前滑行，看好它的前进方向后向两侧跑（即与落石方向垂直），跑不出去就躲在坚实的障碍物下。 【展示】展示滑坡治理图片：植树造林，修护坡墙，边沟排水，清除滑坡体等。 【板书】3. 防治措施 【讲解】在山地沟谷中，除了滑坡灾害之外还有一种地质灾害叫泥石流，它与滑坡有一定相似之处，也会带来巨大的人员伤亡和财产损失，接下来我们将学习泥石流。	【观察】介绍茂县的图文资料。 【探究】滑坡的成因。 【发言】回答滑坡成因。 ①降水：降水多且集中，强度大。②地形：地处高山峡谷，地形坡度大，相对高度大。③地质：地壳活动活跃，紧邻汶川，5·12 地震以后，山体有一些松动。 【质疑】除了自然原因外还有没有人为原因？ 【探究】诱发滑坡的人为因素。 【发言】诱发滑坡的人为因素：不合理的工程建设，矿山开采，以及过度破坏植被等人类活动也会诱发滑坡。 【探究】学生根据滑坡特点及成因，结合相关知识来探究滑坡的防范措施和遇到滑坡后可采取的逃生方法。 【质疑】对滑坡除了进行防范外，有无治理办法和措施呢？ 【讨论】学生运用所学知识，结合滑坡的成因及生活经验来探究滑坡的治理措施。	通过分析滑坡的成因，培养学生的综合思维素养和人地协调素养，通过观察茂县地理位置并了解其自然条件，培养学生的区域认知素养。 通过分析诱发滑坡的人为因素，帮助学生树立正确的人地观。 通过学习遇到滑坡后的自救措施，使学生了解生活中的地理，学习有用的地理知识，培养学生的学习兴趣和学习积极性。 通过探究滑坡的防治措施，培养学生的人地协调观以及运用地理知识解决地理问题、学以致用的精神。

（续表）

教学环节	教师导学	学生活动	设计意图
新课教学	【板书】（二）泥石流 【讲解】讲解泥石流的概念。 【展示】播放舟曲特大泥石流介绍视频。 【设问】泥石流带来的危害有哪些? 【讲解】泥石流的概念。 【板书】1. 主要危害 【设问】泥石流既然带来如此大的危害，其成因是什么呢? 【展示】介绍舟曲自然地理特征的文字和介绍舟曲泥石流成因的视频。 【讲解】泥石流的成因。 【板书】2. 泥石流成因 【设问】既然泥石流危害如此之大，它在发生前有没有征兆？如果我们在野外不幸遇到泥石流爆发该如何避灾? 【讲解】在泥石流灾害发生之前一般有这些征兆：山区有长时间降雨天气或短期内有强降雨天气；轰鸣声；沟谷内水量短时间内迅速增加，然后又突然变小等。 【设问】那么除了采取避灾措施外，有无防治措施呢? 【板书】3. 防治措施	【观察】观看舟曲泥石流介绍视频。 【讨论】泥石流带来的危害。 【发言】泥石流带来的危害。 【讨论】泥石流带来的危害：①摧毁或掩埋房屋、交通道路、农田，造成人员伤亡和财产重大损失；②影响水利水电工程、矿山的正常运转；③阻塞河道，形成堰塞湖，引发水灾等。 【观察】观看介绍资料和视频。 【讨论】泥石流的成因。 【发言】泥石流成因： ①坡陡谷深的地形；②松散的岩体，丰富的碎屑物质；③短时间内大量的水源（大气降水或冰雪融水）；④稀疏的植被；⑤不合理的人类活动，如开矿、工程建设等。 【讨论】泥石流的避灾措施。 【分享】泥石流的防治措施：①利用地理信息技术，提高对泥石流灾害的预警预报以及实时动态监测和灾后重建能力；②建立地质灾害预报预警系统；③加强宣传教育，提高居民防灾减灾意识；④进行移民，组织泥石流高发区群众进行搬迁；⑤工程措施和生物措施相结合进行防治。	通过观看视频，对泥石流造成的危害有更加直观的认识和印象。 通过对舟曲自然地理特征的了解，培养学生的区域认知素养，通过分析舟曲自然特征和泥石流之间的关系，培养学生的综合思维能力和正确的人地协调观。 通过探究泥石流防治措施，培养学生的综合思维素养。
小结	【讲述】这节课，我们学习了两大自然灾害——滑坡和泥石流，它们的成因都与地形以及流水有关，都有可能造成财产损失和人员伤亡，因此在学习完本节课后希望同学们能够学以致用，对身边亲友进行防范知识的宣传，有志于从事防灾减灾的同学在将来可以报考地理信息技术、岩土工程等相关专业，为我国的防灾事业贡献力量。		对课堂学习内容进行综合，融合生涯规划相关内容，提高学生学习兴趣。

（续表）

教学环节	教师导学	学生活动	设计意图
板书设计	三、滑坡和泥石流 （一）滑坡 1. 主要危害 2. 滑坡成因 3. 防治措施 （二）泥石流 1. 主要危害 2. 泥石流成因 3. 防治措施		

◎ 作业设计

阅读材料，回答下列问题。

图 1 为河流发育示意图，河流横剖面①②③是河流上 a、b、c 三点的横剖面（并非一一对应）。图 2 示意该河流上游某河段的单侧断面。该河段两岸依次分布着海拔不同的四个平坦面 T_0、T_1、T_2、T_3，平坦面上均堆积着河流沉积砾石，砾石的平均粒径为 $T_3 > T_0 > T_2 > T_1$。洪水期河水仅能淹没 T_0。

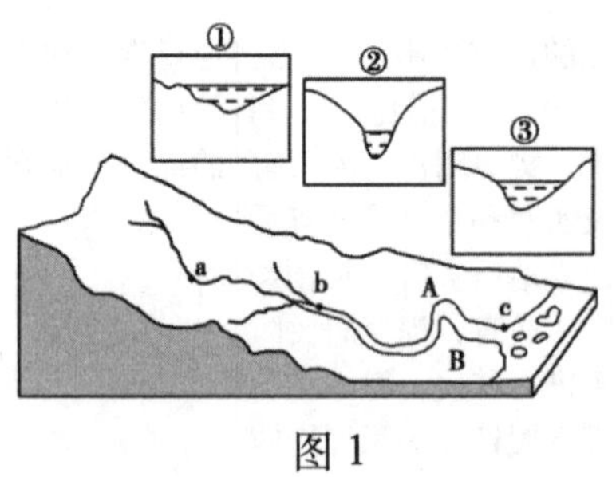

图 1

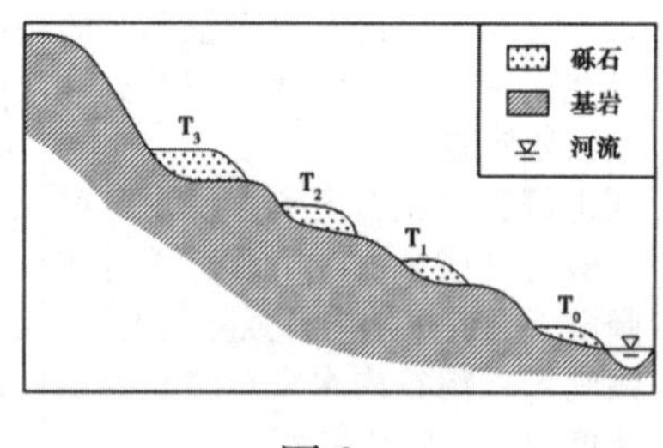

图 2

1. 根据河流的发育过程及特点，把 a、b、c 三点与对应的剖面图连线。

2. 在河流入海口处形成的地貌及其成因是什么？

3. 根据材料二，分析图中四个平坦面 T_0、T_1、T_2、T_3 形成的先后顺序，以及形成时水流速度的大小。

【参考答案】

1. 提示：a—②，b—③，c—①。

2. 三角洲；河流挟带大量泥沙流经平原地区，流速减慢，加上海水顶托作用，大量泥沙沉积在河口形成三角洲。

3．四个平坦面形成时间由早到晚依次是T_3、T_2、T_1、T_0。形成时水流速度由大到小依次是T_3、T_0、T_2、T_1。

◎ **教学反思**

亮点：第1课时从开阳南江大峡谷和“玉水金盆”——底窝八寨田景点引入，识别典型流水侵蚀与流水堆积地貌，引导学生发现身边的地理，学习有用的地理知识，培养学生的区域认知素养。

通过动手实验激发了学生的学习兴趣，提高了学习积极性，培养了学生的地理实践力素养，学生对流水地貌的特点和形成过程有了更深一步的认识。

不足：由于课标对本节内容要求较低，因此没有结合河流地貌讲解交通和农业、人口分布特点。

再教设计：在学习完必修二之后，在复习课上将这些内容串在一起再次讲解，将自然地理和人文地理知识相结合。

点评

教学设计结构完整，课标解读准确，教学目标确定合理、重难点判断正确。教学方法选择和教学活动开展以学生为主，重视学生学习能力和核心素养的培养。两节课都以真实情境导入，利于学生学习积极性和兴趣的提高，让学生学习生活中的地理，感受学习的意义。问题设置有层次，活动中学生有思考。流水地貌教学设计中实验演示有利于增加知识学习的直观性，同时培养学生的地理实践力，第2课时滑坡和泥石流重在培养学生的综合思维和人地协调观，让学生知道自然灾害的发生与自然因素、人类活动都有关系，了解避灾减灾知识。重视核心概念的学习，课后作业有进阶设计，能够对学生利用知识解决实际问题的能力进行评价。

不足之处：导入和课后案例的选择学生不是很熟悉，应选择贵阳或贵州的案例，比如讲流水地貌的时候可以用惠水涟江大坝的河漫滩阶地。学生讨论活动中老师追问不够，学生深度学习和发散思维的培养还需进一步设计。

点评：郑建（贵州师范学院）

三、乡土地理教学资源

◎ 花江大峡谷（河流侵蚀地貌）

北盘江花江大峡谷，位于贵州关岭布依族苗族自治县，峡谷深切千米，长约 80 km，宽约 3km，总面积约 300km^2，为典型的流水侵蚀地貌。

◎ 惠水涟江坝子（河流堆积地貌）

涟江坝子，亦即涟江盆地，位于惠水西北部，由惠水境内最大河流涟江流经其间而得名。坝子整体呈长条状，为典型的河流堆积地貌。

◎ 贵州水城 7・23 山体滑坡事件

2019 年 7 月 23 日 21 时 20 分，我省六盘水市水城县鸡场镇境内坪地村岔沟组发生一起山体滑坡事件。此次滑坡灾害共导致 1600 多人受灾，21 栋房屋被滑坡体掩埋，43 人遇难，9 人失踪，700 多人被紧急转移安置，造成的直接经济损失近 2 亿元。此次山体滑坡事件位列当年全国十大自然灾害。

第二节　风成地貌

教学设计：罗　卫　　李　珊

风是干旱、半干旱地区地表形态的主要“雕刻师”，风对地面物质进行侵蚀、搬运和堆积的过程中所形成的各种风蚀地貌和风积地貌，统称为风成地貌。风力作用可让地面受到破坏，形成各种风蚀地貌，主要以风蚀蘑菇、风蚀柱和雅丹等景观呈现；风中挟带的沙砾在风速降低时沉降在地面所形成的各种地表形态是风积地貌，风积地貌主要以各种形式的沙丘呈现，新月形沙丘是其中的基本形态。风成地貌主要分布在干旱和半干旱气候区，我国西北地区有较大面积的风成地貌分布。在风沙活动强烈的区域，容易形成风沙危害。

一、内容研读

◎ 内容要求

1.4 通过野外观察或运用视频、图像，识别 3~4 种地貌，描述其景观的主要特点。

1.11 运用资料，说明常见自然灾害的成因，了解避灾、防灾的措施。

◎ 认知内容

本节内容在课程标准中的教学条件是“野外观察或运用视频、图像”，行为动词是“识别、描述”和“说明”，属于“理解”的水平层次，即学生能够解释清楚地貌景观的主要特点。据此，学生应掌握以下知识：

1. 风蚀地貌（风蚀蘑菇、风蚀柱、风蚀壁龛、雅丹地貌等）；

2. 风积地貌（新月形沙丘、灌丛沙丘、沙垄等）。

内容要求中“1.11（自然灾害）”更是强调“运用资料”，要求学生能够联系实际案例，进行区域认知、对比和联系，将地理知识与生活实际相联系。据此，学生应掌握以下知识：

1. 风沙危害（掩埋房屋、农田、道路，破坏建筑等）；

2. 风沙防治措施（设置草方格沙障、石方格沙障、高立式沙障、防护林带等）。

◎ 教材对比

以下主要针对人教版和湘教版这两个版本的教材进行对比分析，详见表 2–6、表 2–7。

表 2–6 人教版教材和湘教版教材“风成地貌”内容结构对比

版本	人教版	湘教版
页数	2 页	7 页
章节	第四章第一节 （常见地貌类型）	第二章第二节 （风成地貌）
内容模块	二、风沙地貌	一、风蚀地貌 二、风积地貌 三、风沙活动的危害与防治
图表数量	图片 5 组 表格 0 张	图片 13 幅 表格 0 张
活动与材料数量	活动（探究）：1 个 阅读（案例）：0 个	活动（探究）：3 个 阅读（案例）：3 个

与人教版教材相比，湘教版风成地貌部分的内容更加翔实。湘教版将风成地貌知识单独列为一节，更多地采用阅读、图片等形式进行展示，体现了对课标中“运用图片”这一要求的落实；通过设计大量活动题加强学生对此知识掌握的同时，也增加了学习的广度和深度，拓宽了学生的视野。

与湘教版相比，人教版对该部分的知识内容表达更为灵活，留给教师及学生把握的空间更大，有利于教师在课标的要求下根据个人优势组织教学内容与方法，也有利于学生对各个地区地貌类型展开自主学习探索。

表 2–7　人教版教材和湘教版教材“风成地貌”主要图幅对比

版本	人教版	湘教版
主要图幅	图 4.11　风蚀蘑菇 图 4.12　雅丹 图 4.13　新月形沙丘 图 4.14　丹娘沙丘位置示意 图 4.15　丹娘沙丘景观	图 2-20　黄土高原地区黄土颗粒粗细分带 图 2-21　风蚀蘑菇 图 2-22　风蚀壁龛 图 2-23　风蚀柱 图 2-24　罗布泊地区的雅丹地貌 图 2-25　柴达木盆地边缘的戈壁 图 2-26　新月形沙丘示意 图 2-27　形态各异的沙丘 图 2-28　灌丛沙丘 图 2-29　包兰铁路沙坡头段的草方格
主要图幅		图 2-30　塔克拉玛干沙漠石油公路两厢的防护林带 图 2-31　石方格 图 2-32　高立式沙障

景观图阅读是学生认识地貌的基本手段。从主要图幅上对比，人教版教材的使用量较少，主要呈现风蚀蘑菇、雅丹、新月形沙丘等内容，这几幅图在湘教版中也有呈现，说明这三种景观是风成地貌的典型代表。湘教版增加了风蚀壁龛、风蚀柱、形态各异的沙丘等内容，拓展了风成地貌次级地貌景观，同时增加了一些实例图片，比如罗布泊地区的雅丹地貌、柴达木盆地边缘的戈壁等。由于湘教版在该节加入了“风沙活动的危害与防治”这部分内容，因此图幅总体数量较多。

◎ 教学建议

本节内容所展示的地貌主要分布在我国西北干旱、半干旱地区，远离学生生活实际。对于贵州学生而言，常见的地貌为流水地貌、喀斯特地貌，对风成地貌并不熟悉。再加上本节知识较多、概念较多、景观图片较多，学生对于地貌的识别以及对地理过程性的分析将存在难度。因此，以下将从教学方法、学生活动和教学过程这几个方面提出相应的参考建议。

在教学方法上，不拘泥于教材上的景观图片，充分利用教材资源的同时又要走出教材，建议以图件、视频展示为主，辅以简单的原因讲解；又或者用地图定位，进行远程教学（网络连线西北地区的老师带着学生实时观察学习）；若条件允许，还可以带着学生开展一次关于我国西北地区风成地貌的研学旅行，进行实地考察。可使用情境式教学、问题式教学、案例分析式教学等教学方法，要求学生多参与到课堂活动中，主动思考，培养学生的地理核心素养。

在学生活动上，可使用自主学习、合作探究、归纳总结等学习方法。给学生发布课堂任务卡或导学案，设置学生活动，明晰本堂课的学习目标；还可设置实验探究，学生自行实验演示新月形沙丘的形成过程，突破地理过程性分析的难点。为实现有效教学，课前可采用简单测试的方式进行学情调查，掌握学生的知识储备情况。

在教学过程中，可根据学生的知识基础及已有认知，从景观图入手带领学生观察并描述其特征，再进一步上升到推理过程。建议使用宏观到微观的区域认知方法，用地图先定位到风成地貌的典型地区，如我国的西北干旱半干旱地区，再缩小尺度进一步观察风蚀和风积地貌，如风蚀蘑菇、风蚀柱、新月形沙丘等。最后，引导学生进行实际运用，通过野外观察地理现象解决地理问题。整个过程要注重激发学生地理学习的兴趣，拓宽学生视野，引导学生自主解决地理问题；注重教材“探究”栏目，重视问题式导学；注重“图文结合”，展示真实的地理景观；充分利用教材的教学辅助材料，同时要注重相关知识的介绍和补充；注重“作业系统”部分，这是素养培育及学生成长发展的需要。

建议本节内容的教学使用 1 课时。

二、教学设计案例一[①]

◎ 学情分析

认知基础：在初中阶段，学生已经学习过陆地地形类型，知道从海拔、地势起伏、外部形态等方面来区分山地、盆地、平原、高原、丘陵，且学习过中国行政区划及四大地理分区，知道我国西北地区及新疆的地理位置，有一定的知识基础。

不足条件：贵州属喀斯特地貌典型分布区，风成地貌较为少见，学生缺乏感性认识基础。同时由于时空限制，学生大多只能看到这种地貌的局部或某种次级地貌，对整体的地貌类型缺乏全面认识，而且只能看到这种地貌的现今状态，对风成地貌的形成、演变过程不了解。另外，刚进入高一的学生没有学过“内外力作用”“岩石圈物质循环”等相关知识，综合思维等地理学科核心素养也较弱，因此在分析风成地貌成

① 本案例获贵阳贵安2021年高中说课评比一等奖，说课教师：罗卫（贵州师范大学附属中学）。

因时难度较大。

◎ 教学目标

1. 能够从图片、视频中识别出风成地貌，说出风成地貌的主要分布地区。

2. 能够从地貌形态、色彩特征、次级地貌组合等角度描述风成地貌的景观特点，并简要分析风成地貌的成因。

3. 分析风沙活动对当地生产生活的影响，并提出合理防沙的措施，逐步树立正确的人地观念。

◎ 重点难点

1. 教学重点：识别风成地貌，描述风成地貌景观的主要特点。

2. 教学难点：分析风成地貌的成因，分析风成地貌对当地生产生活的影响。

◎ 教学方法

以问题式教学为主。通过设计问题链，建立知识之间的联系，同时降低学生思维难度，以此培养学生的综合思维能力，详见表 2–8。

表 2–8 《风成地貌》问题清单一

核心问题	子问题	素养指向
1. 风为什么能塑造地貌？	①塑造地貌的风力作用分为哪两种？	综合思维（时空综合）
	②这两种风力作用分别会形成什么风成地貌？	综合思维（时空综合）
	③自主阅读教材第 48~49 页及第 51 页内容，说出常见的风成地貌。	综合思维（时空综合）
2. 风成地貌的主要分布区有哪些？	①从视频中可知，风成地貌的形成需要什么动力条件和物质基础？	综合思维（要素综合）
	②地面有许多松散沉积物说明该地植被密集还是稀疏？	综合思维（要素综合）
	③植被稀疏体现该地自然环境是湿润还是干旱？	综合思维（要素综合）
	④推测风成地貌的主要分布区。	综合思维（要素综合、时空综合） 区域认知（区域位置、区域特征）

（续表）

核心问题	子问题	素养指向
3. 描述风成地貌景观的特点。	①描述该景观的形态特点。	地理实践力（观察及描述能力）
	②说出该景观所属的次级地貌类型。	地理实践力（观察及描述能力）
	③说出该景观所属的主要地貌类型。	地理实践力（观察及描述能力）
4. 风沙活动的危害与防治。	①阅读教材并结合视频，说出风沙活动的危害。	综合思维（要素综合、时空综合） 人地协调观（地对人）
	②思考并说出风沙活动的有利影响。	综合思维（要素综合、时空综合） 人地协调观（地对人）
	③说出防治风沙活动的措施。	综合思维（要素综合、时空综合） 区域认知（区域位置、区域特征） 人地协调观（人对地）
	④除教材上的这些措施外，提出防治风沙的其他措施。	综合思维（要素综合、时空综合） 区域认知（区域位置、区域特征） 人地协调观（人对地）

◎ 教学资源

湘教版教材，多媒体课件，视频，图片，导学案等。

◎ 教学过程

本节教学过程详见表 2–9。

表 2–9　《风成地貌》教学过程设计

教学环节	教师导学	学生活动	设计意图
创设情境 导入新课	【展示】学生开展野外研学活动的照片。 【讲解】学校地理研学社计划开展一次线上研学活动，研学主题为“挺进西北敦煌，辨识风成地貌”，研学地点是甘肃敦煌—雅丹国家地质公园和鸣沙山。 【展示】在中国地图上展示研学点位置，并播放敦煌风成地貌景观视频。 【板书】风成地貌	【观察】观察学校研学社组织学生开展野外研学活动的照片，代入情境； 读“敦煌位置示意”，了解本次研学活动地点的地理位置； 欣赏敦煌风成地貌景观视频，形成感性认识。	展示以前带学生开展研学活动的视频、照片等资料，增强情境真实性，激发学生兴趣。 让学生初步认识到风成地貌在我国的主要分布位置，培养学生的区域认知素养。

（续表）

教学环节	教师导学	学生活动	设计意图
研学准备	【讲解】本次研学主题是“辨识风成地貌”，因此首先需要了解风成地貌的相关知识。 【提问】1. 风为什么能塑造地貌？ 【展示】风力作用演示实验视频。 【提问】子问题：①能塑造地貌的风力作用分为哪两种？ ②这两种风力作用分别会形成什么风成地貌？ ③自主阅读教材第 48~49 页及第 51 页内容，说出常见的风成地貌。	【观察】观察风力作用演示实验视频，思考风如何塑造地貌。 【探究并发言】①塑造地貌的风力作用分为风力侵蚀和风力堆积两种作用。②风力侵蚀形成侵蚀地貌，风力堆积形成堆积地貌。③风蚀地貌：风蚀柱、风蚀蘑菇、风蚀壁龛、雅丹地貌；风积地貌：新月形沙丘。	通过此环节让学生了解风成地貌相关背景知识，为下一环节做知识铺垫。通过演示实验，让学生直观理解风力侵蚀、风力堆积作用及其对地貌的影响，培养学生的地理实践力。
	【提问】2. 风成地貌主要分布在哪些地区？ 【提问】子问题：①从演示实验可知，要形成风成地貌，需要什么动力条件和物质基础？ 【提问】追问：A. 地面有许多松散沉积物说明该地植被密集还是稀疏？ B. 植被稀疏体现该地自然环境是湿润还是干旱？ C. 推测我国风成地貌的主要分布区。	【讨论并发言】动力条件：大风；物质基础：松散沉积物。 【发言】植被稀疏；气候干旱。 【推断】地面植被覆盖度较低，松散沉积物多，同时大风日数多，满足这两个条件的地区主要集中在我国西北地区。	承接上部分内容，形成连贯性；通过一系列追问，让学生了解风成地貌区的自然特征，进而推测风成地貌在我国的典型分布区，降低学生思维难度。
	【展示】我国风成地貌分布图。 【归纳】因此，风成地貌多分布在干旱半干旱区,在我国主要分布于西北地区。 【提问】子问题：②结合视频，思考在该地开展研学需准备哪些物品？理由是什么？ 【板书】一、主要分布地区：干旱半干旱地区，如我国西北地区	【观察】观察我国风成地貌分布图，验证推断结论，了解风成地貌在我国主要分布在西北地区。 【讨论并发言】防晒霜、遮阳帽、水、手机等；理由是该地光照强烈，大风天气较多，风沙较强。	通过气候、植被等要素的综合，推测该地地貌特点，能培养学生的综合思维能力；通过风成地貌区的区域特征来推断其区域位置，培养学生的区域认知能力。

（续表）

教学环节	教师导学	学生活动	设计意图
研学之旅	【讲解】在此次研学活动中，我们在该研学地点的不同区域看到了以下地貌景观：风蚀蘑菇、风蚀壁龛、风蚀柱、风蚀沟槽、风蚀残丘、新月形沙丘等。 【提问】根据导学案图片，描述该地貌景观的特点。详见附表（即表2-10）。 【评价】对学生描述进行评价。 【提问】在小组汇报时，有针对性地追问一些问题，加深学生对该地貌形成原因及景观特点的理解，如：从风沙高度及岩石软硬程度等方面推测风蚀蘑菇“上大下小”的原因。 【展示】风沙迁移视频。 【提问】如何从新月形沙丘的形态判断主导风向？ 【展示】新月形沙丘形成视频。	【探究及展示】小组合作完成导学案，从地貌形态、色彩特征等方面描述风蚀地貌和风积地貌的景观特点，并判断该景观属于何种次级地貌，进而判断该次级地貌属于何种主要地貌类型，并派代表进行汇报。 【发言】下部风挟带的沙粒较多，导致下部风力侵蚀作用较强；上部岩石较下部坚硬，不易被侵蚀。 【观察】观察风沙迁移视频，验证答案。 【发言】缓坡为迎风坡。 【观察】观察新月形沙丘形成视频，验证答案。	通过“研学记录册”的形式让学生知道从哪些方面来描述地貌景观特点，养成“次级地貌景观特点→判断次级地貌类型→属于何种主要地貌类型”这样的逻辑思维，逐步学会并掌握描述地貌景观特点及判断地貌类型的方法。
研学中期评价	【任务】绘制思维导图，正确表示下列名词关系：风力作用、风成地貌、风蚀地貌、风积地貌。（可根据自己的理解加入新的名词） 【评价】对小组所绘思维导图进行评价。 【板书】见板书设计。 【提问】完成第50页“活动”，思考并回答活动探究题： ①柴达木盆地边缘为何多戈壁？ ②根据柴达木盆地的自然环境，推测盆地中还可能出现的风蚀地貌。 【展示】播放柴达木盆地景观视频。 【提问】③结合柴达木盆地景观视频及教材第50页“阅读”，描述雅丹地貌的景观特点，并阐明风蚀地貌与雅丹地貌的关系。	【讨论并展示】小组讨论，绘制思维导图，并上台展示。 【探究】教材第50页“活动”，探究问题。 【发言】①盆地边缘的雪山，积雪融化后河水带来的沙石在盆地边缘堆积；该区域气候干旱，多大风天气，风力吹蚀地表，带走颗粒细的沙粒，留下粗大砾石，形成戈壁。 ②风蚀洼地，雅丹地貌等。 ③雅丹地貌是由土状堆积物形成的地面在流水、风力侵蚀下，形成的相间排列的风蚀柱、风蚀残丘、风蚀沟槽的地貌组合。雅丹地貌是风蚀地貌中的一种。	通过思维导图的绘制，明确各概念之间的关系，有助于学生建构知识框架。 通过探究活动，拓展学习“戈壁”及“雅丹地貌”这两种风蚀地貌，同时通过问题解答情况，了解学生对知识的掌握程度。

（续表）

教学环节	教师导学	学生活动	设计意图
调查采访	【讲解】在研学旅途中，我们采访了当地的工作人员及居民。 【展示】播放"铁路清沙人"及"风沙活动危害"视频。 【提问】阅读教材，并结合视频，说出风沙活动的危害。 【归纳】风蚀、沙埋和降低大气能见度。追问：那风沙活动是不是"百害而无一利"呢？思考并说出风沙活动的有利影响。 【讲述】风沙活动虽然有有利的一面，但其对当地居民生产生活造成的不利影响还是更多一些。	【观察】风沙活动的影响。 【探究】风沙活动的危害。 【分享】降低土壤肥力；大风侵袭，会毁坏房屋，造成人畜伤亡；埋没农作物、村庄、道路等。污染大气，降低大气能见度，影响交通出行和安全；危害人体健康。 【发言】①沙尘降落时，裹挟着空气内的有害物质一起降落至地面，能净化空气；②削弱到达地表的太阳辐射，增加空气悬浮物，加大降水概率，降温；③将营养盐类沉降到河流，最终流入海洋，给海洋提供养料；④塑造风成地貌，为当地提供旅游资源。	直观了解风沙危害，并提出风沙防治措施，培养学生的人地协调观。 通过"铁路清沙人"视频，让学生认识到美好生活背后有许多人在默默付出，有助于学生成正确的人生观、价值观。 通过分析风沙活动的有利影响，让学生认识到事物的两面性，培养学生的辩证思维能力。
	【提问】阅读教材，说出当地防治风沙活动的措施。 追问：除了教材上的这些措施外，防治风沙还有其他措施吗？	【发言】工程措施：设置沙障或草方格，阻挡流沙移动，降低风沙活动影响的空间范围；生物措施：植树种草或构建防护林带。 【发言】①改进农业技术，利用生物技术选取能抗风沙灾害的品种；②调整农业结构，因地制宜合理布局农业。	教材上防治风沙的措施是"治标"，通过追问，让学生从"本源"上提出治理风沙的措施，拓宽学生的思维。
小结	【情感升华】展示古人所作的有关西北地区的诗词，并配以风景优美的图片，体现西北地区荒凉背后的另一面。		让学生感受祖国山河之美。
板书设计	**第二节　风成地貌** 一、主要分布地区：干旱半干旱地区，如我国西北地区 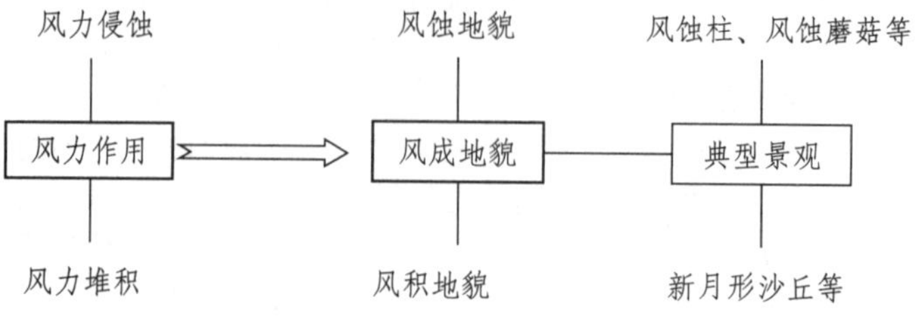 风力作用 ⇒ 风成地貌 — 典型景观 风力作用：风力侵蚀／风力堆积 风成地貌：风蚀地貌／风积地貌 典型景观：风蚀柱、风蚀蘑菇等／新月形沙丘等 二、风沙活动的危害及防治措施		

表 2-10 《风成地貌》教学过程设计附表：主要风成地貌的类型及特点

图片	项目		内容
	地貌景观特点	地貌形态	突起的孤立岩石；上部大、下部小的蘑菇形态。
		色彩特征	（表面颜色、植被多少） 黄色、无植被
	所属次级地貌类型		风蚀蘑菇
	所属主要地貌类型		风蚀地貌
	地貌景观特点	地貌形态	岩壁表面有大小不等、形状各异的凹坑，呈现出蜂窝状形态。
		色彩特征	（表面颜色、植被多少） 黄色、无植被
	所属次级地貌类型		风蚀壁龛
	所属主要地貌类型		风蚀地貌
	地貌景观特点	地貌形态	突起的孤立岩石，石柱或土柱。
		色彩特征	（表面颜色、植被多少） 黄色、无植被
	所属次级地貌类型		风蚀柱
	所属主要地貌类型		风蚀地貌
	地貌景观特点	地貌形态	迎风坡坡形微凸而平缓，背风坡坡形下凹、坡度较陡，两侧有近似对称的两个尖角。
		色彩特征	（表面颜色、植被多少） 黄色、无植被
	所属次级地貌类型		新月形沙丘
	所属主要地貌类型		风积地貌

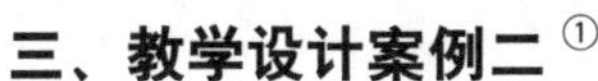

三、教学设计案例二[①]

建议本节内容的教学使用 2 课时。第 1 课时学习风蚀、风积地貌；第 2 课时学习风沙活动的危害与防治。

◎ 学情分析

本堂课为保证教学上的科学性和有效性，课前采用了简单测试的方式进行学情调查（见附件 1：学情调查文件，对应表 2-14），更加清晰地掌握了学生的情况，据此分析如下：

认知基础：在知识基础上，学生通过上一节《流水地貌》的学习，对于本节将要

① 本案例第1课时获贵阳贵安2021年高中说课评选一等奖，说课教师：李珊（贵州省实验中学）。

学习的风成地貌也有了较强的借鉴意义，对于“地貌、侵蚀、堆积”这些关键词也不再陌生；在能力基础上，学生对于地貌的特点、分布和形成过程也掌握了一定的学习方法。

不足条件：风成地貌对于贵州本地的学生而言，比较陌生，再加上学生的空间思维能力有所欠缺，通过直接的感官感受让学生理解其形成原因还存在困难。可以根据学生的认知规律，从风力塑造地貌的景观图入手，引导学生观察其特征，推理其形成过程，并进一步引导学生在野外观察地理现象，解决实际地理问题。这样的教学处理可以帮助学生从直观认识中形成抽象的思维过程，形成良好的新认知，提升他们的综合思维能力和地理实践力，树立人与自然和谐共生的理念。

◎ 教学目标

1. 通过视频、图片，从区域视角识别出风成地貌，说出风成地貌的类型及特点。（区域认知）

2. 运用所学知识，分析风成地貌形成的条件及形成过程。（综合思维）

3. 通过实际体验和观察，识别风成地貌，感知风成地貌的神奇。并通过查阅资料，找出风成地貌的分布地区。（地理实践力）

4. 结合现实中的地理现象和所学知识，分析风成地貌与人类的相互影响。（人地协调观）

◎ 重点难点

1. 教学重点：风蚀地貌的类型、特点及形成条件；风积地貌的形式、形成过程及对人类的影响。

2. 教学难点：风积地貌的形式，分析其形成过程及对人类的影响。

◎ 教学方法

情景式教学，问题式教学，实验教学，案例式教学。问题清单详见表 2–11。

表 2–11 《风成地貌》问题清单二

核心问题	子问题	素养指向	素养内涵
直播旅行前（罗布泊的区域认知）	①罗布泊在哪里？属于我国哪个地区？请在地图上查找。	综合思维 区域认知	区域位置与分布要素综合
	②简要了解罗布泊所在地区的地理特征。		
	③为什么会呈现这样的特征？		

（续表）

核心问题	子问题	素养指向	素养内涵
直播旅行中（识别风蚀、风积地貌）	①描述罗布泊所在地区典型地貌的景观特点和形成条件。 ②风蚀地貌的类型、特点及其形成条件。 ③风积地貌的类型、特点及其形成条件。 ④猜想讨论沙丘形状的形成原因及其与风向的关系。 ⑤根据图片（不同形态的沙丘）分析风向对沙丘的影响；	地理实践力 人地协调观 综合思维	要素综合 观察能力 地理实践
模拟实验	①注意观察沙丘的移动和形态变化过程。 ②思考沙丘的迎风坡和背风坡有什么不同？ ③描述风力沉积的特点	地理实践力 综合思维	地理实验 学习能力
旅行回来了（区域间自然景观的联系）	①对比观察西北地区另外两个地方与罗布泊在地貌上的共同点和差异性。 ②通过三个考察点，说明不同考察点黄土颗粒大小不同的原因。试着判断风的方向。	地理实践力 综合思维	观察能力 要素综合

◎ 教学资源

湘教版教材，多媒体课件，新月形沙丘模拟实验装置，罗布泊地图定位、风蚀地貌、风积地貌视频和景观图片。

◎ 教学过程

《风成地貌》第 1 课时、第 2 课时的教学过程分别见表 2−12 和表 2−13。

表 2−12 《风成地貌》第 1 课时教学过程设计

教学环节	教师导学	学生活动	设计意图
兴趣引领	【展示】罗布泊风成地貌的景观图片。 【设问】我们了解一个地方首先要知道它在地图中的位置，罗布泊在哪儿呢？我们一起在地图中寻找。	【观察】提取课堂标题的关键词。 【思考】罗布泊在哪儿？罗布泊和风成地貌有什么联系？	标题引领：预告今天的课堂相关内容，让学生先思考。
地图定位	【展示】展示 Google Earth 全景图，从宏观到微观的视角展示罗布泊在我国的具体位置。 【板书】 走进罗布泊风成地貌的直播现场 一、罗布泊的地理位置（它在哪儿？）	【看图】观察地图，熟悉现在提到的罗布泊的具体位置。 【指图】在多媒体的地图上指出该地区的大致位置。 【读图】观察 Google Earth 空间尺度的变化，清晰了解罗布泊的所在位置和范围。	读图训练：Google Earth 的空间展示能帮助学生突破空间认知困难。（区域认知）

（续表）

教学环节	教师导学	学生活动	设计意图
创设情境	【直播】了解了罗布泊的具体位置，我们更加迫不及待地想认识罗布泊。在新疆，老师认识一位叫阿达克的地理老师，她今天就在罗布泊等着大家，她将作为导游，通过直播的方式和同学们见面，并且给大家介绍那里的美丽和神奇。（连线访谈，详细介绍新疆，实时展示新疆的风成景观图。）	【观察】与阿达克老师连线，认真观察并聆听这位新疆本地老师的介绍，初步认识罗布泊的景观特点。	实时访谈：实时访谈，走进罗布泊，了解新疆，同时激发学生学习的兴趣。
提出问题	【设问】通过阿达克老师的介绍，我们初步看到了罗布泊的神奇和美丽，除此之外，那里还有很多形态各样的地貌。 1. 简要了解罗布泊地貌有哪些典型特征？ 2. 为什么会呈现这样的特征？ 【板书】二、罗布泊的地貌特征（它是什么样子的？）	【思考】通过刚才对罗布泊的了解，思考两个问题。	课堂引入：主动思考，在研学开始之前能清晰了解任务要求。
提出问题	【研学点 1】领取任务卡以后，我们跟着阿达克老师一起到达了今天的考察点——新疆的罗布泊地区，请同学们观察这个地方的地貌，合作完成第一个任务卡。（见附件 2，对应表 2-15）	【探究】以小组合作探究的形式展开，通过阿达克老师实时的景观展示，开始思考并完成任务卡。	引领课堂：问题层层递进，为后面的分析与探究做好准备。
提出问题	【展示】阿达克老师展示了罗布泊附近的一些风蚀地貌实时图像。 1. 探究这些地貌的景观特点和形成条件（完成任务卡）； 2. 总结归纳风蚀地貌的类型、特点及其形成条件。	【探究】小组的发言代表上台展示任务卡，并讲解完成过程，对风力侵蚀的吹蚀作用、磨蚀作用进行简单的说明。	步步推理：任务分析，合作探究后得出答案，小组再进行总结归纳。

（续表）

教学环节	教师导学	学生活动	设计意图
特征总结	【板书】 三、罗布泊地貌的形成条件（为什么形成风成地貌？） 1. 风蚀地貌 风蚀蘑菇、风蚀柱、风蚀壁龛 【讲解】吹蚀作用：风吹经地表时，将地表的松散沉积物或者基岩上的风化物吹走，使地表遭到破坏，这种作用称为吹蚀作用。 磨蚀作用：风中运动的沙粒对地表物质（岩石等）进行的冲击、摩擦作用称为磨蚀作用。	【探究总结】风蚀蘑菇：在风沙强劲的地方，如果露出地表孤立突起的岩石的下部岩性较软，经长期侵蚀可能会形成上部大于下部的蘑菇外形，称为风蚀蘑菇。 风蚀柱：垂直裂隙发育的岩石或土体，在风的长期吹蚀下，形成一些孤立的石（土）柱，称为风蚀柱。 石窝（风蚀壁龛）：陡峭的岩壁受风沙的吹蚀和磨蚀，岩壁表面形成大小不等、形状各异的小凹坑，有群集，有分散，使岩石表面具有蜂窝状的外观，称为石窝。	综合思维：通过景观观察及分析，小组合作探究总结出罗布泊地貌的类型和特征。
提出问题	【设问】新疆有座“魔鬼城”，传说夜晚会出现奇怪的哭声……请同学们判断这个“魔鬼城”的哭声到底是怎么回事。 【讲解】正面解释“魔鬼城”哭声的成因。	【回答】风蚀雅丹（风蚀垄槽）：雅丹地貌不是发育在基岩上，而是发育在古代河湖相的土状堆积物中，以新疆罗布泊西北部的古楼兰附近最为典型。“雅丹”原是维吾尔语，意为“陡峭的小丘”，后来用它来泛指风蚀土墩和风蚀凹地（沟槽）的地貌组合。	知识升华：引导学习风蚀蘑菇、风蚀柱及雅丹地貌。 运用科学思维正确看待自然界中的奇异现象。
成果评价	【教师评价】大家都有很强的观察能力，逻辑思维很强，除了风蚀蘑菇、风蚀柱这样的单一地貌，我们还要将这些地貌联系起来，做到将知识与实际生活联系起来，希望各个小组再接再厉。	【学生评价】另一组发言代表上台补充评价，让大家对这些地貌有更多更有趣的了解。	评价体系：从教师和学生两个角度进行评价。
合作研究	【研学点 2】我们继续沿着研学路线往东南走，在阿达克老师的带领下，一起来看看沿路不同的景观。 【展示】展示新月形沙丘景观特点。 1. 探究这些地貌的景观特点，形成条件（完成任务卡）；2. 总结归纳风积地貌的类型、特点及其形成条件。	【观察】跟着直播“往东南走”，到达沙漠，认真观察这里的地貌类型和景观特点。（观察新月形沙丘、沙垄等）	步步推理：通过观察，合作探究后得出答案，小组再进行总结归纳。

（续表）

教学环节	教师导学	学生活动	设计意图
整合问题	教师整合问题： 1. 猜想并讨论沙丘形状的形成原因。 2. 猜想并讨论沙丘的形状（缓坡和陡坡）与风向的关系。 3. 根据图片（不同形态的沙丘）分析风向对沙丘移动的影响。	【探究】通过所观所感对问题进行详细分析，大胆猜想。	层层递进：加以分析，增加课堂的广度和深度。
实验验证	【风积地貌】同学们，为了便于大家更好地理解沙丘形状的形成原因，我们来做一个实验。（用吹风机演示新月形沙丘的形成过程。）	【观察】以小组为单位，进行实验演示并观察，记录员做好实验记录，发言者做好总结以及发言准备。	地理实践：突破难点，培养学生的地理实践力。
得出结论	【板书】 2. 风积地貌 新月形沙丘 【讲解】风积地貌：风在搬运途中，当风力减小或气流受阻，导致风沙堆积，形成沙漠、黄土堆积、沙丘、沙垄等。 风力沉积的特点：颗粒大、比重大的先沉积；颗粒小、比重小的后沉积。	【总结】根据实验结果进行总结：新月形沙丘是在定向风作用下形成的堆积地貌。风沙在风速减弱时形成小沙堆，与此同时，沙堆的左右两侧形成向内回转的气流，使两翼不断扩展，逐渐形成了新月形沙丘。沙丘的迎风坡凸而缓，背风坡凹而陡。	地理实践：通过地貌景观的观察—猜想—实验验证—得出结论，培养学生的科学探索精神。
课堂练习	【任务 3】新疆是一个美丽又神奇的地方，我们很感谢阿达克老师今天的指导。老师之前也去过一次，拍了一些景观图片，今天发给每个小组进行观察，请同学们观察照片（风蚀柱、风蚀蘑菇、雅丹地貌、新月形沙丘），完成地貌识别贴图训练。	【合作】小组合作完成老师的课堂检验，识别风成地貌。（各小组合作贴图） 概念区分：风蚀地貌、风积地貌、风蚀垄、新月形沙丘等。	落实课标：学生能够运用照片，识别风成地貌。

（续表）

教学环节	教师导学	学生活动	设计意图
解决问题	【总结】在我国西北地区，风化作用提供了沙源，风力为主的外力主要出现在气候干旱的地区，千姿百态的地表形态，主要是由风力的侵蚀、搬运和堆积作用形成的。我们欣赏锦绣山河的多彩容颜，我们更赞叹大千世界的鬼斧神工。风力侵蚀，形成了风力侵蚀地貌；风力沉积，形成了风力沉积地貌。风速越大，侵蚀作用越强；风速越小，堆积作用越强。人类读懂了风力侵蚀、搬运和堆积的原理，学以致用，植树造林，防风固沙，从而保护了我们的农田和绿洲，减少了经济损失。	【思考】通过对风成地貌的学习，思考这样的地理环境与人类的活动有哪些联系，将这些联系到生活实际中。	渗透素养：教材中对于风沙活动的特点和成因只做了简单介绍，重心放在合作探究，引导学生从人地关系的高度，树立正确的人地协调观。
板书设计	风成地貌 罗布泊 风蚀地貌：典型地貌、景观特点、形成原因 风积地貌：典型地貌、景观特点、形成原因		思维导图：关注地理知识建构，落实单元整体教学的核心，培养学生的地理核心素养。

表 2–13　《风成地貌》第 2 课时教学过程设计

教学环节	教师导学	学生活动	设计意图
兴趣引领	【展示】罗布泊风沙活动的景观图片。 【设问】同学们上节课和老师一起走进了新疆罗布泊风成地貌的直播现场，看到了那里风成地貌的神奇与壮美，但是这种景观对于人类是否有影响呢？	【思考】将人类与地理环境联系起来思考。	同样以上节课熟悉的罗布泊为例进入课堂，引导学生进一步思考。
引入新课	【访谈】播放视频：罗布泊地区当地人们对于风沙活动的描述及其带来的危害。 【板书】一、风沙活动的危害 【设问】风沙活动给当地人带来了哪些影响？	【回答】风沙灾害的危害：影响当地人的生活，掩埋了农田，造成了很多危害。	通过实际案例分析，培养学生的区域认知素养。

（续表）

教学环节	教师导学	学生活动	设计意图
提出问题	【讲解】风沙活动的危害：风沙在运动过程中，往往会破坏建筑物，降低土壤肥力，掩埋房屋、农田、道路等，使当地人民正常的生产生活受到影响，严重时还会造成生命财产的损失。 【设问】假如同学们就是当地人民，针对风沙带来的危害，大家将会采取哪些措施呢？ 【板书】二、风沙活动的措施	【思考】风沙活动的措施。	通过查找资料，培养学生的地理实践力。
合作探究	【探究 1】 1. 针对当地的风沙问题，应该怎么防治？ 2. 小组试着详细讲解防治的原理。	【回答】小组讨论：设置障蔽或植树种草以降低风速，还可以增大地面的粗糙度，削减风力。能截留水分，提高沙层含水量，有利于固沙植被存活。	通过活动让学生先思考，自己面对这些问题时会想到哪些措施，后面再引入教材内容。
合作探究	【任务设置】 1. 以沙坡头草方格沙障治沙的案例为例，讲解西北地区治沙的沙障工程措施，使学生理解草方格沙障的意义。 2. 以塔克拉玛干沙漠公路两侧防护林带的案例为例，介绍风沙防治的生物措施。 3. 分析风沙对青藏铁路的危害。 4. 分析石方格和高立式沙障各自主要起什么作用。	【探究】案例分析： 小组 1：草方格沙障可以增大地面的粗糙度，削减风力。能截留水分，提高沙层含水量，有利于固沙植被存活。 小组 2：与草方格相比，防护林具有更好的固沙和阻沙效果，防护林带内主要的植物有：梭梭、沙拐枣、红柳等耐旱树种。 小组 3：风沙可能掩埋铁轨，影响通行；风挟带沙石长期磨蚀铁轨，可造成铁轨损坏；风沙可降低能见度，危及铁路运输安全；风沙易引起列车侧翻，造成安全事故。 小组 4：石方格沙障加大了地面粗糙程度，削减了近地面风力。高立式沙障能有效阻止地表流沙，减少风沙影响的空间范围。	充分利用教材案例进行分析，激发学生兴趣，同时培养学生提取信息、分析问题、解决问题的能力。

（续表）

教学环节	教师导学	学生活动	设计意图
兴趣引领	【访谈】播放当地人进行防风固沙的视频。 【总结】同学们总结得很到位，当地人也是如此。在这些危害下： ①人畜伤亡，财产损失； ②基础设施遭受破坏（如：农田、村庄、道路等）； ③自然环境遭受破坏（如：土壤肥力下降）。当地人结合实际地理环境，采取了很多措施进行防治。	【观察】观看视频，再次总结。	
实际探究	【设问】同学们，视频中还提到了罗布泊从此成了寸草不生的地方，被称作“死亡之海”。请大家探究：罗布泊干涸的原因是什么？ 案例展示：新中国成立后，兴起多次开垦浪潮，大批内地人迁移到西部组成建设兵团，开展土地平整运动，塔里木河两岸人口激增，对水的需求也随之增加。扩大后的耕地要用水，开采矿藏需要水，人们拼命向塔里木河要水。几十年间塔里木河流域修建水库130多座，盲目地用水导致塔里木河河水锐减，致使塔里木河由60年代的1321 km^2萎缩到1000 km^2，320 km的河道干涸，以致沿岸5万多亩（1亩约为666.7 m^2）耕地受到威胁。20世纪60年代因塔里木河下游断流，罗布泊迅速干涸。到1972年，罗布泊最后干涸部分为450 km^2。罗布泊干涸后，周围生态环境发生巨变，草本植物全部枯死，防沙卫士胡杨树成片死亡，沙漠以每年3~5米的速度向罗布泊推进，很快和广阔无垠的塔克拉玛干沙漠融为一体。罗布泊从此成了寸草不生的地方，被称作“死亡之海”。	【探究】通过案例分析总结罗布泊干涸的原因。 人口激增，耕地需要用水，开采矿地需要用水等。	再次回到罗布泊的环境问题，培养学生的综合思维、小组合作、语言表达等方面的能力。 对学生合作探究未涉及的内容进行补充，使其知识更加完善。
情感升华	【总结】同学们，本节课主要介绍了风沙活动的危害以及防治措施，主要利用工程措施（设置草方格、石方格、高立式沙障）和生物措施（封沙育草、植树种草、营造防护林带）构筑防护体系；探究了地理环境给人类带来影响的同时，我们人类活动也给自然环境带来了很大的影响。希望作为新时代青年的我们，能够从我做起，在领略大好河山的同时，也能珍惜这片土地。		适时对学生进行情感教育，培养学生的人地协调观。

表 2–14 《风成地貌》教学设计附件 1：学情调查问卷

亲爱的同学：你好!

为了进一步了解大家的学习情况，以研究学习策略、改进教学，最终使广大同学更好地进行学习，特开展本次问卷调查。这份调查问卷涉及学习动机、学习状态、学习方法、学习环境、教师教法等。请你根据自己的真实情况填写，填时请不要与别人讨论，谢谢你的合作!

班级：_______ 姓名：______________

1. 你的学习状况（ ）
A. 很好，学习非常主动 B. 学习认真，但仍然有潜力可挖
C. 学习一般，基本上能完成每节课任务 D. 差，基本上是混日子
2. 作业完成情况（ ）
A. 好，能及时上交 B. 一般，部分科目或题目放弃了
C. 基本上做完了 D. 差，基本上不能完成
3. 有关学习的方法，你（ ）
A. 从来没有意识到学好得讲究方法
B. 偶尔想到，但没有去尝试寻找好的方法
C. 试着去实践别人介绍的方法，一段时间后又放弃了
D. 经过一定时间的尝试，已把握适合自己的学习方法
4. 你在学习时，是否努力在规定的时间内完成预定任务（ ）
A. 很少这样 B. 部分时间这样 C. 经常这样 D. 总能如此
5. 学习中遇到困难，你主要采取的措施是？（ ）
A. 请教同学 B. 主动请教老师 C. 自己查有关资料和参考书目 D. 放弃
6. 你有课前预习的习惯吗?
A. 有 B. 没有 C. 有，但没形成习惯
7. 同学们听课有各种不同的听课方法，你的听课方法是（ ）
A. 只是听，不记笔记
B. 一边听，一边把老师要求记的记下来
C. 一边听，一边想，记下重要的内容
D. 边听边想边记，有疑问的地方在课内或课外与老师、同学讨论
8. 下面几种情况，会使你听课时注意力不够集中的是（ ）
A. 对上课内容不感兴趣，不想听 B. 不喜欢授课教师
C. 受其他感兴趣的事吸引 D. 不管哪种情况，注意力都能集中
9. 你对自然景观感兴趣吗？（ ）
A. 感兴趣 B. 没有感觉 C. 不感兴趣
10. 你对罗布泊了解吗？试着用几个关键词描述你对它的印象。
11. 如果进行小组合作学习，你会主动担任领导人，负责小组任务分工吗?
12. 你希望给哪位老师提出教学建议？有何建议?

表 2–15　《风成地貌》教学设计附件 2：研学任务卡

组别		姓名	
1. 到达地点（在哪里）			
2. 看到的景观（这里有什么）			
3. 描述该景观特点（颜色、形状、面积等）			
4. 属于哪种地貌类型			
5. 该地貌是怎么形成的（为什么在那里）			

表 2–16　《风成地貌》教学设计附件 3：课堂表现性评价量表

组号		姓名		
评分维度	评价标准	得分		
		个人自评	小组互评	教师评价
要素评价	1. 罗布泊在哪里？属于我国哪个地区？请在地图上查找。			
	2. 简要了解罗布泊所在地区的地理特征。			
	3. 为什么会呈现这样的特征？			
	4. 描述罗布泊所在地区典型地貌的景观特点和形成条件（完成任务卡）			
	5. 归纳风蚀地貌的类型、特点及其形成条件。			
	6. 归纳风积地貌的类型、特点及其形成条件。			
	7. 猜想讨论沙丘形状的形成原因，沙丘缓坡和陡坡的形状与风向的关系。			
	8. 根据图片（不同形态的沙丘）分析风向对沙丘的影响。			
	9. 对比观察西北地区另外两个地方与罗布泊在地貌上存在的共同点和差异性。			
素养评价	1. 表达交流中呈现了要素之间的逻辑关系，呈现出清晰的因果关系。			
	2. 合理利用视频、图片、信息技术等，能结合材料进行准确分析，得出正确结论。			
	3. 小组任务分配明确、均衡，完成度高。			
	4. 小组展示探究成果自然大方、语言流畅生动。			
	5. 主动完成地理实践活动，科学探索能力强。			
作业评价	1. 课前、课后作业完成情况。			
总分	150 分			

表 2–17　风成地貌课堂导学案
——走进罗布泊风成地貌的直播现场

<table>
<tr><th rowspan="2">【学习目标】</th><th colspan="3">达成度（打“✓”）</th></tr>
<tr><th>掌握</th><th>基本掌握</th><th>还需努力</th></tr>
<tr><td>1. 通过视频、图片，从区域视角识别出风成地貌，说出风成地貌的类型及特点。（区域认知）</td><td></td><td></td><td></td></tr>
<tr><td>2. 运用所学知识，分析风成地貌形成的条件及形成过程。（综合思维）</td><td></td><td></td><td></td></tr>
<tr><td>3. 通过实际体验和观察，识别风成地貌，感知风成地貌的神奇。并通过查阅资料，找出风成地貌的分布地区。（地理实践力）</td><td></td><td></td><td></td></tr>
<tr><td>4. 结合现实中的地理现象和所学知识，分析风成地貌与人类的相互影响。（人地协调观）</td><td></td><td></td><td></td></tr>
<tr><td colspan="4">【自主学习】
1. 查找资料，说说你对罗布泊的了解。

2. 什么是风成地貌？你知道的风成地貌有哪些？（预习）</td></tr>
<tr><td colspan="4">【合作探究】</td></tr>
<tr><td>任务 1
直播旅行前
（罗布泊的区域认知）</td><td colspan="3">①罗布泊在哪里？属于我国哪个地区？请在地图上查找。
②简要了解罗布泊所在地区的地理特征。
③为什么会呈现这样的特征？</td></tr>
<tr><td>任务 2
直播旅行中
（识别风蚀、风积地貌）</td><td colspan="3">①描述罗布泊所在地区典型地貌的景观特点和形成条件（完成任务卡）。
②归纳风蚀地貌的类型、特点及其形成条件。
③归纳风积地貌的类型、特点及其形成条件。
④猜想讨论沙丘形状的形成原因，缓坡和陡坡的形状与风向的关系。
⑤根据图片（不同形态的沙丘）分析风向对沙丘的影响。</td></tr>
<tr><td>任务 3
旅行回来了
（区域自然景观的联系）</td><td colspan="3">①对比观察西北地区另外两个地方与罗布泊地貌上存在的共同点和差异性。
②通过三个考察点，说明不同考察点黄土颗粒大小不同的原因。试着判断风向。</td></tr>
</table>

◎ 作业设计

2019 年 4 月，中国地质工作者首次深入敦煌附近 180 km 处的无人区“魔鬼城”，对这一国内最大的雅丹地貌区域进行了全面考察。读图，完成第 1~2 题。

图 1

1. 形成雅丹地貌景观的主要外力作用是

A. 地壳上升运动　　　　B. 风力侵蚀作用

C．流水堆积作用　　　　　　　D．冰川侵蚀作用

2．下列地貌中属于雅丹地貌的是

A．沙丘　　B．风蚀沟槽　　C．沙垄　　D．洪积扇

读某地貌景观示意图，完成 3~4 题。

图 2

3．关于该类地貌景观地区的气候特征描述最符合的是

A．全年高温多雨　　　　　　B．夏季高温多雨

C．全年降水稀少　　　　　　D．气温年较差小

4．该类地貌景观形成于

A．流水侵蚀　　　　　　　　B．流水堆积

C．风力侵蚀　　　　　　　　D．风力堆积

右图为某地沙丘景观图，该地盛行风为西北风。据此完成第 5 题。

图 3

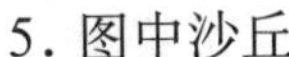

5．图中沙丘

①甲为迎风坡　　　　　　②乙为背风坡

③甲坡较陡　　　　　　　④乙坡较缓

A．①②　　B．③④　　C．①③　　D．②④

【参考答案】

1.B　　2.B　　3.C　　4.C　　5.A

◎ **教学反思**

优点：创设情境，利用罗布泊的案例，采用直播现场的方式带领学生进入本节内容的学习，提高学生学习的积极性。实验验证，带领学生一起做实验（新月形沙丘的形成过程），培养了学生的动手操作能力和学科素养中的地理实践力。教学虽分开为 2 个课时，但是紧紧围绕罗布泊案例展开，从观察罗布泊的地貌景观到分析它的地貌特点和形成过程，最后对罗布泊干涸的原因进行分析，案例不冗杂。通过小组合作探究完成本节课的重点，培养学生的综合思维能力及小组的合作能力，学生上台讲述，培养了学生的语言表达能力。

不足：案例较少，主要以罗布泊为例，缺少了对其他地区的思考和分析，没有进行充分的区域对比。学生合作探究过程中对要求强调不够，导致部分小组分工不明确，合作效率不高。基础知识的讲解较为透彻，但讲得偏多，课堂容量较大。给学生思考、训练、讨论的时间太少，学生的思维能力没有得到有效引导训练，导致学生分析和解决问题的能力难以得到提升。

再教设计：培养学生自主学习的能力，让学生试着在课前查阅资料，了解西北地区更多典型的风成地貌案例，提高课堂效率和区域认知能力。多组织学生进行合作探究，学生在合作研究部分没有充分参与，需要增加平时的课堂演练。案例分析应更大程度地交给学生来探究，与课前学生的资料查阅结合起来，留足时间让学生展示他们合作探究的成果，并且做到实时评价与反馈。

点评

教学设计结构完整，分析全面、准确。教学过程以问题式教学贯穿，核心问题和子问题形成完整的问题链，有问题清单，问题设置有层次、学生活动有思考。

贵州学生对风成地貌不熟悉，老师在教学中选用大量风成地貌图片和视频，增强了学生的感性认识，教学效果明显。教学设计重视学生专业知识表述的严谨性和学科思维的培养。教学方法和活动的开展多样且有效，学习资源丰富，既有视频、图片，也有古诗词，对提高学生学习兴趣起到了促进作用。第二个教学设计在教学过程设计意图上，目标明确，一目了然；在评价上有对学生的表现性评价要求。两份教学设计作业设计难度都合乎学业水平要求，考虑了学生如何运用知识解决实际问题的能力评价。附件1归纳效果好、附件3体现学生学习过程，效果好，是本节教学的亮点。

不足之处：问题链的完整性，子问题的有效性、探究性还需要进一步思考完善。学生讨论活动中老师的启发引导环节在设计中没有体现，回答问题或讨论活动中学生深度学习和发散思维的培养还需进一步设计。有的学校教师进行罗布泊直播有一定难度，需要根据实际教学条件设计一些备选方案。

点评：郑建（贵州师范学院）

四、乡土地理案例

贵州属于亚热带季风气候区，气候湿润，降水较多；又地处云贵高原，因此地貌特征为地表崎岖，支离破碎，典型地貌类型为流水地貌、喀斯特地貌。对于本堂课的风成地貌而言，贵州不属于典型的分布地区。因此，教师可介绍我国西北地区一些风成地貌的典型案例，如新疆罗布泊地区的雅丹地貌、黄土高原的风积地貌等。

第三节　喀斯特、海岸和冰川地貌

教学设计：薛佳佳　熊　英

喀斯特、海岸和冰川地貌的形成都与水密切相关，但又各具特点。在我国可溶性岩石广泛发布的西南地区，在长期的流水溶蚀作用下，形成了秀丽的喀斯特地貌。在碧波万顷的沿海地区，在海水的冲刷和堆积作用下，造就了绵长的海岸地貌。在高山巍峨的西部地区，在水的另一种形态——冰的作用下，发育了磅礴的冰川地貌。

一、内容研读

◎ 内容要求

1.4　通过野外观察或运用视频、图像，识别3~4种地貌，描述其景观的主要特点。

◎ 认知内容

本条要求的认知内容为“3~4种地貌”，课标中只提出了认识地貌的数量，并没有对具体识别哪种地貌类型作出要求，因此教师在具体授课时可根据教材和乡土情况自己掌握。另一认知内容是“景观的主要特点”，地貌景观可以从三个角度即地貌形态、物质组成、成因来进行描述。本节内容属于地理1，地理1要求学生掌握的知识难度层次较低，为与选择性必修1区分，本条要求主要是对地貌形态及物质组成的描述为主，地貌成因则根据具体地貌类型形成的复杂程度以及学生学情适当提及。地貌形态的描述包括描述地貌类型（山地、高原、盆地、平原、丘陵）、地貌规模（高低起伏、空间尺度等）、地貌景观色彩（表面颜色、植被等），次级地貌组合等。对于不同地貌类型，学生描述的角度都是一样的，但描述的具体内容因地貌类型的不同而有所差异。根据课程内容要求，学生应主要知道以下方面的知识：

1. 喀斯特地貌（岩溶地貌）：喀斯特溶蚀地貌，如溶蚀洼地、溶沟、石芽、峰林、溶斗、地下溶洞等；喀斯特沉积地貌，如石钟乳、石笋、石柱、钙华等。

2. 海岸地貌（海浪地貌）：海蚀地貌，如海蚀崖、海蚀柱、海蚀平台等；海积地貌，如海滩、离岸堤等。

3. 冰川地貌：冰斗、冰川槽谷、角峰、刃脊等。

◎ 教材对比

详见表2−18和表2−19。

表 2–18 人教版教材和湘教版教材“喀斯特、海岸和冰川地貌”内容结构对比

版本	人教版	湘教版
页数	5 页	10 页
章节	第四章第一节 （常见地貌类型）	第二章第三节 （喀斯特、海岸和冰川地貌）
内容模块	一、喀斯特地貌 四、海岸地貌	一、喀斯特地貌 二、海岸地貌 三、冰川地貌
图表数量	图片 8 幅 表格 0 张	图片 12 幅 表格 0 张
活动与材料数量	活动（探究）：1 个 阅读（案例）：0 个	活动（探究）：4 个 阅读（案例）：4 个

与人教版教材对比，湘教版这部分内容更为全面和翔实。虽然两个版本教材都是将这几个内容归纳到一节，但湘教版对于各种地貌景观的描述更具体，通过四段阅读材料拓展相关知识，有助于加深学生的理解，同时通过探究活动锻炼学生的综合思维能力，巩固所学知识。人教版该部分内容较为简略，且没有涉及冰川地貌相关知识，教师在处理这部分内容时更为灵活。

表 2–19 人教版教材和湘教版教材“喀斯特、海岸和冰川地貌”主要图幅对比

版本	人教版	湘教版
主要图幅	图 4.1 桂林漓江两岸地貌景观 图 4.2 地表喀斯特地貌景观演变示意 图 4.3 云南罗平的峰丛、峰林、孤峰景观 图 4.4 土耳其安纳托利亚高原的溶洞景观 图 4.5 平塘县大窝凼工程建设前后对比 图 4.16 海蚀崖和海蚀平台 图 4.17 海蚀拱桥 图 4.18 海南三亚的沙滩	图 2-33 喀斯特、海岸和冰川地貌景观 图 2-34 云南石林 图 2-35 广西桂林峰林 图 2-36 重庆奉节小寨天坑 图 2-37 四川黄龙钙华堆积形成的五彩池 图 2-38 湖南张家界黄龙洞 图 2-39 贵州荔波喀斯特地貌 图 2-40 海浪 图 2-41 澳大利亚坎贝尔港国家公园的海蚀崖、海蚀柱 图 2-42 海岸地貌示意 图 2-43 青藏高原念青唐古拉山脉冰川地貌 图 2-44 挪威盖朗厄尔峡湾

在主要图幅方面，湘教版使用量相对较多，利用我国各地与世界代表性喀斯特、

海岸及冰川地貌景观实例图片，增加学生对次级地貌的感性认识；由于人教版对喀斯特地貌的次级地貌列举不多，且没有涉及冰川地貌相关知识，故人教版图幅使用量相对较少，但单张图片所含内容较丰富，例如“图 4.4　土耳其安纳托利亚高原的溶洞景观”图中，除了溶洞，还涵盖了石笋、石钟乳、石柱等。

◎ 教学建议

在教学内容上，教师要根据课标要求恰当地选择教学重点及难度层次。本节内容属地理 1，因此在难度上不能过高，教学重点应放在从地貌形态及物质组成描述地貌景观特点，不建议从成因入手构建教学体系。同时要注重对地貌相关概念如地貌含义、主要地貌类型、次级地貌类型的讲解，便于学生更好地理解日常阅读中遇到的景观描述及野外实际的地貌景观。

由于喀斯特地貌在贵州较为常见，故在教学实施过程中，如有条件，师生可以外出在野外或户外对喀斯特地貌进行观察、识别、描述。但海岸地貌和冰川地貌在贵州较为少见，因此在进行本节内容教学之前，教师需利用互联网收集海岸地貌和冰川地貌的景观视频、图片或制作地貌模型等课程资源，增强学生的感性认识，便于学生理解教材内容。

在教学方法上，教师可采用演示法、实验法、问题式探究法、小组合作学习法等方法让学生自己先进行描述、分类，而后逐步引导，使学生最终学会辨识、描述地貌的基本方法。

在学生地理核心素养的培养上，由于地理 1 的内容不涉及高难度层次的知识，因此对各核心素养的培养水平建议保持在水平 1 或水平 2 的层次。

建议本节内容的教学使用 2 课时。第 1 课时学习喀斯特地貌；第 2 课时学习海岸地貌、冰川地貌。

二、教学设计①

◎ 学情分析

认知基础：在知识结构上，高一学生在初中阶段已经学习了 5 种基本地形，5 种基本地形主要通过简单的外部形态划分，而高中所要求学习的地貌类型则是以成因作为划分依据，有一定难度。同时，喀斯特地貌在成因上与化学、物理知识密切相关，

① 本节课获贵阳市第七届优质课比赛一等奖，执教教师：薛佳佳（贵阳乐湾国际实验学校）。

而喀斯特地貌形成原因的化学方程式是学生初中学习的知识点，对喀斯特地貌成因的学习有指导作用。义务教育阶段，学生初步认识了世界和中国地理分区，对部分区域的显著特征有一定的认知，这有利于学生理解不同区域背景会形成不同类型的地貌。孩子们生活在云贵高原，对喀斯特地貌有一定了解，部分学生能够识别出次级喀斯特地貌如石钟乳、石笋、溶洞、峰林。在思维方式上，湘教版地理必修第一册第一单元给予了学生对地球的整体认识，培养了学生一定的抽象思维。

不足条件：通过化学课程学习，学生知道碳酸钙和碳酸氢钙之间的相互转换过程，但是却对石灰岩的主要成分是碳酸钙知之甚少。所以在讲解之前，教师应该对云贵地区拥有大量海相沉积石灰岩进行知识铺垫。在经过第一章宇宙中的地球的学习后，学生对我们生活的地球有了一个初步的认识，“地貌”是学生接触到的第一个自然要素，但是地貌的形成与气候、水文、生物密不可分，学生现阶段缺乏对地理要素间相互关系的综合分析能力。生活中学生对喀斯特地貌很熟悉，但是无法用专业性的学科语言对其进行描述。对于冰川和海岸地貌，学生在生活中很少见到，因此需要借用大量景观图片和视频。

◎ 教学目标

1. 通过观看视频和景观图片，识别常见的喀斯特、海岸和冰川地貌。

2. 结合图文资料以及模拟实验，分析喀斯特地貌、海岸地貌和冰川地貌的成因。

3. 通过案例分析，认识喀斯特、海岸和冰川地貌发育地区的自然环境特征。

4. 通过案例，能够简要分析常见的喀斯特、海岸和冰川地貌与人类活动的相互影响。

◎ 重点难点

1. 教学重点：识别常见喀斯特、冰川、海岸地貌类型并描述其主要特征和形成原因。

2. 教学难点：分析喀斯特、冰川、海岸地貌对人类生产生活的影响；掌握地貌景观的描述方法和过程。

◎ 教学方法

以问题式教学为主，再辅以实验教学。问题清单详见表 2-20。

表 2-20　《喀斯特地貌》问题清单

核心问题	子问题	素养指向	素养内涵
喀斯特地貌成因与分布	①喀斯特名称的由来是什么？	综合思维 区域认知	区域位置与分布
	②兴义万峰林属于什么地貌？		
	③喀斯特地貌形成的两个关键条件是什么？		
	④除贵州外，中国还有哪些地区有大面积的喀斯特地貌？		要素综合思维
	⑤西北地区喀斯特地貌分布面积广吗？		
地表喀斯特景观	①石灰岩有何特征？（颜色、表面状况）	综合思维 地理实践力 人地协调观	要素综合思维 观察能力 地对人
	②当雨水沿着裂缝溶蚀和侵蚀，地表会发生什么变化？		
	③在考察中如何快速分辨与识别出溶沟呢？		
	④识别与描述地貌景观的一般过程与方法。		
	⑤对地表喀斯特地貌（溶沟、洼地、峰丛、峰林、孤峰、残丘）进行描述。		
模拟实验	①注意观察方糖处是否出现溶洞景观。	地理实践力 综合思维	地理实验 要素综合
	②思考方糖代表什么？		
	③归纳形成溶洞的关键的两个条件是什么？		
地下喀斯特景观	①溶洞中有哪些地下喀斯特地貌？它们有何特征？	地理实践力 人地协调观	观察能力 地对人
	②在图片中找出溶洞中主要的地貌景观，并描述其特征。		
喀斯特地貌与人类活动	①观察并说出 FAST 建设地属于哪一种地表喀斯特地貌。	地理实践力 综合思维 人地协调观	要素综合 可持续发展观念
	②从工程量、排水、人文环境三方面说出在大窝凼建设 FAST 的优势。		
辨识喀斯特地貌	①以下六幅图中哪些是喀斯特地貌，请说出判断依据。	地理实践力 综合思维	观察能力 要素综合
	②天坑是如何形成的？		

◎ 教学资源

多媒体课件，地下溶洞模拟实验装置，喀斯特、冰川、海岸地貌视频和景观图片。

◎ 教学过程

第 1 课时《喀斯特地貌》、第 2 课时《海岸和冰川地貌》的教学过程及附件见表 2-21~表 2-24。

表 2-21 《喀斯特地貌》教学过程设计

教学环节	教师导学	学生活动	设计意图
创设情境	【展示】展示我国典型的风成地貌、冰川地貌、海岸地貌、河流堆积地貌等景观图。我国幅员辽阔，地貌类型多样，千姿百态，特点各异。看到这些千姿百态的地貌，你是否想亲自去游览一番呢？身体和灵魂总要有一个在路上，今天我们就在教室开启一场地貌考察之旅。	【观察】观察 4 种地貌景观图，直观认知几种典型地貌景观。 读“地貌考察线路”，了解本次考察线路图。	学生通过观察精美地貌景观图，对主要地貌类型形成宏观认识，创设情境，激发学习兴趣。
开启旅程——提出问题	【展示】播放“兴义万峰林”视频。 思考兴义万峰林地貌景观类型，并注意观察它的地表起伏状况和形态特征。 【设问 1】喀斯特地貌是如何形成的？喀斯特地貌主要分布在我国哪些地区？ 【设问 2】在喀斯特地貌的概念中找到形成喀斯特地貌的两个关键条件。 【设问 3】除了贵州省分布有大面积的喀斯特地貌之外，还有哪些省份也分布有大面积喀斯特地貌呢？	【思考】观看视频，提出问题。 【分享】组成地壳的岩石有一部分是可溶性岩石，如石灰岩等。在适当的条件下，这类岩石的物质溶于水并被带走，或重新沉淀，从而在地表和地下形成形态各异的地貌，统称为喀斯特地貌。 关键条件：可溶性岩石（石灰岩）+ 水；分布：西南（黔、滇、桂）地区。	深入理解喀斯特地貌的概念。掌握喀斯特地貌在我国的分布。
承转过渡——方法讲解	【展示】展示课件“石灰岩示意”，带领学生观察石灰岩图片，并从颜色、形态特征、表面起伏状况等方面进行描述。 【总结】石灰岩——表面凹凸不平，呈现灰白色，有裂缝、裂隙。 【设问】 1. 当雨水沿着裂缝溶蚀和侵蚀，地表会发生什么变化？ 2. 根据溶沟示意图，我们一起来识别溶沟并描述其特征。	【观察】观察石灰岩图片，掌握地貌描述的一般过程与方法，即“观察、识别、描述”。 【分享】溶沟——岩石表面的石质沟槽；呈长条形或网格状，地面高低不平，崎岖难行。	掌握地貌描述的一般过程与方法，并通过观看溶沟的景观图在老师的带领下描述其特征。
合作探究	【提示】每个小组都有一个考察资料包，资料包里有洼地、峰林、峰丛、孤峰和残丘的景观图。请大家先观察这些地表喀斯特地貌景观，然后在导学案中选词描述这些地貌景观，可以和小组成员讨论。最后描述每一种地表喀斯特地貌景观的特征。 【评价】对学生的描述进行评价。 【补充】洼地——低洼、底部平坦、面积较大。生活中往往用坝（坝子）、塘、冲来命名洼地。有些区域的命名也与地形特征有关，例如“平坝”。	【小组探究】完成地表喀斯特地貌景观特征描述。 小组同学观察景观图—识别—选词描述。 【分享】分享小组观察到的地表喀斯特地貌的景观特点。 【聆听】师生评价，教师补充内容。	学以致用，在老师讲解地貌描述过程与方法后，学生通过实践活动，识别和描述地貌特征。树立人类应该适应环境、因地制宜的观念。

（续表）

教学环节	教师导学	学生活动	设计意图
承转	【讲述】考察的第二站，毕节织金洞。	【欣赏】学生体验地下喀斯特之美。	空间转换。
模拟实验	【实验】实验器材：沙子、小石头、半个饮料瓶、玻璃杯、镊子、方糖、清水。 【设问】通过模拟实验，推测地下溶洞是如何形成的。 1. 方糖代表的是什么？ 2. 溶洞形成的两个关键因素是什么？ 3. 描述溶洞的特征。	【实验】将清水浇灌在铺满细沙的方糖上。观察在泥沙上洒水时，方糖处是否出现类似于溶洞的景观。 【分享】方糖代表可溶性石灰岩。溶洞形成的两个因素：流水和可溶性石灰岩。 【描述】溶洞是地下喀斯特地貌的主体，溶洞往往长数米到数百千米，常常呈层状分布。	通过实验加强对喀斯特地貌形成原理的理解，培养学生的动手操作能力。
合作探究	【播放】“织金洞溶洞景观”视频。 【设问】请留意溶洞中有哪些地下喀斯特地貌？它们有何特征？ 【指导】请大家根据视频和图片找到溶洞中主要的地貌景观，并描述其特征，最后尝试绘画出地下溶洞的简笔画。 【展示】展示“五代穴居人，一场遗世梦”图片。 【补充】一滴水的坚持，一滴水的耐心，造就了亿万年的溶洞。溶洞是早期人类的庇护所，也提供了独特的旅游资源。旅游应该是发现美、欣赏美和创造美的过程。做一个文明旅客，杜绝旅游中的不文明现象。	【合作】在课件上标注出地下喀斯特地貌的景观并描述景观特征。 【分享】在黑板上画出地下喀斯特地貌主体——溶洞的简笔画。 【评价】学生评价展示作品。 【聆听】聆听教师讲述，明白溶洞的形成需要亿万年的时间，感悟文明旅行者的行为要求。	培养学生的简笔画绘制能力和语言表达能力。
承转	【讲述】早期农民有效利用喀斯特地貌的特点，昼耕坝子，夜居洞穴。接下来我们去到本次旅程的第三站黔南州②平塘县，看看如今的人们是怎样利用喀斯特地貌的。	【发现】时代不同，生产力发展水平不同，人们对喀斯特地貌利用的方式也有所不同。	以“天眼”选址案例为例，培养学生的人地协调观。

② 即黔南布依族苗族自治州。

（续表）

教学环节	教师导学	学生活动	设计意图
合作探究	【播放】播放“天眼”视频。 【设问 1】仔细观察，说出 FAST 建设地属于哪一种地表喀斯特地貌。 【设问 2】从工程量、排水、人文环境三方面说出在大窝凼建设 FAST 的优势。 【评价】老师对学生的回答进行评价和总结。 【补充】为纪念南仁东坚忍不拔、矢志不渝的精神，国家天文台将一颗小行星命名为南仁东星，这才是我们新时代青年该追逐的星。	【思考】根据视频中的信息，分析世界最大口径射电望远镜 FAST 选址贵州平塘的原因。 【回答】FAST 建设地属于洼地，有以下优势。工程量：大窝凼（洼地）地貌接近 FAST 的造型，前期开挖工程量小。排水优势：大窝凼底部有裂隙，与地下河相连，有利于雨水向地下渗透，免受洪涝之害。人文环境：半径 5 千米内无乡镇，无线电环境好。	了解喀斯特地貌对当代生产生活的影响。帮助学生树立坚忍不拔、求真务实的态度，树立正确的人生观和价值观。
学以致用	【展示】课件展示 3 组地貌对比图，引导学生完成 3 组相似地貌类型的辨识：①天坑与陨石坑；②雅丹地貌与石芽；③丹霞地貌与喀斯特地貌。 【评价】对学生辨识结果进行评价，简单补充岩性、外力作用等因素对 3 组地貌类型形成的影响。	【运用】学生按照“观（观察）”“别（辨别）”“述（描述）”的过程，识别并描述喀斯特地貌。 【分享】分享结果并说明理由。	检测教学目标的达成情况；在学以致用的基础上略作拓展。
总结归纳	【总结】在野外考察或旅行中，按照“观、别、述”步骤识别地貌类型和描述地貌特征；时代不同，生产力发展水平不同，但人们对地貌的利用，始终遵循人地协调、合理开发利用的思想。	【笔记】梳理、总结本堂课的学习内容，完成学习笔记。	教会学生考察地貌的方法，树立学生正确的人地观念。
板书设计	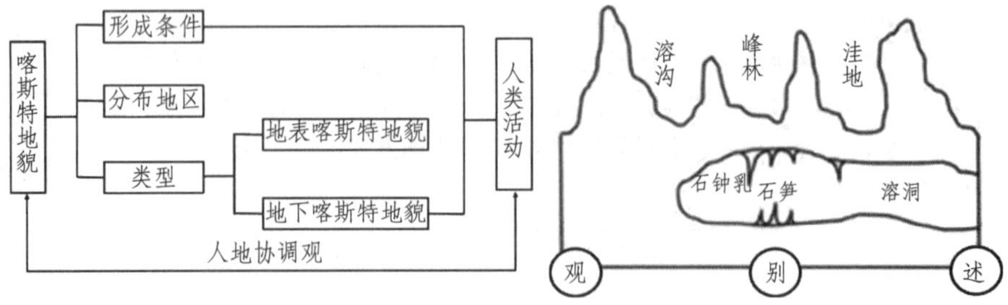 喀斯特地貌 形成条件 分布地区 类型 地表喀斯特地貌 地下喀斯特地貌 人类活动 人地协调观	溶沟 峰林 洼地 石钟乳 石笋 溶洞 观 别 述	

表 2–22 《喀斯特地貌》教学设计附件 1：地表喀斯特地貌特征总结

地表喀斯特地貌		
类型	特点	选词描述
溶沟		①低洼；②地面高低不平；③崎岖难行；④面积较大；⑤多个山峰有明显的基部相连；⑥长条形或网格状；⑦单个孤立山峰；⑧锥状耸立；⑨山峰成片分布，基部微微相连或不相连；⑩底部平坦。
洼地、坝子		
峰丛		
峰林		
孤峰、残丘		

表 2–23 《喀斯特地貌》教学设计附件 2：地下喀斯特地貌特征总结

地下喀斯特地貌——主体为溶洞		溶洞景观简笔画
类型	特点	
石钟乳		
石笋		
石柱		

表 2–24 《海岸和冰川地貌》教学过程设计

教学环节	教师导学	学生活动	设计意图
创设情境	【展示】展示“澳大利亚坎贝尔港礁石倒塌前后景观”。这是悉尼小男孩在澳大利亚坎贝尔港十二使徒石游玩时拍下的两张截然不同的照片，还原了岩石倒塌瞬间发生的变化。	【对比】观察两张景观图，对比两者之间的差异。 【思考】外力侵蚀失去支持后的重力坍塌。	用小故事和对比明显的地貌景观图创设情境，设置问题链引导学生开展从观察到分析的学习。
提出问题	【设问】什么是海岸地貌？海岸地貌究竟是怎样形成的呢？ 【补充】珊瑚礁海岸、红树林海岸在不同的气候条件及生物类型作用下，也会塑造出不同形式的海岸地貌。	【阅读】教材中关于海岸地貌的类型及划分。 【回答】在海岸地貌的塑造过程中，构造运动塑造了现代海岸的基本轮廓，海水则侵蚀海岸并挟带大量碎屑物质在海岸沉积，形成了千姿百态的海岸地貌。	理解海岸地貌的概念及形成原因。
新课教学	【展示】“惊涛拍岸，卷起千堆雪”，“大风吹起翠瑶山，近岸还成白雪团”。“石灰岩柱在海水的不断侵蚀下瞬间倒塌”的图片。	【观察】运动的海水。 【讨论】波浪作用。	引导学生通过观察掌握海岸地貌的形成、发展与演化过程。

（续表）

教学环节	教师导学	学生活动	设计意图
新课教学	【设问】海水侵蚀会形成什么样的地貌呢？ 【板书】海蚀地貌：海蚀崖、海蚀洞、海蚀平台、海蚀拱桥、海蚀柱等	【观察】观察课件展示的海蚀地貌主要类型图。	观看景观图，在老师的带领下描述其特征。
	【展示】海蚀崖、海蚀平台景观图；海蚀平台景观。 【设问 1】指出图中海蚀地貌类型，观察并描述其景观特征。 【总结】海蚀崖向海一侧是陡峭的断崖，海蚀柱是岸边竖立的石柱，海蚀崖前面有一个相对比较平坦的石滩就是海蚀平台。 【设问 2】海蚀崖、海蚀柱、海蚀平台之间在成因上有怎样的关系？ 【展示】展示海蚀洞、岬角景观。 【设问】指出图中海蚀地貌并描述其形态特征。 【讲解】讲解海蚀洞、岬角成因。 【展示】展示海蚀拱桥景观图。 【讲解】这个著名的海蚀拱桥叫伦敦桥（London Bridge），它从一个大海崖变成了一座双孔的大陆桥。在 1990 年，桥被海水冲垮，只剩下一个桥孔矗立在海上。大家之所以叫它伦敦桥，是妙用英国儿歌 *London bridge is falling down*。1990 年 1 月 15 日伦敦拱桥与陆地相连的一个桥拱坍塌，两名游客被困在另一个桥拱上，后被直升机所救。 【设问】如果海蚀拱桥被不断侵蚀，会出现什么现象呢？ 【展示】展示海蚀柱景观图。	【观察】观察海蚀地貌景观，描述其形态特征。 【分享】海水不断冲击岸边基岩，淘空下部的岩石，使上部的岩石塌落，形成高出海面的陡崖，在波浪作用下海蚀崖不断后退，形成倾斜的平台，平台保留的抗侵蚀力强的部分，称为海蚀柱。 【描述】海蚀崖上的凹槽——海蚀洞； 根部同陆地相连，尾端伸入海的狭长的堤坝状——岬角。 【讨论】如果海蚀拱桥被不断侵蚀，会出现什么现象呢？ 【分享】海蚀拱桥会崩塌，断裂，变成海蚀柱。	学以致用，从示意图到景观图，不仅要熟悉形态，还要思考形成原因及相互关系，明确地理事物的演化过程。 从沧海桑田中感受大自然的力量，树立正确的环境观。
	【承转】海岸景观中除了以上各种海蚀地貌以外，与其有着明显差异的是堆积在海岸带的沙、砾、岩石等景观，被称为海积地貌。 【设问】海积地貌形成的动力因素及物质来源是什么？ 【补充】沿岸流：指平行于海岸的一股海流。 【设问】海积地貌具体包括哪些类型？请描述其形态特征并思考它们是怎样形成的。	【发言】动力来源——海浪，沿岸流； 物质来源——河流挟带泥沙，海浪侵蚀产物。	在完成教材活动中加深对海岸地貌的理解，通过精美的景观图片也能提高学生的地理美学意识。

（续表）

教学环节	教师导学	学生活动	设计意图
新课教学	【讲解】海积地貌包括海滩、沙嘴、离岸堤等，其中海滩又可分为不同类型，请观察以下海滩组成物质的颗粒大小，识别砾滩、沙滩、泥滩。 【展示】展示泥滩、沙滩、砾滩景观。 【板书】海积地貌：海滩、沙嘴、离岸堤等	【读图】读海岸地貌示意图，完成教材第60~61页活动。	
	【总结】海岸地貌不仅具有很高的美学价值，很多海岸景观还具有科学研究价值。我国有18000多千米的大陆海岸线，14000多千米的岛屿海岸线，海岸景观十分丰富，怎样合理开发和保护海岸生态系统，将是一个长期的浩大的工程，它需要我们每一个人的参与。	【思考】怎样合理开发和保护海岸生态系统。	通过介绍中国漫长的海岸线、丰富的海岸景观，激发学生的爱国主义情感及社会责任感。
	【承转】不论是喀斯特地貌还是海岸地貌，其形成都与液态水的作用有关系，那么作为固态水作用下形成的冰川地貌，又有哪些形式呢？它们又是怎样形成的呢？贵州省有冰川地貌分布吗？	【思考】思考老师提出的一系列问题。	问题链的提出，激发了学生进一步探索的兴趣。
	【展示】漫画——这么大的一块石头是从哪儿来的呢？ 【讲解】李四光是我国著名的地质学家。小时候，他喜欢和小伙伴一起玩捉迷藏的游戏。每次他都爱藏在一块大石头的后面。这块巨石孤零零地立在草地上。一听到小伙伴的脚步声，他就悄悄围着大石头躲闪。大石头把他的身影遮得严严实实的，小伙伴围着石头转来转去，也找不到他。后来，他对这块大石头产生了疑问：这么大的一块石头，是从哪儿来的呢？李四光跑去问老师，老师说：“这块石头恐怕有几百年的历史了，我小时候它就在那儿了。”	【聆听】聆听李四光与石头的故事，推测：这么大的一块石头是从哪儿来的呢？	利用故事引发学生思考，引导学生用地理的眼光看世界，使学生善于发现生活中的地理问题。
	【设问1】与海浪相比较，冰川有多大的能量呢？ 【设问2】什么是冰川？其形态和规模如何？主要分布地区在哪里？ 【总结】李四光长大后通过学习地质学，解开了巨石来历之谜：原来是冰川推动巨石旅行了几百里甚至上千里，从遥远的秦岭带来的。	【自主学习】教材阅读内容：冰川的“力量”。 【回答】冰川是指极地或高山地区多年存在并沿着地面缓慢运动的天然冰体，主要分布于高纬度和高海拔地区。	通过地质学家李四光的故事转入对冰川地貌的学习，同时也能鼓舞同学们学习的劲头。

（续表）

教学环节	教师导学	学生活动	设计意图
新课教学	【讲解】冰川对地球表面的侵蚀、搬运和堆积作用，称为冰川作用。冰川作用导致地表形态变化所形成的地貌，称为冰川地貌。 【板书】冰蚀地貌：冰斗、刃脊、角峰、冰川槽谷 【展示】展示课本第 62 页图 2-43 青藏高原念青唐古拉山脉冰川地貌。 【设问】说出图中的冰川地貌类型，描述其形态特征并了解其成因。 【视频】播放冰斗、刃脊、角峰成因视频，通过视频加深理解。	【观察】观察图片及视频内容。 【分享】角峰是形如金字塔的尖峰，刃脊形如刀刃等，冰斗山岳冰川上源集聚冰雪的围椅状凹地，三面岩壁陡峭，底部较平缓。	观看景观图及视频，在老师的带领下描述其特征。
	【展示】展示冰蚀湖景观图。 【讲解】冰川地貌分布地区还常见冰蚀湖，是冰川侵蚀地表的洼地在冰川融化后积水形成。千湖之国芬兰境内和加拿大东部的大多数湖泊，瑞士著名的苏黎世湖、新疆喀纳斯湖、陕西太白山太白池都是冰蚀湖。 【设问】描述图中湖泊形态、颜色并推测其成因。	【描述】 冰川在刨蚀、掘蚀地面产生的凹地积水形成的湖泊。湖水多为淡蓝色。一般湖盆崖壁和盆底基岩上往往有冰川磨光面和冰川刻槽和擦痕。	
	【展示】展示冰碛丘陵景观图。 【展示】展示冰碛物景观图。 【讲解】冰碛丘陵是冰碛地貌，由冰川堆积而成。 【设问】思考冰碛地貌与流水堆积地貌沉积物分选性、磨圆度的差异。 【评价】对学生的探究结果进行评价。 【板书】冰碛地貌：冰碛丘陵	【分享】 冰碛地貌沉积物粗细混杂，分选性差，没有层理，磨圆度差，有尖锐的棱角；流水的沉积地貌沉积物反之。	
	【展示】展示 V 型谷及 U 型谷景观。 【设问 1】阅读教材第 63~64 页活动，比较 U 型谷和 V 型谷的差异。 【设问 2】其他地区有冰川地貌分布吗？ 【补充】第四纪大冰期，欧亚大陆、北美大陆的很多地区被连绵的冰川覆盖，留下了大量的冰蚀湖、峡湾等冰川地貌遗迹，这些遗迹成为研究环境演变的依据。观察挪威西海岸曲折的海岸线，教材第 63 页峡湾，在高纬度地区，厚重的冰川能伸入海洋，冰川在流动过程中侵蚀海岸形成槽谷，冰退以后，槽谷被海水侵入成为狭长的海湾，称为峡湾。峡湾深入陆地数十至数百千米，海水很深，两侧陡崖巍然，景色壮丽。	【分享】U 型谷谷底宽，两壁陡立。V 型谷两壁较陡峭，谷底狭窄。	对比思维是地理学重要的思维方式，通过比较，能够突出或者放大事物之间的差异。

（续表）

教学环节	教师导学	学生活动	设计意图
新课教学	【呼应承转】贵州省有冰川地貌分布，贵州省安顺关岭县的关岭冰臼群是冰川曾经存在的有力证据之一。 【展示】展示关岭冰臼群景观。 【设问】观察并描述这些冰臼的特征。	【发言】 它们大小各异，形态多样“似臼”“似盘”“似盆”“似匙”，应有尽有。	在比较中加深对冰碛地貌特点的认识。
小结	一、海岸地貌 海蚀地貌：海蚀崖、海蚀平台、海蚀洞、岬角、海蚀拱桥、海蚀柱 海积地貌：海滩、沙嘴、离岸堤 二、冰川地貌 冰蚀地貌：冰斗、刃脊、角峰、冰川槽谷、冰蚀湖 冰碛地貌：冰碛丘陵	【归纳】不论是海岸地貌还是冰川地貌，本质都是水的侵蚀地貌和堆积地貌。	学生总结更能锻炼其归纳能力以及表达能力。

◎ 作业设计

一、单项选择题

图 1 为某洞穴景观示意图，读图回答 1~2 题。

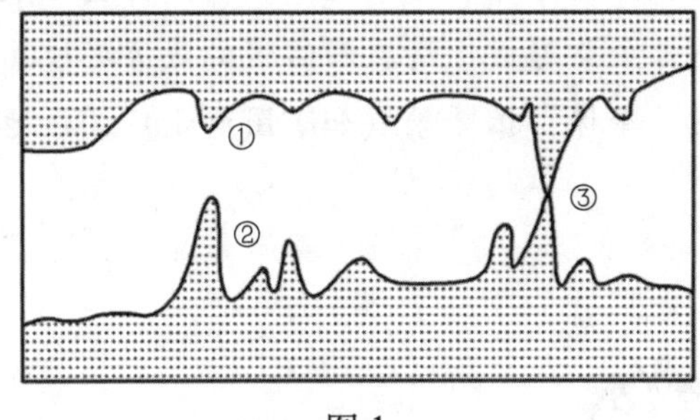

图 1

1. 图示①②③依次为（　　）

A. 石笋、石钟乳、石柱　　　B. 石钟乳、石柱、石笋

C. 石钟乳、石笋、石柱　　　D. 石柱、石笋、石钟乳

2. 图示洞穴景观形成的主要原因是

A. 流水溶蚀　　B. 流水堆积　　C. 人工开挖　　D. 开采地下水

蛇形丘是一种冰水堆积地貌，隆起如堤，弯曲如蛇，两坡陡峭。其延伸的方向大致与冰川的流向一致，主要分布在大陆冰川区。图 2 为蛇形丘形成过程示意图，

读图完成 3~5 题。

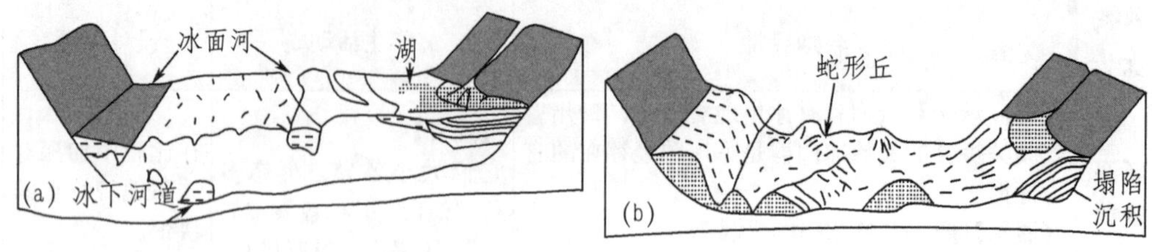

图 2

3. 图中冰川地貌最可能发育在（　　）

A. 中国　　B. 巴西　　C. 加拿大　　D. 澳大利亚

4. 形成蛇形丘的堆积物主要来自（　　）

A. 湖泊　　B. 冰面河　　C. 塌陷沉积　　D. 冰下河道

5. 蛇形丘接受堆积的季节主要是

A. 春季　　B. 夏季　　C. 秋季　　D. 冬季

二、综合分析题

6. 阅读图文材料，完成下列要求。

我国的喀斯特地貌主要分布在西南地区，其发育受石灰岩分布、地壳运动、气温和降水影响。石灰岩主要形成于清澈而温暖的浅海环境。我国西南地区某地地表喀斯特地貌包括峰丛、峰林、孤峰等（如下图所示），该地石灰岩形成于同一时期且厚度相当。

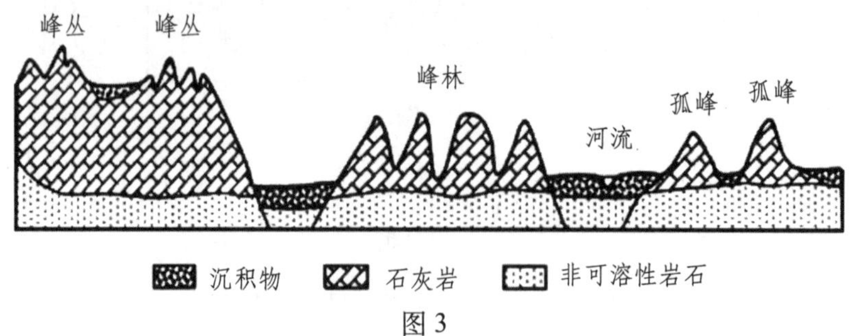

图 3

（1）简析西南地区地表石灰岩广布的地质条件。

（2）与西南地区相比，简析我国东北地区喀斯特地貌分布较少的可能原因。

（3）根据流水溶蚀程度，判断该地峰丛、峰林和孤峰中石灰岩接受溶蚀的先后次序，说明判断理由。

【参考答案】

1.C 2.A 3.C 4.B 5.D

6.(1) 西南地区曾经为清澈而温暖的浅海环境，利于石灰岩形成；后来地壳抬升，西南地区由海洋变为陆地，石灰岩出露，地表石灰岩广布。

(2) 纬度较高，气温较低，喀斯特地貌发育缓慢；雨季较短，降水量较少，喀斯特地貌发育不明显。

(3) 接受溶蚀的先后次序是：孤峰中的石灰岩、峰林中的石灰岩、峰丛中的石灰岩。石灰岩出露地表时间越早，接受流水溶蚀越早。峰丛基部石灰岩连续且较厚，流水溶蚀程度较轻，接受溶蚀时间较晚；峰林基部石灰岩厚度变薄，断续相连，流水溶蚀程度较重，接受溶蚀时间较早；孤峰基部石灰岩分离，厚度最薄，流水溶蚀程度最严重，接受溶蚀时间最早。

◎ 《喀斯特地貌》教学反思

亮点：设计主线明确，教学环节环环相扣，逻辑清晰；将地貌识别与描述的一般过程与方法总结归纳为“观”“别”“述”三个字，本节课除了教学内容的传授，更注重方法的引领；课堂教学注重情感升华，帮助学生树立正确的价值观念；进行溶洞模拟实验，帮助学生真正理解溶洞的形成，掌握溶洞形成的关键条件，调动了学生的学习积极性，落实了地理实践力的培养。

不足：在开展课堂活动时，教师没有做到真正放手，限制了学生的发散性思维，可能会束缚一部分优秀学生的高阶思维；课堂中让每个小组同学亲自操作完成溶洞实验，实验效果并不明显。学生只能通过微课观看老师的演示实验。

再教设计：课堂活动设计需要优化，把地表喀斯特地貌的观察、识别、描述这一活动落实到位；溶洞模拟实验可以提前录制教师操作视频，让学生直观感受到溶洞形成的动态演化，而不是只呈现最后的结果图。

◎ 《海岸和冰川地貌》教学反思

优点：课堂设计条理清晰、层次分明，两大部分内容均以故事导入，能够吸引学生的注意力，提高学习兴趣。教学紧扣课标，注重对地貌类型的识别与形态的描述，通过大量精美的景观图，加深了学生的印象。课堂教学注重对学生地理素养的培养，如运用对比、问题探究等方法，培养学生的地理思维能力、判断能力；通过讨论、发言等方式，提高学生的地理表达能力；使用自己拍摄的景观图片，让学生欣赏到美丽的自然风光，提高学生的地理审美水平；提出“怎样合理开发和保护我国海岸地貌景观”等问题，激发学生的社会责任感，传授知识的同时也有利于培养学生正确的价值观。

不足：由于教学内容涉及海岸地貌和冰川地貌两部分内容，知识点多、概念多，教学设计上未能采取有效的手段或方法让学生识记这些知识点。教师讲解的内容过多，学生活动较少，且学生活动未能真正激发学生思维。

再教设计：对于海岸地貌，可设计让学生分组在课前准备相关资料， 取角色扮演（如海岸旅行）等方式开展教学，有利于提高学生的参与性，更能体现学生的主体地位。对于冰川地貌，可设计小实验，演示冰川侵蚀过程，加深学生对该部分知识的理解。

点评

通过野外观察或运用视频、图像，识别几种常见地貌形态，描述其景观的主要特点是新课标增加的内容，是关注生活中的地理，培养学生地理实践力的具体体现。

第 1 课时喀斯特地貌以问题为主线，在熟悉的、真实的乡土情境中，以虚拟地貌考察的方式，以“观”“别”“述”为线索，通过方法指导，让学生明确“做什么”和“怎么做”，学习过程生动，参与面广，课程思政的亲和度高，学习目标达成度较高。溶洞形成的演示实验，将亿万年的地质变化浓缩为两三分钟的可视过程，体现了教师的创新精神和以生为本的教学理念，但对形成机理与真实情境的一致性需进一步优化。

第 2 课时海岸和冰川相关教学充分考虑地域特征和学情特点，教学以故事导入，配以精美景观图片，吸引学生注意力，“享地理之美”，代入感较强。有效运用对比研究、问题探究等方法，落脚于合理开发和保护我国海岸地貌景观。可适当增加学生活动方面的设计，实现“悟地理之道”的目的。目前学术界对贵州是否存在第四纪冰川地貌还有较大争议，教师选择案例时最好加以说明。

点评：秦江（贵阳市第六中学）

三、乡土地理案例

贵州省地处云贵高原，拥有非常典型的喀斯特地貌，本节课可以运用的乡土地理案例种类繁多，例如兴义万峰林峰丛地貌、毕节织金洞地下喀斯特地貌等。人类活动利用和改造喀斯特地貌的案例可以选用安顺中洞苗寨（中国最后的穴居部落）、平塘射电望远镜、花江大峡谷的石漠化治理等。

◎ 毕节织金洞

织金洞位于毕节市织金县官寨苗族乡，地处六冲河南岸，是目前世界上已知洞穴大厅分布密度最大、钟乳石分布密度最高、类型最丰富、珍稀形态最多的洞穴，是名副其实的“洞穴天堂”，也是贵州省目前唯一的世界地质公园。根据课标要求，学生需要了解几种典型喀斯特沉积地貌，例如钟乳石和石笋、石柱等，正是一滴水的坚持和一滴水的耐心造就了亿万年的溶洞。

◎ 平塘射电望远镜

平塘射电望远镜作为世界最大的单口径球面射电望远镜，被作为案例选入 2017 年人教版地理必修第一册喀斯特地貌一节中。平塘射电望远镜选址地原本叫大窝凼，是一个典型的喀斯特洼地。可以引导学生分析大窝凼在基建工程量、排水等方面的优势。另一方面，喀斯特地貌区多暗河和溶洞，易坍塌，对于大型工程的建设是非常不利的。我们应该做的是遵循自然规律，因地制宜，趋利避害。

第三章　《地球上的大气》教学研究与案例设计

内容研读：陈红生　张　慧　彭泽钰

本章内容为《地球上的大气》，包含了大气的组成与垂直分层、大气受热过程、大气热力环流三节内容。本章知识容量不大，旨在让学生了解自然地理要素“大气”的相关基础知识组成，为学生学习选择性必修 1《自然地理基础》奠定基础。

大气是指包围地球的气体，也泛指包围其他星球的气体。本章主要学习包围地球的大气，具体包括其基本概念、组成、分层、受热过程和大气运动等基础知识，以及与之相关的地理事象。大气是自然环境的重要组成部分，也是最活跃的因素，在地理学科体系内容中，属于比较复杂、难度较大的教学内容。一方面在太阳辐射的作用下，大气圈内部产生一系列的复杂过程，这些过程在不同时间和不同空间尺度上相互作用，形成一个复杂的系统；另一方面其复杂多变的大气现象及其特有的运动规律与人类的生存、生产和生活存在着紧密的关系。让学生明确大气圈、大气层、大气等概念的联系与区别，了解人类如何开发利用好大气资源，较好地规避气象灾害，这都关系到人类社会能否实现可持续发展的问题，也是教学中真实情境运用的关键所在。在学业要求中，本章要求达到：

人地协调观：对大气的组成和分层有充分的认识和了解，对大气的受热过程和热力环流的形成原理进行简单分析，认识到人类活动要遵循自然规律，知道这些现象与人类生产、生活之间的关系，与自然和谐相处。

综合思维：对于给定的大气事象，能够运用地理工具，观察、描述与大气有关的自然现象；通过实验、观察等方式进行深入探究，解释大气受热、热力环流等时空变化过程。

区域认知：根据给出的资料，能够辨识日常生活区域的某些大气现象的空间分布与运动特点。

地理实践力：在教师的指导下，分组收集整理相关资料，组织开展小组讨论，合作设计并模拟热力环流的实验，获得有效的实践效果，能够在地理实践中表现出独立思考的意识和求真务实的科学态度，以及灵活运用知识的能力。

本章的教学，根据贵州省的实际情况，建议采用 4 个学时完成教学，使学生更好地达到学业质量“水平 2”的要求。

第一节　大气的组成与垂直分层

教学设计：徐　燕　文晓晶　李　福

地球不同于其他行星的特征之一，是它具有适宜生物生存的大气。包围着地球的厚厚大气，是生物乃至地球的保护层。地球上的大气变幻莫测，人类活动可能导致大气中某些成分及其含量发生变化，并影响环境和人类自身。本节内容是地球大气的重要基础，作为本章之首，是大气最为基础的部分，是本章学习的重要铺垫。

一、内容研读

◎ 内容要求

1.5 运用图表等资料，说明大气的组成和垂直分层，及其与生产和生活的联系。

◎ 认知内容

大气是指包围地球的气体，也泛指包围其他星球的气体。本条课程标准有两个认知要点：一是大气的组成成分以及不同成分的占比情况；二是组成成分与人类、生命有机体息息相关。

大气是分层的，分层的依据有多种，一般按照大气温度、密度和运动状况在垂直方向上的差异随高度分布的特征，可以把大气简化分为对流层、平流层和高层大气，每一层的特征可从气温的垂直变化、气流的运动状况以及一些物理特征等方面描述。

◎ 教材对比

全国目前使用五个版本的教材，图文并茂，逻辑清晰，都重在分析大气组成和垂直分层的特征和变化规律，并探究其与人类活动的关系，目的是培养学生的综合思维、人地协调观等地理核心素养。表 3−1 和表 3−2 针对大气的组成与垂直分层这部分内容将人教版和湘教版教材进行了简要对比。

表 3–1　人教版教材和湘教版教材“大气的组成与垂直分层”内容结构对比

版本	人教版	湘教版
页数	6 页	7 页
章节	第二章第一节	第三章第一节
内容模块	地球上的大气	地球上的大气
图表数量	图片 5 组 表格 4 张	图片 8 幅 表格 1 张
活动与材料数量	活动（探究）：3 个 阅读（案例）：1 个	活动（探究）：2 个 阅读（案例）：3 个

通过对比发现：两个版本的教材差异不大，页数、图表数量、活动与材料数量相当，都注重通过活动或探究的方式来传授知识，注重知识的获得过程；都以学生为主体，关注学生的发展。

表 3–2　人教版教材和湘教版教材“大气的组成与垂直分层”主要图表及数量对比

版本	人教版	湘教版
主要图幅	图 2.1　自由落体状态中的鲍姆加特纳 图 2.2　干洁空气成分的体积分数 图 2.3　大气污染现象举例（组图） 图 2.4　二氧化碳体积分数的变化 图 2.5　大气的垂直分层示意 图 2.6　对流层的云 图 2.7　南极上空大气臭氧总量最低值（每年 10 月份）卫星监测数据	图 3-1　干洁空气的组成 图 3-2　浓雾笼罩下的旧金山 图 3-3　大气垂直分层示意 图 3-4　在美国俄勒冈州上空拍摄的照片 图 3-5　“南极臭氧洞” 图 3-6　气象气球 图 3-7　我国 5 个城市 7 月和 8 月平均气温示意 图 3-8　西藏林芝地理位置 图 3-9　西藏林芝桃花沟

图表是地理知识内容的主要载体。从主要图幅上看，人教版教材使用量较少；在学生活动和阅读上，湘教版则涉及较多。湘教版教材更重视复杂、开放性真实问题情境的创设，即把具体任务尽可能放在真实复杂的现实情境中。在本节内容首先设置了关于紫外线增多的问题探究，引发学生的兴趣。在活动探究中，以贵阳、林芝等真实情境为例，引导学生运用地理的思维方式来分析和解决问题。

◎ 教学建议

本章学习的内容是大气，是学生学习地球的宇宙环境及其圈层结构后的自然环境要素。没有大气，就没有地球上的水和生物，也就谈不上水和生物的存在。大气对地貌的变化也有深刻影响。另外，大气间接为人类提供丰富的光、热、水等资源，对人类具有重要的意义。本节所学内容是关于大气的基本概念和基本原理知识，是学生在选择性必修 1 中学习常见天气系统、气压带和风带的基础。本节内容为大气的组成和垂直分层，属于基础性知识。因此，教师在进行教学设计时，应该把握好难度，对于高一学生而言，能达到水平 2 即可。由于大气的复杂性以及学生对地理学科特点的了解不够，缺乏良好的学习方法。因此，在实际的教学过程中，教师应该寻找多种素材帮助学生理解大气的组成与垂直分层。基于真实情境，通过问题式教学等教学方式，帮助学生形象地理解较为抽象的事物。课时建议为 1 课时。

二、教学设计案例一①

◎ 学情分析

认知基础：知识上，学生在七年级上学习过《天气与气候》，对大气有浅显却不系统的认识；通过前期学习，学生能够认识到大气圈与其他圈层的相互关系。能力上，学生具备了基本的获取信息的能力和解读信息的能力。

不足条件：初中地理学习思维培养的高阶度不够，学生对地理信息的深入解读以及揭示地理原理过程的能力不足。生活中，学生对大气的体验多停留在感性认识方面。大气看不见、摸不着，导致学生不能理解大气变化的内在原理，未能由感性认识上升到理性认识。

◎ 教学目标

1. 学生能说出大气的组成成分，并能通过现实案例理解大气成分的作用。

2. 学生阅读大气垂直分层示意图，能说出各层的名称，理解各层的特点及其与生产生活的联系。

3. 学生通过绘制大气垂直分层示意图，体会知识的发生和发展过程。

4. 学生树立人类活动要与自然相互协调，走可持续发展的观念和意识。

◎ 重点难点

1. 教学重点：说明大气的组成和垂直分层及其与生产、生活的联系。

---

① 本节课获2021年贵阳贵安说课评比一等奖，说课教师：徐燕（贵阳市第三实验中学）。

2. 教学难点：分析大气的组成和垂直分层与人类活动的联系。

◎ 教学方法

问题式教学法，问题清单详见表 3–3。

表 3–3 《大气的组成与垂直分层》问题清单一

核心问题	子问题	素养指向
大气由哪些成分组成？	1. 飞机上需要准备哪些应急设备？为什么？	人地协调观
	2. 氧气是越多越好吗？	
大气如何分层？	1. 飞机在上升过程中为什么会产生颠簸？	区域认知
	2. 飞机巡航时为什么比较平稳？	
	3. 风挡裂开后，机长为什么被瞬间吸出窗外？	
	4. 机长的手指为什么呈紫红色？	
	5. 飞机起飞时为什么要关闭手机等通信设备，无线电通信利用了哪层大气的特性？	
大气垂直分层的依据是什么？	1. 飞机遇到气流、巡航、风挡破裂、遇积雨云、机长摘下氧气面罩时的海拔高度分别是多少？	地理实践力
	2. 根据气温变化的曲线，对大气如何进行垂直分层？	
	3. 对比自己对大气的分层与教材对大气的分层，有何差异？产生差异的原因是什么？	综合思维

◎ 教学资源

多媒体课件和视频。

◎ 教学过程

本节教学过程详见表 3–4。

表 3–4 《大气的组成与垂直分层》教学过程设计一

教学环节	教师导学	学生活动	设计意图
创设情境 提出问题	【展示】播放《中国机长》宣传片。 【设问】请从视频材料中提出 1~2 个与大气相关的地理问题。 【板书】大气的组成和垂直分层	【观察】观看宣传片。 【讨论】从视频材料中提出问题，如： 1. 飞机上需要准备哪些应急设备？为什么？ 2. 飞机在上升过程中为什么会产生颠簸？ 3. 飞机巡航时为什么比较平稳？ 4. 风挡裂开后，机长为什么被瞬间吸出窗外？机长的手指为什么呈紫红色？	通过电影视频引入，激发学生兴趣，并通过学生提出问题制造悬念。

（续表）

教学环节	教师导学	学生活动	设计意图
合作探究 成果展示	【设问】飞机上需要准备哪些应急设备？ 为什么需要准备氧气面罩？ 【归纳】教师归纳学生的回答后转折，说明大气有不同的组成成分，而每一种大气成分对人类的生存都有着不同的作用。	【讨论】学生回答需要救生衣、救生筏、氧气面罩等。 【讨论】学生阅读教材第 66~67 页，完成大气的组成成分内容。 【分享】学生分享展示所填写内容。 【评价】其他学生对展示的填写内容进行评价，教师进行评价。	为学习大气的组成做好铺垫。
	【设问】氧是人类和其他好氧生物维持生命活动的基本成分，氧气是越多越好吗？ 【展示】大气中的氧气含量对人体健康至关重要。科学研究发现，适当的缺氧环境利于激发运动员的运动潜力，但含氧量太低会危害人体健康甚至危及生命。我国已建成甘肃榆中、青海多巴、云南海埂、河北兴隆、云南呈贡等国家级高原体育训练基地。 展示我国部分高原训练基地的坐标。 【评价】对学生回答的问题 1 进行表现性评价。从地形、大气密度以及人体生理机能等角度准确推测。 【评价】对学生回答的问题 2 进行表现性评价。结合含氧量下降分析达不到理想成绩的原因。	【探究】在奥运会等世界重大体育赛事中，来自非洲埃塞俄比亚、肯尼亚的中长跑运动员往往成绩优异。在非洲地形图上，找出这两个国家，归纳它们共同的地形特点。由此，你能推测这两个国家的中长跑运动员成绩优异的原因吗？ 【分享】学生回答所探究的地理问题。由于大气密度随着海拔增加而减小，所以高原地区的大气密度相对较小，每立方米空气中的氧气分子数较少，人体吸入的氧气量也相对较少。因此，高海拔地区的训练对运动员的身体各项机能要求较高，易导致血管变大变粗，需要强化运动员对氧气的充分利用，从而使他们能比平原地区更容易取得优异成绩。 【探究】目前，世界公认的平原运动员进行高原训练的最佳高度为海拔 1800~2400 米。我国高原训练基地的海拔在这个范围内吗？推测运动员在更高海拔训练反而无法取得理想成绩的原因。 【发言】学生回答所探究的地理问题。在更高海拔处训练，空气越来越稀薄，含氧量急剧下降，超过了人体的耐受力，反而使运动员的整体表现下降。	他山之石，可以攻玉。借鉴人教版教材中的活动，认识人类对自然环境特征的充分利用，培养学生的辩证思维能力。

（续表）

教学环节	教师导学	学生活动	设计意图
合作探究 成果展示	【任务】请将飞机遇到气流、巡航、风挡破裂、遇积雨云、机长摘下氧气面罩时的海拔高度分别在大气垂直分层示意左图中标注出来，并在右图中画出自地面向一定高度气温的变化曲线。 【设问】对比自己对大气的分层与教材对大气的分层，有何差异？产生差异的原因是什么？	【探究】探究对流层大气特点。从1~6中选择正确的项目填空，以表达对流层的特征。（1. 上冷下热；2. 对流运动显著；3. 水汽尘埃集中；4. 飞机颠簸；5. 降水能见度低；6. 雾霾。） 【探究】从1~5中选择正确的项目填写在流程图的空白处，以表达平流层的特征。（1. 上热下冷；2. 空气水平运动；3. 水汽尘埃少；4. 飞机平稳；5. 晴朗，能见度高。） 展示图片：平流层大气特点。	通过学生自己动手，体会知识的发生和发展过程，关注对知识过程的理解，注重问题探究。
解决问题 迁移拓展	【归纳】归纳研究地理问题的一般思路。 【展示】展示本节课的板书，归纳讲解。	【观察】观察教师的板书设计，听取教师归纳地理问题的一般思路。	宏观把握知识结构并实现知识迁移。
板书	大气的组成和垂直分层 —大气的组成：干洁空气、水汽、杂质 —大气的垂直分层：对流层、平流层、高层大气		

◎ **作业设计**

1. 在权威网站上查阅近百年来全球气温的数据，并通过电脑绘制出其变化趋势；

2. 在权威网站上查阅近百年来全球二氧化碳排放的数据，并通过电脑绘制出其变化趋势；

3. 将绘制的二氧化碳排放量和气温变化的趋势图进行比较，推测二者的相关性；

4. 在中国知网等权威数据库查阅全球气温变化的原因有哪些，验证你的结论。

◎ 教学反思

亮点：通过播放电影情节及采用问题式教学法，学生自己动手，体会知识的发生和发展过程，关注对知识过程的理解。借鉴人教版教材中的活动，认识人类对自然环境特征的充分利用，培养学生的辩证思维能力。通过知识结构化、结构问题化、问题情境化、情境生活化来构建课堂，课堂生成性较好。

不足：问题链的设置不尽合理，问题显得碎片化，不系统，目标的达成对学生的水平层次有要求。

再教设计：将碎片化的问题系统化，精简问题，保留主要的大问题，对于小问题可以采用其他方式如学生探究活动来进行处理。

点评

运用热播电影创设情境，按照“创设情境、提出问题、合作探究、成果展示、解决问题和迁移拓展”的思路进行教学设计，有较强的代入感和吸引力，对“知识结构化、结构问题化、问题情境化、情境生活化”做了有益尝试；以问题链贯穿教学过程的同时，又适时增加了一些鲜活的案例，帮助学生运用所学知识不断解决新的问题；有效挖掘和运用教材资源为教学目标服务。

设问不够精练，虽然有迁移拓展的想法，但具体设计可以进一步完善；板书的布局不够科学和美观，还可以再完善；作业设计对学生层次和学业水平要求的考虑不足。

点评：秦江（贵阳市第六中学）

三、教学设计案例二①

◎ 学情分析

认知基础：通过第1课时的学习，学生对大气的物质组成和作用有了一定的了解。

不足条件：大气是“看不见、摸不着”的，学生难以理解气温变化的规律和原因以及大气运动的规律和原因。学生只有通过课堂学习，具备这些知识以后，才能够进

① 本节课获贵阳市第七届高中地理优质课评比一等奖，执教教师：李福（贵阳市第二中学）。

一步理解大气层与人类活动的联系。

◎ 教学目标

1. 通过阅读“示意图”，说出对流层、平流层气温随海拔升高的变化特点并分析原因，提升读图能力和综合思维。

2. 通过模拟实验，推测对流层、平流层的大气运动特征，提升综合思维和地理实践力。

3. 通过合作探究，说明各层大气与人类活动的联系，学会与大气相处，提升综合思维和人地协调观。

4. 通过说出“高空跳伞宇航服”的功能，提升综合思维和地理实践力。

5. 通过情感升华，树立爱国主义情怀。

◎ 重点难点

1. 重点：通过合作探究，说明地球大气层与人类活动的联系。

2. 难点：分析对流层、平流层气温变化的原因；理解对流层、平流层的大气运动规律。

◎ 教学方法

情境教学法，问题式教学法，问题清单详见表 3–5。

表 3–5 《大气的组成与垂直分层》问题清单二

核心问题	子问题	素养指向	学业质量
1. 地球大气层的划分	说出划分地球大气层的依据和结果。	综合思维	水平 1
2. 地球大气层的特点	①结合示意图，解释对流层、平流层气温变化的原因。	综合思维	水平 2
	②结合模拟实验，说明对流层、平流层的大气运动规律。	综合思维 地理实践力	水平 2
3. 地球大气层与人类活动的关系	①说明对流层、平流层的天气现象及其与人类活动的联系。	综合思维 人地协调观	水平 2
	②说明臭氧层、电离层与人类活动的联系。	综合思维 人地协调观	水平 2

◎ 教学资源

多媒体课件，导学案及导学材料，模拟对流层、平流层大气运动的实验设备等。

◎ 教学过程

本节教学过程详见表 3−6。

表 3−6 《大气的组成与垂直分层》教学过程设计二

<table>
<tr><th>教学环节</th><th>教师活动</th><th>学生活动</th><th>设计意图</th></tr>
<tr><td rowspan="2">创设情境

提出问题</td><td>【展示】展示地球大气层图片。
【播放】配备特制宇航服的奥地利鲍姆加特纳成为自由落体速度超音速第一人的高空跳伞视频。
【设问】鲍姆加特纳穿的衣服跟我们一样吗？他为什么要穿特制的宇航服呢？</td><td>【观看】观图互动。观看视频，进入情境，产生好奇。</td><td>播放《高空跳伞》视频，创设学习情境，提出问题，引发探索兴趣。</td></tr>
<tr><td colspan="3">【承转】带着这个问题，我们一起 “走进大气层”。</td></tr>
<tr><td rowspan="7">合作探究（走进大气层）</td><td>【展示】展示大气层温度变化示意图。
【总结】我们将大气自下而上分为对流层、平流层和高层大气。其中，约 0~12km 为对流层，约 12~50km 为平流层，通常将平流层以上至大气上界部分称为高层大气。其划分依据是大气的温度、密度和运动状况在垂直方向上的差异。</td><td>根据温度变化，能够对大气进行简单分层，并说明理由。</td><td>培养学生识图、用图能力。培养学生的综合思维。</td></tr>
<tr><td colspan="3">【承转】了解大气分层后，让我们一起乘坐“太空舱”去观察大气层。</td></tr>
<tr><td>【展示】大气垂直分层示意图
【布置任务】假如你乘坐太空舱从地面到 2000km 的高空，请结合“大气垂直分层示意图”，填写“我看到的大气层”，与同学们分享。
【评价】教师或学生对分享成果进行评价。</td><td>【分享】完成“我看到的大气层”任务单，分享自己的观察结果。</td><td>培养学生识图、用图能力。培养学生的地理实践力。</td></tr>
<tr><td colspan="3">【承转】在不同的大气层中观察到了不同的现象，为什么会出现这样的差异呢？接下来，我们一起进入更深层次的探索。首先，探索气温的变化规律。</td></tr>
<tr><td>【展示】展示大气层温度变化示意图。
【设问】
1. 图中对流层、平流层的气温随海拔升高分别发生了怎样的变化？
2. 对流层、平流层气温分布有什么特点？</td><td>【探寻规律】据图指出对流层、平流层气温随海拔升高的变化规律，尝试分析导致气温变化的原因。</td><td>据图表资料，探索对流层、平流层温度变化的规律，体验知识的产生过程。</td></tr>
<tr><td colspan="3">【承转】接着，我们探索大气运动规律。</td></tr>
</table>

（续表）

教学环节	教师活动	学生活动	设计意图
合作探究（走进大气层）	【设问】 3. 根据气温分布，结合模拟实验，推测对流层、平流层大气运动规律分别是什么？ 【实验】教师与学生合作完成“对流层、平流层大气运动模拟实验”。 【实验内容】取两个杯子，在杯子内分别装入热水和冷水，用红色墨水将热水染色，把冷水置于热水之上，分别测量水温，抽出隔板，热水很快向上扩散。用蓝色墨水将冷水染色，将热水置于冷水之上，分别测量水温，把隔板抽出，可以发现冷水并没有向上扩散。 【讲解】因气温在垂直方向的分布差异，导致对流层、平流层大气运动形式不同，故而得名对流层和平流层。 【展示】展示对流层厚度在不同纬度的差异图。 4. 为什么对流层厚度在赤道上空较厚，而在两极上空较薄？（追问：对流层厚度在不同季节有何差异？）	【探寻规律】根据已获取的新知识，推测气温分布引起的大气运动。 结合模拟实验（视频）归纳对流层、平流层大气运动规律（完成实验单）。 根据对流层厚度在纬度上的差异，分析对流层在低纬较厚、高纬较薄的原因，以此进一步理解对流层厚度在季节上的差异。	据图表资料，探索对流层、平流层大气运动规律，突破学习难点，培养学生的综合思维、地理实践力和区域认知。
	【承转】探索大气，是为了能更好地与大气相处，那我们应该如何“与大气相处”呢？		
合作探究（与大气共处）	【布置任务】请同学们根据导学案的“学习材料”，通过小组合作探究，完成问题的探究，并与大家分享。 【设问】 1. 乘飞机出行，有时在机场还是细雨蒙蒙、雨丝打窗，起飞后不久，却是晴空万里、阳光普照。为什么会出现这么大的差异？ 2. 什么是“臭氧空洞”？臭氧含量减少的危害有哪些？如何保护臭氧层？ 【评价】引导学生对分享成果进行评价，再由教师归纳。	【合作探究】根据学习材料，小组合作探究地球大气层与人类活动的联系，感受“与大气相处”。 【分享】进行成果分享和补充，完善自己的必备知识体系。	能够结合材料说明大气层与人类活动的联系，突出重点，培养学生的综合思维和人地协调观。
课堂小结	本节课我们通过合作探究认识了大气的垂直分层及其与人类活动的联系。具体说来，大气层自下而上可以分为对流层、平流层和高层大气。对流层因纬度、季节等差异会出现厚度变化；对流层的气温随高度增加而递减，导致大气以对流（垂直）运动为主，天气现象复杂多变，与人类关系最为密切。平流层气温随高度增加而增加，大气以平流（水平）运动为主，天气晴朗，利于飞机飞行。高层大气中存在电离层，对无线电通信有重要作用。		对课堂知识进行小结，突出学习重点，进一步培养学生的综合思维。

（续表）

<table>
<tr><th>教学环节</th><th>教师活动</th><th>学生活动</th><th>设计意图</th></tr>
<tr><td rowspan="2">解决问题</td><td colspan="3">【承转】同学们，一般的跳伞不需要宇航服，但是高空极限跳伞需要。根据所学大气层的相关知识，说说特制宇航服具备哪些功能。</td></tr>
<tr><td>【设问】高空跳伞宇航服有哪些功能？
【总结】高空跳伞宇航服功能参考：保温、恒压、供氧、防碰撞、防磨损、防辐射、防火、隔热、易操作、有紧急按钮、定位、视听、通信、外观醒目、内衬舒适……
【升华】希望同学们刻苦学习，将来用你的智慧设计中国航天服，助力中华民族的复兴伟业。</td><td>【分享】结合大气层的环境特征和高空跳伞，说出宇航服的功能，与同学分享。如：能够保温，能够供氧，能够防摩擦、防火等。</td><td>培养学生的综合思维和地理实践力。
进行情感升华，渗透德育教育和爱国主义教育。</td></tr>
<tr><td>板书设计</td><td colspan="2"> 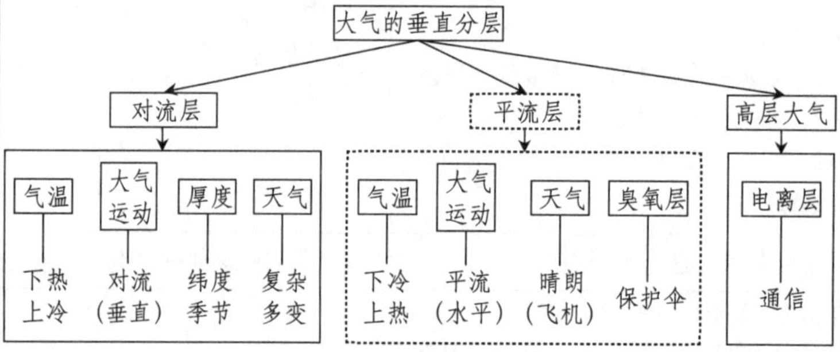大气的垂直分层
对流层：气温—下热上冷；大气运动—对流（垂直）；厚度—纬度季节；天气—复杂多变
平流层：气温—下冷上热；大气运动—平流（水平）；天气—晴朗（飞机）；臭氧层—保护伞
高层大气：电离层—通信</td><td>强化必备知识积累、逻辑联系和学科思维。</td></tr>
<tr><td>迁移拓展</td><td>【拓展】查阅贵阳市的空气质量指数，探讨减少大气污染的具体措施。
【设问】
1. 查找贵阳市 2021 年 5 月 18 日的空气质量指数，分析它属于哪一级。
2. 探讨并列举贵阳市减少大气污染的三项具体措施。</td><td>课后合作完成拓展，小组讨论、分享。</td><td>进一步落实地理实践力和人地协调观的培养。</td></tr>
</table>

◎ 作业设计

阅读图文资料，完成下列要求。

图 1 为大气垂直分层示意。臭氧层是大气层中臭氧浓度较高的区域，主要位于距离地面约 20~30km 的高空。据科学家研究，大气中的臭氧含量每减少 1%，到达

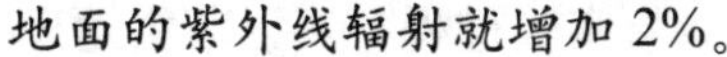
地面的紫外线辐射就增加 2%。

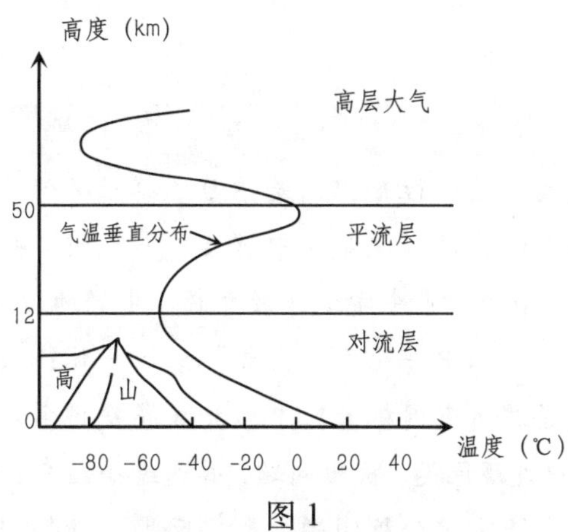

图 1

（1）指出臭氧层在大气垂直分层中所处的位置及其作用。

（2）人类生产生活主要在对流层。说明对流层的特点。

【参考答案】

（1）臭氧层主要位于平流层。臭氧能强烈吸收紫外线，臭氧层可保护地球上的生物免受过量紫外线的伤害。

（2）对流层是贴近地面的大气最低层；对流层的厚度受地面影响很大，低纬度地区大于高纬度地区，夏季大于冬季；对流层气温随高度的增加而递减；空气对流运动显著；天气现象复杂多变；等等。

◎ 教学反思

亮点：按照“情境创设—走进大气层—探索大气层—与大气共处—解决问题”设计主线，教学任务明确，递进式学习促进学生在较短的时间内节奏鲜明地学习相关知识；在“探索大气层”环节设计水流运动模拟大气运动的实验中，通过水流的实验现象，引导学生推测大气的运动规律，突破本节课的教学难点，也是对地理实践力素养培养的一种探索和尝试；注重解决实际问题，通过思考特制宇航服的一些功能，更好地理解大气层相关特征、现象及其与人类活动的联系，做到学以致用；结合情境促使学生的情感升华，渗透德育教育和爱国主义教育。

不足：在引导学生形成有效解答思路和教学评价等方面还有提升空间，教学环节以及实验设计还有待进一步优化。

再教设计：可以思考用中国航天的相关素材与课标紧密整合，也许能够有更好的代入感，也更能体现德育教育和爱国主义教育；可以考虑用透明的塑料杯子替换玻璃杯子，将安全隐患进一步降低；可以考虑让学生更多地参与实验过程，真正落实地理实践力的培养。

点评

本节是关于大气的基础性知识，是学习选择性必修1常见天气系统、气压带和风带等知识的基础，也是初中《天气与气候》知识的深化。两个案例的教学设计对本节教材在中学地理教育教学中的地位和作用分析到位；教学目标的确立关注“知识—能力—素养”三位一体；教学方法均采用问题式教学法，分别通过《中国机长》电影和《高空跳伞》视频创设情境，让学生在真实情境中发现问题、提出问题，并通过小组合作探究、模拟实验、绘制图表等，结合生活常识分析问题、解决问题，在知识构建过程中体现了对学生能力和素养的培养。整个教学过程在子问题链的导引下层层深入，环节清晰，突出了学习生活中的地理、学习对终身发展有用的地理的课程理念。问题链的设置具有逻辑性，但案例一的问题设置稍显梯度小，建议将部分问题整合优化。

点评：张玉玲（贵阳市教育科学研究所）

四、乡土地理案例

◎ “冻雨之乡”——贵州威宁

冻雨是由冰水混合物组成，与温度低于0℃的物体碰撞立即冻结的降水，是初冬或冬末春初时节见到的一种灾害性天气。

冻雨的形成原理为：在2000米以上的高空，水汽被“速冻”，以雪花或冰晶的状态存在。但在1000米至2000米的较低海拔地区，受暖湿气流的控制，温度达到冰点以上，而此时近地面温度在冰点以下，低于高空温度，形成逆温层。冰晶或雪花穿越逆温层，融化成水滴，到达近地面时又再次被迅速冷却成过冷水滴，到达物体表面，如电线杆、植物、树木等，由于周围环境低于冰点，就会形成一层冰壳，气象上称之为冻雨。

贵州是冻雨出现最频繁的地区，威宁有“冻雨之乡”的称号。贵州位于云贵高原西北侧的斜坡地带，平均海拔1100米左右，地势西高东低。每年冬季，频繁南下的北方冷气团受到云贵高原的阻挡，势力减弱，遇上来自孟加拉湾的西南暖湿气流，两股势力旗鼓相当，加上地形阻挡，锋面在此徘徊，形成云贵静止锋。当冷暖气流相遇时，因西南暖气团密度小，质量轻，暖空气位于锋面之上，而冷空气位于锋面之下，就会产生明显的逆温现象。当冰晶或雪花穿越逆温层，融化成水滴，到达近地面时又再次被迅速冷却成过冷水滴，到达物体表面，形成冻雨。威宁正好处于冷暖气团交界的核心地带，且地处乌蒙山之巅，80%以上地区海拔超过2000米，是贵州省地势最高的县。这使得威宁成为受冻雨危害最大的城镇，平均每年有41.6天出现冻雨，有“冻雨之乡”的称号。

第二节　大气受热过程

教学设计：徐　伟　杨成琴

地球上覆盖的大气层普通而又重要，如果地球上的大气层都消失了，一切生物将不复存在。正因为有了大气层的存在，造就了异彩纷呈的天空，比如蓝天、白云、朝霞、彩虹等，使我们生活的世界充满活力，青翠无涯，生机无限。

一、内容研读

◎ 内容要求

1.6 运用示意图等，说明大气受热过程与热力环流原理，并解释相关现象。

◎ 认知内容

本节教材对应的课标内容是：运用示意图，说明大气受热过程，并解释相关现象。这里所指的大气专指对流层中的大气。大气的受热过程，实际上是太阳辐射、地面辐射和大气辐射之间相互转化的过程，学生需要掌握大气的热源，以及大气是怎样受热的。本节围绕两块相互联系的内容展开，一是大气对太阳辐射的削弱作用，教材从“霞”这一现象的观测引出散射等削弱作用，运用图示揭示了太阳辐射是如何被大气吸收、散射和反射而最终到达地面的；二是大气对地面的保温作用，教材利用示意图展示了太阳辐射被大气削弱到达地面后发生了怎样的变化过程，解释了大气对地面的保温作用——“太阳暖大地—大地暖大气—大气还大地”。“温室效应”及其作用与实际生活关系密切，是本节的教学重点内容之一。

◎ 教材对比

对人教版和湘教版本节内容对比如表 3–7 和表 3–8 所示。

表 3–7　人教版教材和湘教版教材“大气受热过程”内容结构对比

版本	人教版	湘教版
页数	2 页	6 页
章节	第二章第一节 （大气的受热过程）	第三章第二节 （大气受热过程）
内容模块	一、大气的受热过程 二、大气对地面的保温作用	一、大气对太阳辐射的削弱作用 二、大气对地面的保温作用
图表数量	图片 2 组 表格 0 张	图片 5 幅 表格 0 张
活动与材料数量	活动（探究）：1 个； 阅读（案例）：0 个	活动（探究）：4 个 阅读（案例）：0 个

与人教版教材相比，湘教版该部分内容更加翔实。湘教版将大气受热过程知识单独列为节，采用更多的图文资料进行展示，用更多的活动题加强学生对此知识的掌握，同时也拓宽了学生视野。与湘教版相比，人教版对该部分知识内容的表达较为简洁，仅用 2 页篇幅，更为灵活，留给教师的空间更大。

表 3–8　人教版教材和湘教版教材“大气受热过程”主要图表及数量对比

版本	人教版	湘教版
主要图幅	图 2.9　大气的受热过程示意 图 2.10　地球和月球表面辐射过程示意	图 3-10　朝霞 图 3-11　到达地面的太阳辐射示意 图 3-13　太阳高度与太阳辐射经过大气路程长短的关系示意 图 3-14　不同性质地面的反射率 图 3-15　大气对地面的保温作用

从主要图幅上看，人教版教材使用量少，仅有 2 幅图；湘教版图幅使用量较多，增加了一些实例照片。

◎ 教学建议

建议本节课教学用 1 个课时，本节内容容量大，有着典型的“宽而浅”的特点。同时，本节内容贴近学生生活实际，涉及学生常见的生活中的一些现象。教学方法以探究式为主，要求学生多参与到课堂活动中，发挥好教师的引导作用和学生的主体作用。

进行本节内容教学之前，教师可以准备身边的例子，如校园天空的各种照片，录制的相关视频资料，以便上课时进行展示。备课时，建议参考人教版和中图版教材的相关内容，丰富教学内容。教学过程中，建议从身边的天空图片或视频入手，提出问题，激发学生学习的兴趣。

建议使用多媒体课件进行本节内容的教学，以便更好地呈现景观图片等资料。

二、教学设计①

◎ 学情分析

认知基础：学生在初中地理中学过天气、气候的知识，能识别简单的天气以及天空云层的变化等。在初中物理中学习过光学知识，能理解散射、反射等现象。学生在生活中常常见到各种不同的天气现象，能直接感知到晴天光照强、阴天光照弱这些现象。

不足条件：本节内容主要体现了地理过程，对学生认知要求较高，要求学生具备分析能力，实际生活中的现象学生们能感知、观察到，但是由于人的视线的局限性，知其然不知其所以然，学生们往往看到的是表象，对于大气对太阳辐射的削弱作用以及对地面的保温作用的原理这些知识认识较弱。

◎ 教学目标

1. 运用大气受热过程图，能正确描述大气对太阳辐射削弱作用的各种表现以及保温作用的原理。

2. 通过实例说明大气对太阳辐射削弱作用的影响。

3. 探究人类活动导致温室效应的原理机制，树立低碳生活理念。

◎ 重点难点

1. 教学重点：认识大气对太阳辐射的削弱作用和大气对地面的保温作用，这是大气受热过程中两个密切相连的环节，学生掌握之后能更好地理解其他地理现象。

2. 教学难点：描述大气保温作用的原理。因为学生缺少相应的物理学知识，学习障碍比较多，容易混淆概念。

---

① 贵阳市秦江名师工作室研讨课例，授课老师：徐伟（开阳县第一中学）。

◎ 教学方法

探究式教学。

◎ 教学资源

多媒体课件，校园天空图片。

◎ 教学过程

本节教学过程详见表 3–9。

表 3–9 《大气受热过程》教学过程设计

教学环节	教师导学	学生活动	设计意图
导入	【展示】展示 4 张校园不同时期天空的图片。 【设问】比较 4 张图片的差异。 【归纳】将学校不同时期图片颜色的差异作为本堂课探讨的问题。	【观察】仔细观察 4 张图片。 【讨论】对比四张图片，讨论存在哪些差异。 如：1. 天气状况差异； 2. 天空颜色差异； 3. 云量多少差异。	创设情境，选取天空颜色的差异作为切入点。引发学生思考，激发学生学习兴趣。
新课教学	【展示】多媒体展示“太阳辐射能量随波长的分布图”。（见课本图 1-12） 【设问】教材第 73 页探究问题 1，朝霞、晚霞的形成原因。 【评价】引导学生回忆相关的物理知识，对学生归纳的辐射的概念、意义等进行评价。 【板图】太阳辐射穿透大气层的示意过程。 【设问】 1. 大气对太阳辐射的削弱作用有哪些方式？ 2. 晴朗和多云的白天哪一个温度低？原因是什么？ 【归纳】强调各类削弱作用，针对学生不同的答案，加以正确引导。	【阅读】阅读图“1-12 太阳辐射能量随波长的分布”。 回顾本教材第一章太阳对地球影响的内容。得出结论：地球的能量来源于太阳，太阳辐射能主要集中在可见光区。 【回答】大气的散射。 【归纳】阅读教材，学生板图完成大气对太阳辐射的削弱作用的表现形式，并描述三种表现形式的特点。 【回答】校园蔚蓝色的天空、朝霞是因为大气的散射作用。 【评价】学生评价和补充散射、反射等作用。	培养学生读图、析图的能力。 通过设置问题引导学生阅读课文获取信息，从而掌握大气的削弱作用。

（续表）

教学环节	教师导学	学生活动	设计意图
学以致用	【讲述】“两小儿辩日”的故事。 【设问】如何帮孔子解答故事中小孩的疑问？ 【提示】运用不同太阳高度下太阳辐射穿过大气层路径长短差异原理。 【归纳】因早上和中午太阳高度不同，地表单位面积上获得的太阳辐射不同；太阳高度不同，太阳辐射经过大气层的路程长短不同，路程越长，太阳辐射被削弱得越多。	【聆听】回顾“两小儿辩日”的故事，用地理视角思考故事中蕴含的地理问题。 【绘图】绘图说明。 【分享】学生代替孔子回答两个小孩的问题。	运用地理知识解决生活中的地理问题，替孔子解疑，增加学生的成就感。
新课教学	【板图】绘制大气对地面的保温作用示意图。 【设问】 1. 比较太阳辐射和地面辐射波长的差异。 2. 运用热辐射原理推测地面辐射对近地面大气温度的影响。 【案例】《齐民要术》中说：“天雨新晴，北风寒彻，是夜必有霜。此时放火作煴（煴：不见火焰的燃烧），少得烟气，则免于霜矣。”	【阅读】阅读教材，理解太阳辐射穿过大气层进入地表后，使得地面增温的地理意义。 【回答】太阳辐射为短波辐射，地面辐射为长波辐射。 【分析】运用所学知识分析教师提供的晴天昼夜温差大的原因。 【迁移】解释案例中的科学依据。	绘制大气受热过程原理示意图，检测教学目标达成情况。 用《齐民要术》中的案例，让学生了解和敬重古人运用地理知识解决实际问题的智慧。
小结	大气受热过程可以概括为“太阳暖大地，大地暖大气，大气返大地”。		帮助学生理解记忆。
板书	第二节　大气的受热过程 太阳辐射 →（太阳暖大地）→ 地面辐射 →（大地暖大气）→ 大气逆辐射 大气逆辐射 →（大气暖大地）→ 地面辐射		

◎ 作业设计

图 1 为大气受热过程示意图，读图，回答 1~2 题。

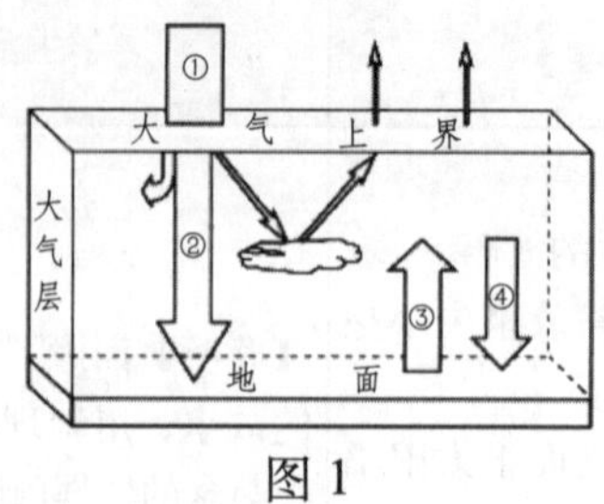

图 1

1. 在我国新疆地区，晚上气温低是因为（　　）

A. ①减弱　　B. ②减弱　　C. ③减弱　　D. ④减弱

2. 利用人造烟雾来防御霜冻的原理是（　　）

A. 减弱①　　B. 增强②　　C. 减弱③　　D. 增强④

3. 下列现象出现的先后顺序正确的是

A. 太阳辐射—地面吸收—地面辐射—大气削弱

B. 太阳辐射—地面吸收—大气削弱—地面辐射—大气逆辐射

C. 太阳辐射—大气削弱—地面吸收—地面辐射—大气逆辐射

D. 太阳辐射—大气逆辐射—地面吸收—地面辐射—大气削弱

【参考答案】

1.D　2.D　3.C

◎ 教学反思

亮点：紧扣课程目标，渗透核心素养；在教学时间安排上比较紧凑，充分体现出学生的主体地位；教学中使用中国古代两个案例作为教学资源，目的在于培养学生运用地理学科知识解决生产生活中的实际问题的同时，增加学生对中国古代文化的了解，增强民族自豪感。

不足：一是没有充分调动学生的积极性。二是学生在回答过程中教师没有评价学生的对错，没有使用更多的激励语言进行鼓励。

再教设计：一是在探究式教学过程中，探究活动中的问题应该更加明确，要有层次，从而使学生通过大气对太阳辐射的削弱作用来解释生活中的地理现象，达到学以致用的目的。二是运用探究式教学时，教师要有充分的教学准备，问题设置要多元化、生活化，才能正确、高效地引导学生，达到本堂课的教学目标。

点评

本节教学设计结构完整，教学目标确定合理，重难点判断正确。教学资源以学生身边熟悉的地理现象为主，引导学生分析形成这些地理现象的原因，培养学生学习地理的兴趣和学习积极性。学生活动以探究为主，运用中国古代“两小儿辩日”和《齐民要术》中“放火作煴”的案例，紧扣教学目标，重视学生学习能力和核心素养的培养的同时，也强调“思辨”精神的培养，以及对中国古代文明的发掘与传承。

建议开展实验探索，用实验数据帮助学生理解大气受热过程，培养学生的地理实践力；建议板书设计更加结构化，体现对综合思维的培养。

点评：张玉玲（贵阳市教育科学研究所）

三、乡土地理案例

“天无三日晴，地无三尺平”是贵州省的突出地理特征。贵州的气候温暖湿润，属亚热带湿润季风气候，气温变化小，冬暖夏凉，气候宜人。

◎ 韭菜坪

韭菜坪位于贵州境内的赫章县，包括“大韭菜坪”和“小韭菜坪”。韭菜坪2000米海拔高度山区夏季（6月~8月）平均气温为17.8~22.4℃，最高温度一般在23~28℃之间，最低气温在16.7~20℃之间，高于30℃的极端最高温度日数非常少见，夏季气候条件很适宜山地避暑旅游。

◎ 凉都六盘水

六盘水，别称凉都。属亚热带季风湿润气候区，受低纬度高海拔的影响，冬暖夏凉，气候宜人。年均温13~14℃，1月均温3~6.3℃，7月均温19.8~22℃，被中国气象学会授予“中国凉都”称号，是我国以气候特征命名的城市。

第三节 大气热力环流

教学设计：邹天琦 秦俊龙

地球不同于其他行星的特征之一，是具有适宜生物生存的大气。高空流云，电闪雷鸣，激荡长风，不仅造就了缤纷绚丽的天空，也通过光泽雨露滋养了万物生灵，更使我们人类世界生机无限。这些成就离不开背后“调度”大气中热量和水汽输送以及各种天气变化的“总指挥”——大气运动。由于地面冷热不均而形成的空气环流，称为大气热力环流。它是大气运动的一种最简单的形式。

一、内容研读

◎ 内容要求

1.6 运用示意图等，说明大气受热过程与热力环流原理，并解释相关现象。

◎ 认知内容

本节内容要求突出了对综合思维的要求，即要求学生除了掌握大气基本知识外，还应能够结合热力环流原理解释生产生活中的一些现象，例如山坡与山谷之间的山谷风、海洋与陆地之间的海陆风、城市与郊区之间的城市热岛环流等。结合课程内容要求、多版本教材的特点和贵州实际，学生应主要知道以下方面的知识：

1. 热力环流的形成原理。
2. 热力环流中气温、气压、气流三者之间的关系。
3. 大气热力环流实例，如海陆风、山谷风、城市热岛效应等。

◎ 教材对比

不同版本的教材有不同的特色和优势，以下针对大气热力环流这部分内容进行简要对比，详见表 3–10 和表 3–11。

表 3–10 人教版教材和湘教版教材“大气热力环流”内容结构对比

版本	人教版	湘教版
页数	5 页	4 页
章节	第二章第二节 （大气受热过程和大气运动）	第三章第三节 （大气热力环流）

（续表）

版本	人教版	湘教版
内容模块	三、大气热力环流 四、大气的水平运动——风	一、大气热力环流的形成 二、自然界的大气热力环流
图表数量	图片 7 组 表格 0 张	图片 5 幅 表格 0 张
活动与材料数量	活动（探究）：2 个 阅读（案例）：1 个	活动（探究）：2 个 阅读（案例）：1 个

与人教版教材相比，湘教版教材热力环流部分的内容没有将“大气的水平运动——风”单独列出，内容上更加倾向于自然界中的大气热力环流案例，说明编者希望拓展学生的视野，引导师生关注知识原理与生活情境的融合，有利于教师在课标的要求下根据个人优势组织教学内容与选择教学方法。与湘教版教材相比，人教版教材保留了知识体系的完整性，采用更多的图片、活动等方式，加强学生对此知识的掌握，为后续选择性必修内容的学习打下基础。

表 3–11 人教版教材和湘教版教材“大气热力环流”主要图幅及数量对比

版本	人教版	湘教版
主要图幅	图 2.11 热力环流的形成示意 图 2.12 城市热岛环流示意 图 2.13 海陆间的大气热力环流 图 2.14 在水平气压梯度力作用下的风向 图 2.17 海平面气压分布	图 3-17 大气热力环流的形成示意 图 3-18 山谷风示意 图 3-19 海陆风形成示意 图 3-20 城市热岛环流示意

图表是地理知识内容的主要载体。从主要图幅上看，人教版的使用量多于湘教版，增加的部分主要是“大气的水平运动——风”。不过就热力环流原理内容而言，人教版与湘教版使用的图幅差异较小，但湘教版在热力环流案例方面的图幅明显强于人教版。

◎ 教学建议

本节内容贴近学生生活实际，是中学生常见的地理知识内容。在教学中建议以实验活动为主，辅以简单原因讲解，重点使用讲解法、设问法、活动讨论法等教学方法，要求学生主动参与到课堂活动中，发挥好教师的引导作用和学生的主体作用。

进行本节内容的教学之前，教师可以准备一些生活案例，如针对贵阳市区的学生，可以拍摄贵阳夜间下雨的照片或视频，查找贵阳市雨季一日中主要下雨时间数据等资料。备课中，建议参考人教版和中图版的相关内容，找到适合自己和当地学生的素材，丰富课堂教学内容。此外，准备相应的练习题有利于该部分知识内容的随堂巩固。

本节内容的教学，建议开展热力环流演示实验，并结合板画讲解分析，最后运用多媒体课件，更好地呈现热力环流全过程运动等。教学过程上，建议紧密联系生活实际，如对城市热岛效应等案例的介绍，目的在于使学生感受到所学知识是可以解释生产生活中一些现象的有用知识，是能在改善人地关系、提升人类生活品质等方面有价值的知识原理，而非华而不实的空洞理论。用好身边素材，让学生增加见识，深入认识家乡，了解乡土地理，更加利于培养学生的区域认知、地理实践力等素养。

本节内容的教学建议使用1课时。

二、教学设计①

◎ 学情分析

认知基础：学生在初中学习过地理学的气候、物理学的热力学及气压等相关知识，有一定知识基础，且学生日常生活中能接触到的热力环流的案例非常多，如空调为何在高处，暖气片为何多在地面等。这有利于学生将抽象地理原理回归日常生活，应用热力环流解决现实问题。

不足条件：此时学生刚升入高中，从感性思维到理性思考的过程较为困难，认知流于表面，只知道“是什么”不知道“为什么”。而本节学习需要大量逻辑思考和原理分析，学生理解比较困难。此外，初中地理基本不涉及地理实验，学生的实验能力和实践力较弱。

◎ 教学目标

1. 观察热力环流演示实验，说明实验过程中发现的现象或变化，分析气温、气压、气流三者之间的关系。

2. 运用示意图，说出大气热力环流的形成过程，并运用热力环流原理解释生产生活中的一些现象（如海陆风、山谷风、城市热岛效应等）。

3. 激发学生联系生活实际，探究大气热力环流现象和原理的兴趣与动机。

◎ 重点难点

1. 教学重点：大气热力环流的形成过程，大气热力环流原理在人类生产生活中

---

① 本节课例为“基于培养高中生地理实践力的地理实验教学行动研究”课题成果，获贵州省中小学教学设计评选一等奖，授课教师：邹天琦（贵阳市第一中学）。

的运用。

2. 教学难点：大气热力环流形成的过程。

◎ 教学方法

以问题式教学法为主，辅以实验教学。问题清单详见表3-12。

表3-12 《大气热力环流》问题清单

核心问题	子问题	素养指向	素养内涵
热力环流形成原因	①纸灯笼为何会上升？ ②实验中碎纸片为何会上升？ ③自然界近地面为何会冷热不均？	综合思维	要素综合思维
热力环流形成过程	①热力环流形成的顺序是怎样的？ ②水平运动与垂直运动谁先发生？ ③水平方向上的气流运动方向是怎样的？	地理实践力 综合思维	地理实验 要素综合思维
应用热力环流解决现实问题	①为什么台湾海峡两岸风向会出现早晚变化？ ②站在太湖边的同学手中风向标指向何处？ ③鸡公岭为何多夜雨？ ④为何空调大多在高处，而暖风机多在地面？	地理实践力 综合思维	观察和解决现实问题能力 要素综合

◎ 教学资源

实验器材若干，教师实验过程视频，多媒体课件等。

◎ 教学过程

本节教学过程及实验报告详见表3-13和表3-14。

表3-13 《大气热力环流》教学过程设计

教学环节	教师活动	学生活动	设计意图
新课导入	【展示】分享诸葛亮被困平阳用孔明灯获救的故事。 【设问】①孔明灯为何上升？②什么是热力环流？	【质疑】听故事并提出疑问：纸灯笼为何能升空？ 【思考】带着问题进行课程学习。	使用学生熟悉但不了解的情境创设问题，尽量让学生主动产生怀疑。
新课学习	【讲解】结合多媒体课件，教师讲授热力环流实验涉及的知识点。	【行为】提前预习学案，边听老师讲解边完成学案。	使学生快速理解实验相关的知识点，为后续实验打好基础。

（续表）

教学环节	教师活动	学生活动	设计意图
新课学习	【行为】①指导学生分组分工；②带领学生检查实验器材，学习实验步骤；③提醒注意事项，强调团队合作意识、实验安全操作等。	【活动】根据教师引导，检查实验器材是否完备；学习实验步骤并合理分工。	通过教师指导学习实验步骤，提高学生后续实验成功率，同时了解正确严谨的实验步骤需要注意什么。
	【设问】①水流为什么会动起来？②水流运动过程是怎样的？③纸片为何会上升？	【思考】带着问题进行探究。	带着问题进行实验，避免学生在实验过程中忽略重要实验现象。
	【行为】教师观察各小组学生开展实验状况，并及时给予指导。 【评价】适当评价学生的实验展示。 【展示】展示提前录好的实验过程及结果，方便学生更好地观察。	【探究】根据要求进行热力环流水流类比实验和纸片模拟实验，填写实验过程记录。 【分享】展示实验结果并分享实验过程记录，若实验失败，总结失败经验。 【评价】其他同学聆听并提出问题及建议。	利用直观的实验增加学生对抽象概念热力环流的理解和认知，同时提高学生的动手实验能力和团队协作能力。
	【设问】①热力环流形成的原因是什么？②热力环流形成的顺序是怎样的？③水平运动与垂直运动谁先发生？④水平方向上的气流运动方向是怎样的？ 【评价】适当点评学生发言并进一步总结讲解热力环流形成原因、过程及天气状况。	【探究】根据实验和补充知识，小组合作思考探究热力环流相关问题，进一步思考绘制热力环流示意图。 【展示】请同学绘制热力环流示意图，并回答问题。	通过分享，老师能更直观了解学生的实验结果及实验报告撰写情况，及时在课堂上进行调整。同时，小组分享有助于培养学生的表达能力。
	【展示】课件展示清代首任台湾巡察御史黄叔璥在《台海使槎录》中对台湾海峡两岸风向的记载。 【设问】为什么台湾海峡两岸风向会出现早晚变化？ 【评价】适当点评学生发言并补充讲解海陆风。 【设问】孔明灯为何能升空？ 【评价】因为气流受热膨胀上升，所以才智过人的诸葛亮才能得救。	【思考】思考台湾海峡风向变化问题，同时完成“海陆风”的探究。 【思考】利用热力环流解释孔明灯上升的原因。	以史书记载创设情境，引导学生探究海陆风，既能培养学生的地理实践力，也能体现出古人的智慧和台湾自古属于我国的事实，间接培养学生的爱国情怀。同时通过回答课程导入问题，首尾呼应并及时将热力环流进行实际应用，促进学生将知识内化。

（续表）

教学环节	教师活动	学生活动	设计意图
课堂小结	【归纳】引导学生一同归纳总结热力环流形成的原因、过程及其应用。	【归纳】跟着老师一起回顾本节课知识点。	通过总结回顾知识点，让学生对本节课知识有整体认知。
课后探究	【探究】同学们课下也可以积极思考我们可以利用身边的哪些现象验证热力环流，比如空调夏季制冷和冬季制暖时风向如何？为什么？甚至可以尝试设计小实验验证热力环流。	【探究】小组完成课后探究任务：①尝试设计热力环流实验，下节课上展示实验过程结果和实验报告。②寻找身边热力环流的案例，下节课分享现象并用热力环流解释原因。	通过设计实验和寻找现象的开放性问题，提高学生的思考能力，促进学生发现并解决问题，从而提高学生的学习兴趣和思维能力，使其成为学习的真正主导者。
板书	热力环流 形成的根本原因：冷热不均 ↓ 形成过程：垂直运动 ↓ 气压差异（同水平面） ↓ 水平流动（高压到低压） 实际应用：山谷风 海陆风 城市热岛效应		

《热力环流》实验报告

一、实验用材

粗、细水管特制实验器材一个，500mL 量杯两只，1L 手持量杯一只，食用色素（蓝、红各一只），数显温度探头一只。

二、实验前准备：

1. 请核对器材，如有缺漏及时报告老师；
2. 请准备好 1 L 常温水以及常温水、热水各 500mL；
3. 请检查水阀是否已完全关闭（若无法完全密封则尽量在加水时保持仪器稳定）；
4. 请认真阅读实验步骤并做好安全措施。

（续表）

三、实验步骤

1. 往两侧粗水管中分别滴入红色食用色素和蓝色食用色素（先加色素再加水）；

2. 用手持量杯盛常温水倒入粗、细水管特制实验器中，注意水位高于水阀；

3. 轻轻振荡使色素均匀分布；

4. 用竖显温度探头分别测量冷、热水量筒中水的温度；

5. 双手握住两个细管，同时扭转 180° 打开气阀；

6. 将热力环流装置的两个粗水管分别放入冷、热水量筒中，建议将蓝色一侧放入冷水量筒，红色烧杯放入热水烧杯；

7. 观察水流变化并填写实验报告。

四、实验记录

1. 打开水阀后，静置一段时间注意观察水流的流动，描述观察到的现象并完成水流记录表：

水流记录表

粗水管	水流流向
受热一侧	
受冷一侧	
细水管	水流流向
上层	
下层	

2. 思考本实验中水体流动的根本原因是什么？

五、实验探究

1. 实验设计

尝试以小组为单位，设计实验验证热力环流。

2. 案例探究

学生分析并绘制示意图。

案例一：湖陆风

案例二：城市风

案例三：山谷风

◎ 作业设计

一、单项选择题

图 1 为“城市热岛环流示意”，读图完成 1~2 题。

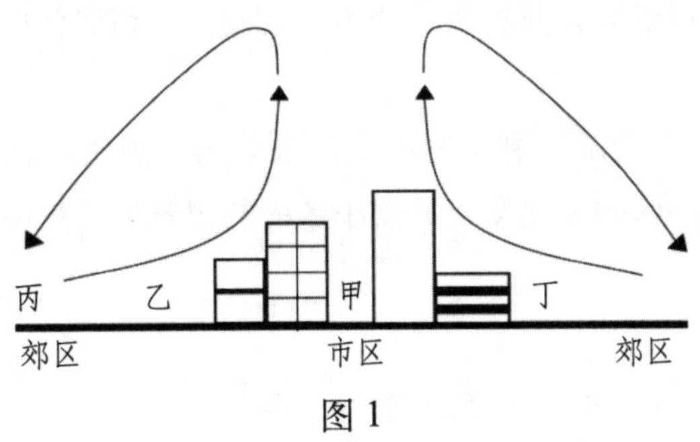

图 1

1. 图中气流以上升为主的是（　　）

A. 甲地　　B. 乙地　　C. 丙地　　D. 丁地

2. 关于该环流，说法正确的是（　　）

A. 发生在白天　　　　　　B. 发生在冬季

C. 郊区气温高于市区　　　D. 市区比郊区多雾

图 2 为“热力环流示意图”，图中①④位于近地面，②③位于高空，箭头表示气流运动方向。读图完成 3~4 题。

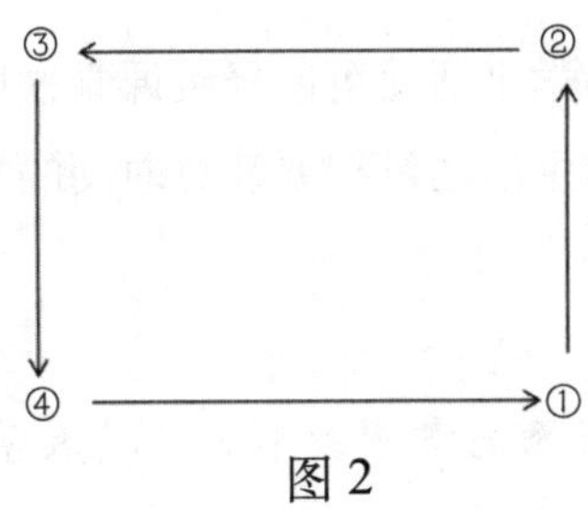

图 2

3. 四处气压由高到低排列正确的是（　　）

A. ①②④③　　B. ④②①③　　C. ④①②③　　D. ②①③④

4. 该图

A. 若为城镇与周围郊区之间热力环流，则①处为城市

B. 若为夜晚沿海地区海陆间热力环流，则①处为陆地

C. 若为白天裸地与森林间的热力环流，则④处为裸地

D. 若为白天谷地与山顶间的热力环流，则④处为山顶

二、综合实践

从以下项目中任选一项，以小组合作方式完成。

5. 以自己居住的小区或校园附近的居住区为调查对象，了解该居住区内人均绿化面积、小区绿地设置情况、该小区部分居民夏季用电量等信息，撰写一份调查报告。

如果有能力的话，还可借助计算机相关技术，自制一张该居住区热成像模拟示意图。

6. 根据自己的调查情况，利用网络资源收集相关案例，设计一份小区绿化改造方案，要求既能增加小区的绿化量，又使小区内的建筑进一步节能环保。

【参考答案】
1. A　2. D　3. C　4. A　5. 略　6. 略

◎ 教学反思

亮点：本节课基于现场演示实验，以及课前大量、细致的准备工作，运用情景化氛围组织教学。因此教师必须在课前反复进行实验，以便熟练掌握操作要领并将实验过程清晰地展示给学生，同时要通过有效的设问和风趣的语言，调整学生的精神状态，做到张弛有度、动静结合，并且还要做好必要的突发情况应对预案，灵活处置各教学环节的时间分配，合理推进教学过程。在实例教学部分，采用有趣的案例，容易激发学生兴趣。

不足：大量开展实验和学生活动可能导致课堂秩序较难维持，教学效率较低。

再教设计：在实验和学生活动过程要注意时间的把控和课堂秩序的维持。

点评

本节课采用较为新颖的案例教学／情境教学法，注重学生的参与。教学设计过程中，关注学生的课堂态度与问题生成，师生合作意识较强，对学生高阶思维培养和地理核心素养的培养有着明显的促进作用。但略有不足的是，采用两个课时进行教学，课堂容量较小，对于基础较好、能力水平较高的班级和学生来说，一是会使学生注意力出现分化和偏差，二是可能浪费了学生知能素养培养的时间。

建议根据学生能力水平的差异，不同层次采用不同课时进行教学。此外，对案例的使用可以更为精细化和贴近学生实际，可以采用一些地理学术情境；教学过程中注重以表现性（过程性）评价为主、终结性评价为辅。

点评：张玉玲（贵阳市教育科学研究所）

三、乡土地理教学资源

我省位于南方湿润地区，境内山峦密布，湿地资源丰富，选取观察大气热力环流现象的区域较为容易。在此提供相关案例，可以在教学中作为典型示例展示、知识补充等。

◎ 贵阳市多夜雨

贵阳地处云贵高原黔中山原丘陵中部，苗岭横延市境，岗阜起伏，剥蚀丘陵与盆地、谷地、洼地相间，相对高差100~200m。贵阳具有昼晴夜雨的气候特征，“天无三日晴”是“喜雨”而不是“怨雨”。夜雨之后大气中的尘埃被清洗，次日空气湿润、清新宜人，这也是贵州空气质量较好的原因之一。

贵阳在一年中的夜雨率平均达68%，其中1月占70%，4月占79%，7月占50%，10月占69%。造成这一现象的原因除了大气环流系统如锋面活动、南支槽活动、低空急流日变化等天气因素外，地形条件造成的局地大气动力、热力条件变化也是一个重要因素。

贵阳市地处低纬高原山区，属山间盆地河谷地带，白天由于谷底水体热容量较大，增温幅度不如两侧坡地上大，近地层大气较稳定，不易产生降水。夜间由于坡地地面长波辐射冷却幅度较水体大，坡地近地层的冷空气沿山坡下沉到谷底时，同时将谷底附近的暖湿气块抬升冷却凝结致雨。

◎ 贵阳市环城林带的分布与作用

贵阳市已经建成长70km，宽17km，总面积约91km^{2}的第一环城林带，形成了全国省会城市中独有的森林景观。为加强保护和建设，政府编制了《贵阳市环城林带森林质量精准提升项目建议书》。环城林带分布在城区外围，起到净化空气和吸烟除尘的作用。根据城市热岛效应，近地面空气在从乡村吹向城市的过程中，经过林带可净化空气、增加湿度。

◎ 红枫湖

红枫湖位于贵阳市以西32km，横跨清镇市、安顺市平坝区，是贵州高原上最大的人工湖泊之一，水域面积达57.2km^2。在红枫湖可以观察到较为明显的湖陆风变化，白天主要吹湖风，夜间与之相反；夏季主要吹湖风，冬季与之相反。

第四章　《地球上的水》教学研究与案例设计

内容研读：郑　建　秦　江　青　渝

水是自然环境的重要组成要素，也是地球上人类生存和发展的重要资源，海洋是地球上最主要的水体存在形式。水循环将地球上四大圈层联系起来，体现了自然界各大圈层以及要素之间的相互联系和相互影响。认识了解海洋，对于人类利用和保护海洋资源十分重要。

地球上的水体类型多种多样，海水是主要的水体。本章主要学习水循环、海水的性质和运动、海洋与人类三个内容。水循环能够塑造地表、促进水资源再生、促进地表物质迁移和能量交换，对地球自然环境有影响。海水的性质包括海水的温度、盐度和密度等，海水的运动包括波浪、潮汐和洋流等，海水的性质和运动对人类生活、生产会产生影响。在学业要求中，本章要达到的目标是：

人地协调观：通过水循环、洪涝灾害防治的学习，知道人类可以通过改变水循环过程的某个环节影响水循环，认识人类必须遵循自然规律才能与自然和谐相处；海水的性质和运动与人类生活息息相关，在海洋资源的利用中要注意可持续发展，合理、充分利用海洋资源；人类活动对海洋影响大，要注意保护海洋环境。

综合思维：通过水循环过程分析水循环的地理意义，理解水循环对地理环境的影响是多方面的；通过海水性质和运动的学习，理解海水性质和运动对人类活动的影响；利用材料分析我国洪涝灾害的成因。

区域认知：运用水循环模型，分析水循环的地理意义；运用“世界大洋 8 月表层海水温度分布”“世界大洋 8 月表层海水盐度分布”“大洋表层海水温度、盐度、密度随纬度的变化”三幅图了解海水性质的时空差异，归纳总结世界海洋温度、盐度和密度的分布规律。

地理实践力：通过学习，掌握绘制水循环示意图、运用水循环示意图归纳建立水循环模型的能力；从“世界大洋 8 月表层海水温度分布”“世界大洋 8 月表层海水盐度分布”“大洋表层海水温度、盐度、密度随纬度的变化”三幅图中读取世界海洋温度、盐度、密度分布规律，掌握读图能力；在自主学习、合作学习中收集整理资料，组织开展小组讨论，提高探究问题的能力；提高独立思考的意识、求真务实的科学态度，以及灵活运用知识的能力。

建议采用 5 个学时完成本章教学，第一节《水循环》2 学时，第二节《海水的性质和运动》2 学时，第三节《海洋与人类》1 学时，使学生更好地达到学业质量“水平 2”的要求。

第一节　水循环

教学设计：王明琳　邓婕妤　薛佳佳　胡　瑞

水是地球上最活跃的自然要素之一，也是人类生存和发展不可缺少的一种宝贵的自然资源。地球上各种形态的水体，在太阳辐射及地心引力的作用下，通过蒸发、水汽输送、凝结降水、下渗以及径流等各环节，不断发生相态变化和周而复始的运动。水循环过程促进了自然界的物质运动和能量的转换，由此对自然环境产生深刻的影响。而水循环的强弱变化可能引发区域性的洪涝灾害或干旱灾害。

一、内容研读

◎ 内容要求

1.7 运用示意图，说明水循环的过程及其地理意义。

1.11 运用资料，说明常见自然灾害的成因，了解避灾、防灾的措施。

◎ 认知内容

内容要求中“1.7（水循环）”突出了“运用示意图”这一要求，主要是使学生能通过绘制示意图或使用水循环示意图，归纳、建立水循环模型，深刻理解各种水体之间以及水循环各个环节之间的联系。该认知内容是要能说明水循环过程和水循环的地理意义。根据课标内容要求，学生应主要掌握以下方面的知识：

1. 水循环的环节、过程和类型。

2. 水循环对地理环境的重要影响。

3. 水循环将各大圈层联系起来，体现了自然界各大圈层以及要素之间的相互联系和相互影响。

内容要求中“1.11（自然灾害）”强调“运用资料”，教师在教学中最好采用情境化教学，运用现实中的一些案例，特别是身边的自然灾害，以便学生联系生活，加深理解。该条课标的认知内容是要能说明自然灾害的形成原因，以及避灾、防灾的措施。根据课程内容要求，学生应主要掌握以下知识：自然灾害的成因；避灾、防灾的措施。

◎ 教材对比

以下针对人教版和湘教教材水循环这部分内容进行了简要对比，详见表4−1和表4−2。

表4−1 人教版教材和湘教版教材“水循环”内容结构对比

版本	人教版	湘教版
页数	4页	8页
章节	第三章第一节	第四章第一节
内容模块	一、水循环的过程及类型 二、水循环的地理意义	一、“水的行星” 二、自然界的水循环 三、水循环的地理意义 四、洪涝灾害防治
图表数量	图片6组 表格1张	图片9组 表格0张
活动与材料数量	活动（思考）：1个 阅读（案例）：1个	活动（探究）：4个 阅读（案例）：1个

表4−2 人教版教材和湘教版教材“水循环”主要图幅对比

版本	人教版	湘教版
主要图幅	3.1 《宋书 天文志》中关于海水水量维持稳定的解释 3.2 水循环示意 3.3 宁夏砂田景观 3.4 砂田和裸田的蒸发量 3.5 4月末种植前砂田和裸田不同深度土壤含水量 3.6 塞纳河景观	4-1 地球上水的体积与地球体积大小对比 4-2 水循环主要环节模拟实验示意 4-3 水循环示意 4-4 正在饮水的非洲象 4-5 庐山云雾 4-6 1979年与2012年黄河三角洲卫星影像对比 4-7 遭遇洪涝灾害的自救举措示意 4-8 黄土高原鱼鳞坑 4-9 洞庭湖地区气象卫星水情监测

本节课标要求为“运用示意图，说明水循环的过程及其地理意义”，两个版本的

教材都不同程度地体现了课程标准，促进了地理核心素养培养的落实，如在图幅中都有水循环示意图。在教材结构安排上，人教版主要介绍“水循环的过程”和“水循环的地理意义”，而湘教版则在介绍“水循环及其地理意义”之前添加了“水的行星”相关内容用于介绍地球上的水，其后添加“洪涝灾害防治”用于具体讲解水循环带来的影响。湘教版在该节融入了地理信息技术，如图 4–6“1979 年与 2012 年黄河三角洲卫星影像对比”，图 4–9“洞庭湖地区气象卫星水情监测”。两个版本教材都重视人类活动与水循环的协调发展，如人教版中的图 3–4“砂田和裸田的蒸发量”，湘教版中的图 4–8“黄土高原鱼鳞坑”。

◎ 教学建议

本节教学总体上可按照“情境设疑—微课建构水循环原理—利用水循环原理探究灾害原因及避灾措施—案例探究水循环意义”的思路展开。在此过程中重点运用地理要素相互联系的观点，渗透水量平衡、水资源、环保观念以及人类活动与水循环的协调观。

在教学之前，教师可准备身边的案例，如贵阳市近些年发生的城市内涝灾害，在网上寻找城市内涝的相关图片和视频，以便上课时进行展示。教学过程中，以身边的案例进行教学，可以激发学生学习的兴趣，让学生学习生活中有用的地理，更加深入地认识家乡，了解家乡。

建议本节内容的教学使用 1~2 课时完成。

二、教学设计案例一①

◎ 学情分析

认知基础：学生在初中已学习过水资源的分布，水资源的合理利用，长江、黄河的治理与开发，洪涝灾害的成因及防治措施。生活中，学生容易了解水的相关知识。电视上，也常见到洪涝灾害，部分学生甚至经历过洪涝灾害，对洪涝灾害的危害及防治措施有一定的了解。

不足条件：本部分内容主要体现了地理事物发展的动态过程，对学生的认知要求较高，要求学生具备较强的分析能力。学生阅历浅，知识面还不够宽，对地理事物发展的动态过程难以把握。

① 本节课为贵阳市秦江名师工作室研讨课例，授课教师：王明琳（贵阳市南明区甲秀高级中学）。

◎ 教学目标

1. 结合水循环微课，绘制水循环示意图，简述水循环的主要环节、过程，识别水循环的类型。

2. 结合实例，分析水循环对自然环境的影响，说明水循环的地理意义，体会水量平衡原理。

3. 结合身边的实例，说明人类活动对水循环环节的影响，培养珍惜和保护水资源的意识，建立人类活动与水循环的协调观。

4. 结合身边城市内涝灾害的实例，利用水循环原理分析洪涝灾害的成因，阐述在面临自然灾害时宜采取的避灾措施。

◎ 重点难点

1. 教学重点：水循环过程和地理意义以及洪涝灾害的防治。

2. 教学难点：水循环的地理意义，洪涝灾害的防治。

◎ 教学方法

案例式教学，问题式教学。以贵阳市 2021 年 6 月 10 日部分城区发生的洪涝灾害为案例，设置表 4–3 中的关键问题和环节，层层递进，让学生通过独立思考、合作探究，再结合师生评价，最终得出结果。

表 4–3 《水循环》问题清单

核心问题	子问题	核心素养
贵阳市此次洪涝灾害的水从何而来？又去往何处？	1. 说出贵阳市城市内涝灾害产生的不利影响。	区域认知（区域位置） 综合思维（要素综合） 资源观
	2. 指出贵阳市内的水体类型及此次内涝灾害的罪魁祸首。	
	3. 绘制水循环示意图，描述水循环的类型及过程。	
	4. 利用水循环示意图，分析各环节主要的动力。	
	5. 判断贵阳市城市内涝的水所参与的水循环类型，并说明判断理由。	
贵阳此次洪涝灾害产生的原因及防灾减灾的措施。	1. 利用水循环示意图，指出水循环过程中水的收入环节和支出环节。	综合思维（要素综合、人对地） 人地协调观
	2. 分别举例说明人类活动对水循环各环节的影响。	
	3. 利用水循环示意图及水量平衡原理，分析贵阳市部分地区发生内涝灾害的原因。	
	4. 针对城市内涝，为贵阳市今后的防灾减灾献计献策。	
水循环的地理意义。	将水循环的地理意义与材料一一对应，并从生活中举 1~2 个例子加深对水循环地理意义的理解。	综合思维（时空综合、要素综合）

◎ 教学资源

湘教版教材，多媒体课件，贵阳市城市内涝灾害图片或视频。

◎ 教学过程

本节教学过程详见表 4–4。

表 4–4　《水循环》教学过程设计一

教学环节	教师导学	学生活动	设计意图
导入	【创设情境】道德经中说“上善若水，水善利万物而不争”，完全是这样吗？展示贵阳市 2021 年 6 月 10 日部分地区内涝图片。显然，城市内涝对人们的生产生活产生了诸多不利影响。那么，此次城市内涝的水从何而来？又去往何处了呢？	【观察】观察贵阳市内涝灾害图片，结合亲身经历，直观了解灾害带来的危害。对“上善若水，水善利万物而不争”产生怀疑。	利用身边的真实情境，让学生直观感受洪涝灾害带来的危害；设计矛盾冲突，激发学生探究的欲望。
新课教学	【展示】展示水圈构成图。 【设问】水体类型有哪些？ 造成此次贵阳城市内涝的主要因素有哪些？ 【评价】对学生的回答进行评价，补充水体类型与淡水资源的区别与联系。	【回答】学生阅读水圈构成图，回答水体类型的主要存在形式。 结合贵阳市的实际，推测造成此次城市内涝的主要因素。	从认识自然界的主要水体类型入手，为后面分析洪涝灾害产生的原因打下基础。
	【过渡】6 月 10 日在贵阳市区形成内涝的水又去往何处了？ 【展示】水循环微课。 【设问】 1. 绘制水循环示意图，简述水循环的过程及类型。 2. 利用水循环示意图，分析各环节主要的动力。 3. 判断城市内涝是水循环哪些环节出现了异常，并说明判断理由。 【评价】对学生分享的三个问题进行评价与补充。 【过渡】从收支平衡的视角看待城市内涝。 【设问】 1. 在水循环示意图中，指出收入与支出环节。 2. 分别举例说明人类活动对水循环各环节的影响。	【观看】观看水循环微课，了解水循环过程，合作完成任务。 【绘图】绘制水循环示意图。按照水循环示意图，逐一描述水循环类型、环节及动力。 【探究】结合水循环示意图，判断城市内涝主要是降水环节和地表径流、下渗及地下径流受到影响引起的。 【回答】利用水循环示意图，在图中指出水循环过程中的收入环节和支出环节。并列举生活中的例子，说明人类活动对水循环各环节的影响。 【评价】发现学生回答中可能存在的问题并进行补充完善。	利用微课提高学习效率，绘图可以使学生知识建构过程中的问题可视化，语言表述可检测学生思维逻辑的合理性，城市内涝的原因分析能够培养学生知识迁移的能力。 为分析洪涝灾害成因及防灾减灾措施提供思路，渗透水量平衡思想，培养人地协调发展观。

（续表）

教学环节	教师导学	学生活动	设计意图
新课教学	【评价】对学生的回答可采用学生评价与教师评价相结合的方式。 【归纳】在水循环过程中，当一地的水量收入和支出平衡时，当地实现人地协调发展；当水量收入与支出不平衡时，则会发生洪涝或干旱灾害。而人类的某些行为则可能会打破水量的平衡。		
	【指令】小组合作完成： 1. 利用水循环示意图及水量平衡思想，分析贵阳市部分地区发生内涝灾害的原因。 2. 为贵阳市今后防灾减灾献计献策。 【归纳】城市内涝灾害的发生既有自然原因，也与人类活动对水循环的某些环节产生不良影响有关。因此，人类对自然环境的改造应遵循自然发展规律，才能实现人地协调发展。	【讨论】各小组合作讨论贵阳市部分地区发生洪涝灾害的原因，并为今后的防灾减灾提出可行性建议。 【发言】某一小组回答，其他小组进行补充完善。	培养学生的综合思维以及人地协调发展观念，让学生掌握有关水的问题的分析思路。 教会学生在灾害面前沉着冷静面对的方法和态度。
	【过渡】水循环过程还会对水圈、生物圈及岩石圈产生哪些影响呢？ 【铺垫】材料一：南明河上游的花溪水电站，为贵阳市的生产生活提供能源保障。南明河流入清水河，后注入乌江，再汇入长江，为长江三角洲的形成发展贡献了一份沙粒。 材料二：古希腊的赫拉克利特曾断言：“人不可能两次踏进同一条河流。” 材料三：全球年平均水量收支情况图。 【设问】以上材料分别体现了水循环的哪些地理意义？ 【评价】水循环的地理意义主要有：维持全球水量动态平衡，实现物质的迁移和能量的转化，促进水体不断更新，是海陆间联系的主要纽带，塑造地表形态等。	【讨论】小组合作讨论各材料分别体现的水循环的地理意义。 【分享】材料中体现的水循环的地理意义：提供能量，实现物质的迁移和能量的转化，是海陆间联系的主要纽带，塑造地表形态等。	在以往的教学中，本部分的内容通常是利用案例让学生分析水循环所体现的地理意义，难度较大。在此，采用反向论证的方法，先告诉学生水循环有这些地理意义，再让学生利用各地理意义去对应材料，难度相对降低，同时可以提高学生的学习兴趣。 在学生回答的过程中，不断追问，让学生列举生活中的例子，以此加强对水循环地理意义的理解。
	【追问】请从水平衡、水质变化等视角，谈谈你对“水资源是取之不尽，用之不竭的”这一观点的看法。	【分享】对水资源的空间分布不均、时间分布不均、供需矛盾突出、水质容易遭受污染等方面进行辩证思考和分析。	运用地理思维培养学生的辩证唯物主义观，树立人地协调的思想。

（续表）

教学环节	教师导学	学生活动	设计意图
总结	【归纳】运用水循环原理正确看待水循环中的物质迁移与能量转换，运用水平衡原理分析区域性、阶段性的洪涝与干旱问题以及区域性水资源开发与可持续利用。		帮助学生树立正确的水资源观和可持续发展观念。
板书设计	第一节　水循环 洪涝灾害成因措施 蒸发降水；下渗；地表径流 — 人类活动 ←影响→ 水循环 — 水体类型；类型环节；地理意义 人地协调		

◎ **教学反思**

亮点：本教学设计旨在通过问题式教学培养学生综合的思维素养，通过课标解读、教材分析、学情分析，提出三大核心问题，围绕核心问题创设了一个以贵阳内涝灾害为主题的、贯穿课堂始终的情景主线，引导教学和各个环节。利用学生身边的案例引导学生快速进入情境，激发学生学习兴趣。通过整合教材、示意图、探究活动等，设置任务驱动的情景问题，引导学生开展探究活动。同时引导学生将探究成果进行现场展示，交流分享，从而培养学生的合作意识，探究精神，以及综合思维、人地协调观素养。结合家乡的水环境现状，理解水循环与人类生产生活的关系。

不足：由于希望用 1 节课的时间完成教学，所以在上课节奏上有点过急，给予学生讨论的环节时间不充裕，没做到把课堂真正交给学生。其次，在湘教版教材中，有实验的教学活动，但由于学校教学资源不足，没有做实验，而是使用微课视频代替，学生的地理实践力没有得到培养。

再教设计：把课堂真正交给学生，让学生进行充分的讨论。

点评

以学生经历过的真实情境为背景，以问题为主线，立足家乡水环境现状，理解水循环与人类生产生活的关系；以问题的解决为目的，引导学生观察地理事物的表象，探究问题本质，分享探究成果，在学习知识的同时，也培养了学科素养；运用多媒体技术辅助课堂教学适当，效果较好；板书设计有对称性美感，精练归纳了本节知识的结构，利于学生掌握与记忆。

学生有效参与课堂学习不仅要多看、多听，更要多做、多思；设问应当更加精准，比如“在水循环示意图中，指出收入与支出环节”，由于缺乏条件限制，容易让学生感到无所适从；可以适当取舍，再优化教学内容和环节，适当“留白”，让课堂教学更加从容、优雅。

点评：秦江（贵阳市第六中学）

三、教学设计案例二①

◎ 学情分析

认知基础：通过前面章节的学习，学生已经具备自然地理基础知识，尤其是学习了太阳对地球的影响，了解了地球因获得太阳辐射而升温，因而水会蒸发；能够明确水蒸发冷却，水汽达到饱和可以成云致雨，对水循环过程的知识掌握难度较小。学生通过其他科目的学习初步掌握了实验观察方法，有利于本节课实验教学的实施，水循环实验观察难度相对较小，根据生活经验，学生能够明确水循环的大多数过程，如降水、蒸发、地表径流、蒸腾等，因而能快速理解水循环的过程；关于水循环的地理意义，学生根据生活经验能够推断出部分地理意义；关于城市内涝问题，学生根据生活经验能够明确这一现象，但对于产生城市内涝的原因及解决措施需要通过本节内容的学习进行系统梳理。

不足条件：运用多幅地图和相关资料挖掘地理信息的能力还需进一步提升，尤其是利用水循环分析地理现象、解决地理问题，教师需要提供相应的指导。关于示意图的绘制，学生绘图能力存在差异，美观度存在差异，因而绘制水循环示意图要求侧重于基本原理的呈现。

◎ 教学目标

1. 通过地理实验和案例分析，描述水循环的过程并动手绘制“水循环示意图”。
2. 结合实际情境，学会分析不同区域的水循环类型。
3. 通过自主探究和小组探究，分析水循环对四大圈层的影响及水循环的地理意义。

① 本节课为“基于培养学生地理实践力的地理实验教学行动研究”课题成果，授课教师：邓婕妤（贵阳市第六中学）。

4. 结合实际情境，分析人类活动对水循环的影响，树立人地协调观及珍惜和保护水资源的意识。

◎ 重点难点

1. 教学重点：水循环的过程及地理意义。

2. 教学难点：水循环的地理意义。

◎ 教学方法

实验教学法。根据水循环的过程，开展实验教学，通过两个环节的实验观察，引导学生通过观察现象描述水循环的过程并分析水循环的地理意义，从而进一步实现知识迁移运用，即用水循环相关知识解释和缓解城市内涝问题。

◎ 教学资源

实验器材：冰块、烧杯、酒精灯、导管、玻璃烧瓶、玻璃碗、打满孔的一次性水杯、模拟地表、装满沙土的箱子、空水箱。其他教具：多媒体课件、实验观察记录单。

◎ 教学过程

本节教学过程详见表 4–5。

表 4–5 《水循环》教学过程设计二

教学环节	教师导学	学生活动	设计意图
新课导入	【展示】课件展示康定雪山、康定河、苍山洱海、黄果树瀑布、垦丁景观图。 【讲述】你见过什么样的中国？是 960 万 km^2 的辽阔，还是 300 万 km^2 的澎湃，是四季轮转的天地，还是冰与火演奏的乐章？我曾走过康定河边、爬过康定雪山，感受这座城市的柔情绵绵；也曾走过苍山洱海边，感受这里的风花雪月；也曾走过黄果树瀑布，感受它的磅礴气势，雾雨朦胧；也曾走过垦丁，感受面朝大海，春暖花开。 【设问】景观图中水的形态和水体类型。	【欣赏】旅游景观图片。 【观察】景观图中水的形态及水体类型。 【回答】景观图中水的形态有三种，分别是：固态、液态、气态；水体类型包括：海洋水、湖泊水、河流水、生物水等。	展示教师旅游途中所拍摄景观图，并配乐播放，激发学生的学习兴趣；在欣赏景观图片的过程中感受祖国大好河山的壮阔和磅礴气势，培养学生的家国情怀

（续表）

教学环节	教师导学	学生活动	设计意图
新课教学	【演示】演示实验模拟自然界水循环。 实验用品：模拟海洋、模拟陆地、三孔酒精灯、烧瓶、石棉网、导管、橡皮塞、玻璃碗、玻璃碗罩、铁架台、自来水、冰块、打满孔的一次性水杯。 【实验过程一】 1. 在烧瓶内加入适量白开水，加热烧瓶。 2. 提前在玻璃碗内放置若干冰块，用盖子盖住玻璃碗，待玻璃导管中有充足的水蒸气释放出来后，确保水蒸气能够附着在托盘上。 3. 水蒸气遇到冰冷的玻璃碗后，冷却凝结形成水滴，降落到模拟陆地上和模拟海洋上。 【实验过程二】 1. 往放置在模拟陆地上空的打满孔的一次性水杯内加入少量自来水。 2. 往放置在模拟陆地上空的打满孔的一次性水杯内加入大量自来水。 【评价】注重语言表述及其专业性、规范性。降雨及冰雪融水在重力作用下沿地表流动的水流称为地表径流，在地下流动的水流称为地下径流。地表水流进土壤称为下渗。	【任务一】对照教材模拟实验和教师所用的实验器材与装置，找出二者的区别。 【发言】主要区别：托盘换成了玻璃碗，酒精灯换成了三孔酒精灯，导管换成了弯曲形，玻璃碗上方放置了玻璃碗罩。 【任务二】 1. 观察并描述水的运动过程与形态变化。 2. 实验中水汽如何到达玻璃碗附近？推测自然界中海洋水汽是如何到达陆地上空的。 3. 实验中如何形成水汽？推测自然界中水汽的能量来源。 【分享】烧瓶里的液态水经加热变成气态水，从导管中进入陆地上空，遇冰块冷凝成液态水降水至地表，最终汇入海洋。 【任务三】 1. 观察并描述雨水降落到地表之后的运动过程。 2. 推测流入土壤中的水又会流向何处。 3. 观察水的变化，判断烧杯中的水与流入海洋中的水有何差异，推测导致差异的原因。 【分享】雨水降落到地表之后一部分会流入土壤中，一部分留在地表，一部分汇入河流流向海洋，一部分汇入地下河流流向海洋；烧杯中的水与流入海洋中的水清澈度不一样，流入海洋中的水更浑浊，原因是河流在流向海洋的过程中挟带了泥沙、有机质和无机盐。 【探究】结合实验，小组合作探究，完成问题。	发现模拟实验中存在的问题，培养学生的质疑精神。 利用实验教学，让学生在实验操作、观察中对本节教学内容产生兴趣。 学生通过实验观察，对比教师使用的实验器材和教材中实验器材的区别。 学生通过观察实验，描述观察到的现象，提升地理观察能力。

（续表）

教学环节	教师导学	学生活动	设计意图
新课教学	【板书】水循环的过程与地理意义 【设问】根据实验过程，用简练的语言表述水循环的过程及类型，从全球范围来看，水循环有何地理意义？ 探究提示：结合实验中水的运动状态和水的总量，分析水循环对水体的作用；结合实验中水的形态变化，分析水循环对不同纬度热量的作用；结合烧杯中的水与流入海洋中的水之间的差异，分析水循环对地表形态、海陆之间的影响。 【评价】总结源自对实验现象的观察和推理。 【设问】人类活动可以影响水循环的哪些环节及其地理意义？ 【评价】植树造林可以影响水分蒸发或蒸腾，从而影响土壤或空气湿度。 【创设情境】郑州遭遇极端暴雨，出现严重洪涝灾害，郑州乃至全国人民万众一心防洪抗灾。用水循环的原理分析城市内涝产生的原因，并为预防城市内涝灾害献计献策。 【归纳】对学生分享的内容从自然和人文两方面进行归纳总结。	【分享】展示水循环示意图。 实验中水的运动状态体现了水循环不断促进水体的更新；实验中水的总量几乎不变，说明水循环能够维持水的动态平衡；实验中水从液态转化为气态需要吸热，从气态转化为液态需要放热，从全球范围来看能够调节不同纬度热量收支不平衡的矛盾；实验中降水环节对地表起到冲刷作用，从全球范围来看水循环能够不断塑造地表形态，是海陆间联系的纽带。 修建水库可以调节径流，植树造林可以减少水分蒸发，地面硬化会减少下渗等。 【运用】原因：降雨强度大；路面硬化导致下渗作用减弱，地表径流增大；城市排水系统老化。措施：增强下渗；多植树造林，减少地表径流；打造“海绵城市”，增加对地表径流的拦蓄；完善城市排水系统等。	在观察中联系生活实际与全球自然环境特点，从实验现象观察到实验原理解释和地理规律探究，实现学生地理思维能力的提升。 通过分析郑州出现城市内涝的原因，以及为预防城市内涝灾害献计献策，培养学生的综合思维能力与人地协调观念。
小结	城市内涝灾害的发生既有自然原因，也与人类改变水循环的某些环节有关，人类的某些活动可能会对水循环产生不良影响。因此，人类对自然环境的改造一定要遵循自然发展规律，才能实现人地协调发展。同时对于水资源的利用应以正确的水资源观为指导，合理利用水资源。		
板书设计	**第一节　水循环** 一、水循环过程 （学生绘制的水循环示意图） 二、水循环的地理意义		

◎ **教学反思**

优点：以教材为基础，充分利用教材并挖掘了生活中的地理知识，教学资源与素材丰富。地理实验教学充分体现了对学生地理实践力的培养，即从实验设计、实验改进、实验观察等不同角度深入渗透地理实践力的培养。教学环节设计注重落实人地协调观念、综合思维能力、区域认知能力的培养，且在课程思政方面，从感受祖国的大好河山出发，注重对学生家国情怀的培养。

不足：教学中注重观察课堂上学生的学习行为，但缺乏在信息的反馈中对学生知识的掌握、能力的发展以及学习中的情感体验获取全方位的观察。

再教设计：在今后的教学中可深入思考“体验和亲历知识的发生过程、建构并融入已有的知识结构、探究和归纳事物的本质规律、迁移和应用真实的问题解决、评价并反思学习的价值意义”等层面的问题，不断提升自己的专业水平。

点评

引导学生关注时事新闻，关注生活中的地理，拓展学生的视野；注重培养学生的学科核心素养，有意识地通过实验教学弥补学生因实践活动不足而形成的思维瓶颈，从观察实验现象到探究实验原理，再运用原理归纳和解释地理规律探究，通过培养学生的地理实践力来提升学生地理思维能力；教师不断改进教材实验设计，用自己的实际行动向学生传达“实践出真知”的观念；引导学生正确看待城市内涝，并为预防城市内涝灾害献计献策，培养学生学以致用的思想和人地协调观念。

如果能让学生参与到实验，特别是参与到对实验的改进中去，学生的收获会更大。

点评：秦江（贵阳市第六中学）

四、教学设计案例三①

建议本节内容的教学使用 2 课时。第 1 课时学习水循环及其地理意义；第 2 课时学习洪涝灾害防治。

① 本教学设计案例第①课时获“贵州省第七届高中地理优质课展示评比”一等奖，执教教师：薛佳佳（贵阳乐湾国际实验学校）。

◎ 学情分析

知识基础：在知识结构上，高一学生在义务教育阶段已经了解到地球上的主要水体是海洋，还有一些其他水体，例如湖泊、河流、冰川等。并且在物理学科的学习中已经知道了水的三态变化及能量转换。在思维方式上，人教版高中地理必修第一册第一单元给予了学生对地球的整体认识，第二、三单元学习了地貌与大气的知识，培养了学生一定的抽象思维以及对地理要素间相互关系的综合分析能力。

不足条件：本节前半部分为水循环的过程与环节，在过程与环节的讲授中，学生对水在四大圈层结构中的转换了解较少，重点内容为水循环的地理意义，而水循环的地理意义对学生的综合思维要求较高，要求学生具备较强的分析和想象能力。学生才进入高中一段时间，对地理的学习不够深入，对水圈与其他圈层之间的联系理解浅显。因此在教学中应选用真实案例、具体数据、真实情境帮助学生学习；要注意把握学生的基础知识掌握程度，启发学生多思考，活跃其思维；同时鼓励学生进行探究、小组合作学习、模拟实验等，培养其逻辑思维和观察能力。

◎ 教学目标

1. 通过地理实验和案例分析，描述水循环的过程并动手绘制“水循环示意图”。

2. 结合实际情境，学会分析不同区域的水循环类型。

3. 通过小组探究，分析水循环对四大圈层的影响及水循环的地理意义。

4. 结合实际情境，分析人类活动对水循环的影响，树立人地协调观及珍惜和保护水资源的意识。

5. 运用水循环原理，简要说明家乡或某地区洪涝灾害的产生原因和危害。

◎ 重点难点

1. 教学重点：水循环的过程，水循环的地理意义。

2. 教学难点：运用水循环原理，简要说明某地区洪涝灾害的产生原因和危害。

◎ 教学方法

问题式教学，实验教学，案例式教学。问题清单详见表 4−6。

表 4–6 《水循环及其地理意义》问题清单

<table>
<tr><th>核心问题</th><th>子问题</th><th>素养指向</th><th>素养内涵</th></tr>
<tr><td rowspan="5">水从哪里来？
水到哪里去？</td><td>①郑州极端暴雨中水从哪里来，最终又去向何处？</td><td rowspan="5">区域认知
地理实践力
人地协调观</td><td>区域位置</td></tr>
<tr><td>②小组合作完成水循环示意图，并描述水循环的过程。</td><td rowspan="3">地理实验</td></tr>
<tr><td>③按照发生的空间区域不同，水循环主要分为哪几种类型？</td></tr>
<tr><td>④三种类型的水循环，哪一种类型的水循环参与水量最大？</td></tr>
<tr><td>⑤城市建设过程中硬化路面增加，主要影响水循环哪一环节？</td><td>人对地</td></tr>
<tr><td rowspan="7">水的来去有何意义？</td><td>①驱动水循环的能量主要是什么？</td><td rowspan="7">综合思维
区域认知
人地协调观</td><td rowspan="2">要素综合
区域综合
区域位置</td></tr>
<tr><td>②分析不断扩大的黄河三角洲和千沟万壑的黄土高原景观之间存在怎样的联系。</td></tr>
<tr><td>③龙羊峡水力发电利用的是什么能量？由什么能转换而来？</td><td>要素综合</td></tr>
<tr><td>④黄河与众多的大江大河东流入海，海水不溢，孰知其故？</td><td>时空综合</td></tr>
<tr><td>⑤“地表河流汇入等于海水蒸发”，这种对海水水量维持稳定的解释正确吗？</td><td>要素综合</td></tr>
<tr><td>⑥通过数据计算海洋和陆地水体的收入和支出，说出收入和支出的关系。由此得出水循环有什么地理意义？</td><td>时空综合</td></tr>
<tr><td>⑦水循环促使陆地水体不断更新，因此有人说：水资源可以永续利用，并且是“取之不尽，用之不竭”的。这种观点正确吗？</td><td>人对地
资源观</td></tr>
</table>

◎ 教学资源

湘教版教材，多媒体课件，水循环模拟装置。

◎ 教学过程

本节教学过程详见表 4–7 和表 4–8。

表 4–7 《水循环及其地理意义》教学过程设计

教学环节	教师导学	学生活动	设计意图
水从哪里来？水到哪里去？			
创设情境	【视频】播放郑州暴雨新闻视频。 这个夏天郑州遭遇了一场史无前例的极端暴雨，拥有1260万人口的郑州牵动着全国人民的心。国家气象台报道郑州7月19日22时至20日20时总降水量超过630 mm，接近当地一年的总降水量。换句话说郑州一整年的雨，一天就下完了。	【观看】学生认真观看视频，了解郑州此次极端暴雨的降水量。	本节课将郑州作为研究区域学习水循环，视频导入激发学生学习兴趣，带领学生进入情境。
提出问题	【设问】郑州此次极端暴雨一天的降水量相当于以往一年的降水量。郑州极端暴雨的降水从哪里来，最终又去向何处？	【思考】郑州暴雨的水从哪里来，最终又去向何处？	创设真实情境，以问题为线索，引导学生积极思考。
演示实验	【实验】烧瓶、石棉网、带有弯玻璃导管的橡皮塞、玻璃板、托盘、铁架台、酒精灯、火柴、自来水、冰块等。 实验过程： 1. 往烧瓶内加入适量的自来水。 2. 加热烧瓶，待玻璃导管中有充足的水蒸气释放出来，在托盘上放置若干冰袋。 3. 水蒸气遇到冰冷的托盘后，冷却凝结形成水滴，再降落到模拟陆地上。 【要求】 1. 认真观察实验过程，描述看到的水循环环节与过程。 2. 小组合作完成水循环示意图。 3. 按照发生的空间区域不同，水循环主要分为哪几种类型？	【观察】观察演示实验。 【合作】小组合作完成水循环示意图。 【展示】小组代表利用水循环示意图讲解地球上的水循环过程。 【归纳】水循环包括三种类型：陆上内循环，海陆间循环，海上内循环。	通过水循环的演示实验，学生能够直观观察到自然界水体的循环运动，将抽象的知识形象化，在此过程中培养了学生的地理实践力。
学生回答	【讲解】对小组发言进行评价和补充。 【设问】在绘画水循环示意图时，请思考海上的蒸发和降水量与陆上的蒸发和降水量之间的大小关系。 【设问】驱动水循环的能量主要是什么？	【发言】海上蒸发量和降水量远远大于陆地上的蒸发量和降水量。驱动水循环的动力主要是太阳辐射能和水的重力能。	通过学生展示，发现学生在知识建构中存在的问题，并及时引导。

（续表）

教学环节	教师导学	学生活动	设计意图
教师补充	【讲解】此次郑州暴雨，就是大量水汽源源不断地从太平洋上向陆地输送，在郑州的上空形成千年一遇的极端暴雨天气。在我国，夏季风东南季风和西南季风每一年都会从海洋上空挟带大量水汽来到陆地上空，形成降水。通过海陆间水循环，郑州极端暴雨的水汽从海洋而来，最终通过径流又再次回到海洋。 【承转】一次极端暴雨后，在城市中容易形成严重内涝，除了因为短时间内降水量太大，也有在城市建设过程中的一些工程设施对水循环产生影响的原因。 【设问】城市中硬化路面的增加，主要会影响水循环的哪一环节？	【讨论】郑州此次暴雨的水汽从海上来，最终又回到海里。 随着城市面积不断扩大，城市水泥路面、沥青路面等硬化路面不断增加，影响了下渗，下渗减少，导致城市短时间内地表径流陡增，并且难以快速排出，因此出现了城市“看海”现象。	地理学习与生活实际密不可分，培养学生用地理视角解读生活中的现象的能力。
水的来去，有何意义			
案例探究	【展示】 1. 对比 1979 年的黄河入海口与 2012 年的黄河入海口； 2. 黄土高原——千沟万壑、支离破碎的地貌景观； 3. 黄河上游龙羊峡水电站。 【提问】 1. 不断扩大的黄河三角洲和千沟万壑的黄土高原景观之间存在怎样的联系？体现了水循环怎样的地理意义？ 2. 龙羊峡水力发电利用的是什么能量？由什么能转换而来？由此得出水循环有什么地理意义？ 【实验】 千沟万壑、支离破碎的黄土高原与黄河三角洲之间的关系。	【分享】 流水侵蚀使得黄土高原地表形态千沟万壑；泥沙冲积，随河流到下游和入海口处，堆积形成三角洲。 重塑地表形态；进行物质迁移，是海陆间联系的纽带。 太阳能转换为水能，水能转换为电能，促进能量转换。	了解黄河从郑州北部穿过，增强对郑州的区域认知，思考水循环的地理意义。
聚焦家乡解决问题	【展示】展示兴义万峰林、织金洞图片。 【播放视频】喀斯特地貌的形成。	【思考】喀斯特地貌的形成与水的关系，归纳水对地貌的塑造作用。	学以致用，温故而知新。

教学环节	教师导学	学生活动	设计意图
小组探究	【设问 1】早在战国时期屈原在《天问》中就曾写下“东流不溢，孰知其故”，江河源源不断地东流但是却不会溢出，这是什么原因呢？ 【讲解】几千年来很多先哲都试图回答这一问题。公元 5 世纪，《宋书·天文志》中有人对此问题作了解释：“百川发源……归注入海。日为阳精，光耀炎炽，一夜入水，所经 竭，百川归注，足以相补。故旱不为减，浸不为益。” 【设问 2】在古时候，人们认为对于大海来说地表河流汇入等于海水蒸发。这种对海水水量维持稳定的解释正确吗？ ①“东流不溢，孰知其故？” ②日为阳精，光耀炎炽，百川归注，足以相补？ 【展示】展示全球水量收支示意图。 【设问 3】地球上的淡水资是源取之不尽、用之不竭的吗？	【发言】海上水量平衡： 蒸发量（505）= 降水量（458）+ 径流量（47）。 陆上水量平衡： 降水量（119）= 蒸发量（72）+ 径流量（47）。 【结论】全球水体处于动态平衡之中。 【分享】阐释水资源并非“取之不尽，用之不竭”的原因。	通过实际计算，帮助学生理解全球水的动态平衡，明白地球上各个水体都有自我更新的能力。
小组探究	【补充】如果人类用水过多，超过了水体更新的速度，或者水资源遭受污染，那么人类就会面临水资源不足甚至枯竭的严重局面。 【总结】 在一定的空间与时间范围内，水资源是有限的。 水是生命之源，在日常生活中我们应该秉持正确的水资源观，保护水资源，从我做起。 上善若水，水善利万物而不争。	【聆听】教师讲解，领悟“上善若水，水善利万物而不争”，感悟水之美、地理之美。	通过小组讨论“水资源不是取之不尽，用之不竭的”，保持正确的水资源观，树立可持续发展的观念。
趋利避害、与水共生			
课后思考	【提问】 一方面郑州是一个极其缺水的城市，另一方面这个城市在夏季也经常出现严重的内涝。面对这样的矛盾，请同学们利用本堂课所学的水循环知识，为改善郑州水资源现状，提交郑州市趋利避害、与水共生的创意报告。	【合作】 课后完成郑州市趋利避害、与水共生创意报告。	引导学生合作探究人类活动对水循环的影响，树立人地协调观念。

（续表）

教学环节	教师导学	学生活动	设计意图
板书设计： 水循环环节及其地理意义 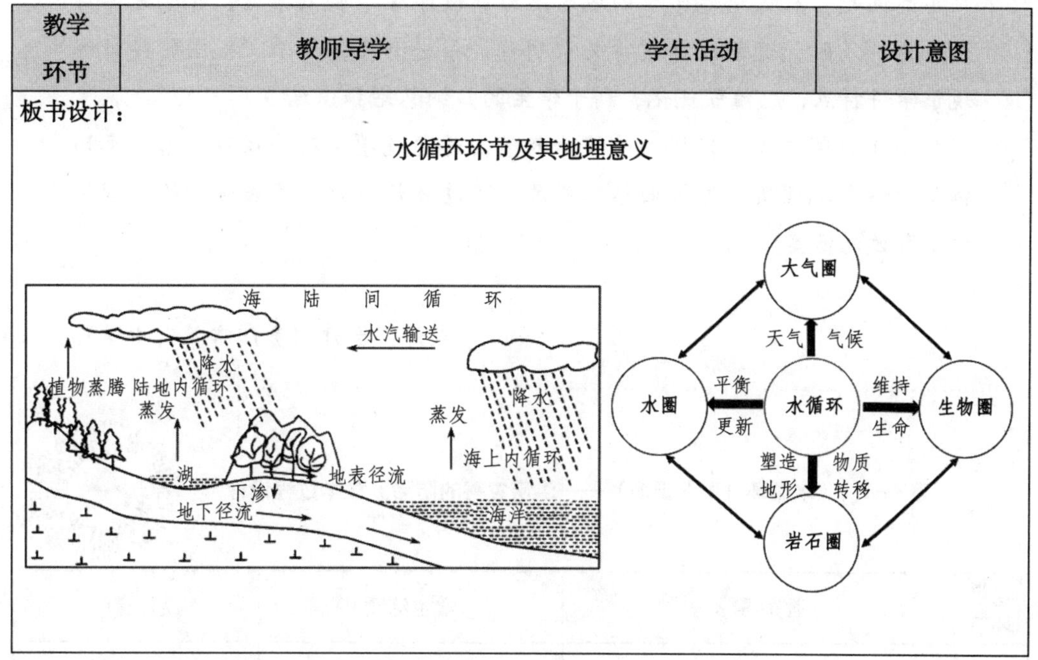			

◎ 教学反思

亮点：本节课主要采用情境式和问题式教学方法，利用时下热点郑州极端暴雨，联系河南郑州，以黄河为研究的区域载体，采用一个情境贯穿课堂教学，让学生沉浸于教学情境，用所学知识解决创设真实情境中的地理问题，层层深入，引人入胜。在问题设计方面，采用问题式教学法，认真思考本节课统领问题和核心问题、子问题之间的联系，帮助学生通过课堂设问建立知识逻辑。

不足：在进行自然界水循环的模拟实验时，整个过程都是教师全程做实验，学生的参与度不高。可以尝试让学生亲自操作实验，但是操作实验的学生需要进行课前培训。在讲解郑州极端暴雨造成严重洪涝灾害时，应该补充一些简单的防灾减灾知识，真正做到学有所用。

再教设计：课堂实验设计需要调动学生参与，可以在课前组织地理学习兴趣小组，提前让学生参与到整个实验的设计与演示中，这样才能真正提高学生的课堂参与度。

点评

联系新闻热点事件创设真实情境，采用问题式教学，围绕水循环环节和意义创设一条完整的问题链贯穿整个教学过程，对问题式教学的理解较为深刻，运用比较自如；对教材中的地理实验进行了完善和创新，引导学生结合真实情境，通过观察地理现象，发现地理规律，探究地理原理，解决实际问题，有效培养学生的地理思维；教学环节联系紧密，课堂教学评价多样、及时，追问设计逻辑关系明确，推进有序；板书、板图的设计体现了学科特点，思维可视化，利于学生的归纳总结和识记。

由于时间关系，采用实验演示教学，对通过学生动手操作，增加真切体验，培养地理实践力方面略感不足，不过教师提出的再教设计给大家提供了有效的借鉴。

点评：秦江（贵阳市第六中学）

表 4–8 《水循环（第 2 课时）——洪涝灾害的防治》教学过程设计①

教学环节	教师导学	学生活动	设计意图
新课导入	【播放】播放“河南洪涝”新闻视频。 【展示】灾情相关图文材料。 【设问】此次洪涝给河南带来了哪些危害呢？	【思考】观看视频，思考洪涝的危害。 【发言】郑州航段全线延误；地铁、道路被淹；冲毁道路；市内交通中断；停水停电……	以热点事件河南暴雨的受灾视频，为学生创设洪涝灾害情境，给学生以直观视觉冲击，吸引其注意力。
新课教学	【设问】洪水灾害和雨涝灾害有什么区别？ 【提示】阅读教材，关注核心概念。 【归纳】由于洪水灾害和雨涝灾害往往同时或连续发生在同一地区，有时难以准确界定，因此将二者统称为洪涝灾害。 【展示】历史上河南发生洪涝灾害的时间轴。	【回答】阅读教材，找到相关概念并回答。 洪水灾害：由于暴雨或冰雪融化以及水利工程失事等引起的江河湖泊水量迅猛增加，水位急剧上涨，水流冲出天然水道或人工堤坝所造成的灾害；雨涝灾害：由于大雨、暴雨或持续降雨等使低洼地区积水、淹没的现象。	引导学生回归教材，从教材中提取信息，以获取概念。

① 本节课为贵阳市高中地理学科带头人工作站研讨课例，授课教师：胡瑞（贵阳市第九中学）。

（续表）

教学环节	教师导学	学生活动	设计意图
新课教学	【过渡】历史上河南就常与洪涝作斗争，从隋开皇十八年一直到今年7月，河南地区曾多次发生洪涝灾害。为什么河南地区易发生洪涝灾害？接下来我们就一起尝试运用水循环原理，分析河南地区易发生洪涝灾害的可能原因。 【回顾】引导学生回顾水循环过程。 【设问】 1. 河南地区发生洪涝灾害，其水量收入和支出还能保持平衡吗？发生了什么变化？ 2. 直接影响水量收入和支出的水循环环节有哪些？ 【展示】河南地区洪涝成因相关材料。 【设问】结合材料，从降水、地表径流、下渗三个环节讨论河南地区洪涝灾害的成因。 【展示】展示洪涝灾害成因示意图。 【归纳】根据同学们讨论的结果，我们可以将洪涝灾害的成因总结为：原有水体丰富，地形因素等综合原因。 探究二：洪涝防治措施 【展示】洪涝灾害成因示意图。 【过渡】了解此次河南洪涝灾害的成因后，我们又该如何防治洪涝灾害呢？ 【设问】请大家根据洪涝成因，尝试为河南地区提出洪涝防治措施。	探究一：洪涝灾害的成因。 【板图】学生在黑板上画出水循环过程示意图。 （学生点评板图） 【回答】根据水量平衡原理，分析造成洪涝灾害的相关水循环环节。 1. 不平衡，收入 > 支出。 2. 收入：降水；支出：①地表径流，②下渗。 【讨论】每个小组有5分钟的时间，结合材料，进行讨论，讨论结束后小组代表上台讲解，组内同学和其他组同学进行补充。 【发言】 ①持续性强降水；②路面硬化、植被稀少，不利于下渗；③地势低平、排水不畅，排水能力有限。 【发言】提出洪涝防治措施：①增加自然路面；②完善排水系统；③植树造林……	帮助学生回忆水循环知识，并由水循环原理及其地理意义分析推导洪涝灾害的成因，温故知新。 以小组合作的形式开展学生自主学习；学生从材料中提取关键信息进行处理，并与先验知识进行关联，从而内化新知识并运用到真实情境中。

（续表）

教学环节	教师导学	学生活动	设计意图
新课教学	【过渡】根据水循环原理，还有很多措施可以实现城市雨水科学管理，比如建设海绵城市。 【展示】展示海绵城市材料。 【讲述】建设海绵城市，利于提高雨水的渗透、调蓄、净化和排放能力，实现城市良性水循环。 【过渡】2016 年贵安新区建设了一个海绵城市样本：月亮湖生态公园。 【播放】视频：贵安新区月亮湖。 【设问】刚才同学们提出的这些措施都是从政府、相关部门层面提出的。当我们遭遇洪涝灾害时，应如何自救呢?	【观看】有关海绵城市的视频及图文材料，认识海绵城市采取的措施及作用，如修建植草沟、铺设渗水砖等。 【分享】归纳“海绵”对防御洪涝灾害所起的作用。 【分享】结合生活经验，分享自救措施：不要惊慌，沉着应对，等待救援；避免下水……	让学生介绍防治措施，有助于思考，发挥其主观能动性。 通过学生熟悉的地区的海绵城市建设样本，吸引学生兴趣，同时帮助学生直观认识到洪涝防治措施的作用。 培养学生的防灾意识，了解和掌握灾情发生时的自救措施。
课堂小结	【总结】本节课我们认识到洪涝灾害的危害，学习了洪涝灾害的概念、类型。并从水循环的原理出发，探究了洪涝灾害的成因及解决措施。我们只有规范自己的行为，将对水循环及其他自然地理过程的干预控制在合理范围内，才能实现人与自然和谐共处。		让学生认识到不合理的人类活动对自然环境的影响，提高人地协调意识。
板书设计	4.1 水循环（第 2 课时） ——洪涝灾害防治 陆地 湖 海洋 洪涝灾害：危害；类型（洪水灾害、雨涝灾害）；成因（降水↑、下渗↓、地表径流↑ ……）→防治措施		

◎ 作业设计

（2020 年 12 月贵州学业水平考试）下沉式绿地是低于周围地面的绿地，通过利用开放空间承接和贮存雨水，达到减少径流外排的作用，可用于调蓄和净化径流。下图示意下沉式绿地横剖面结构。读图完成 1~2 题。

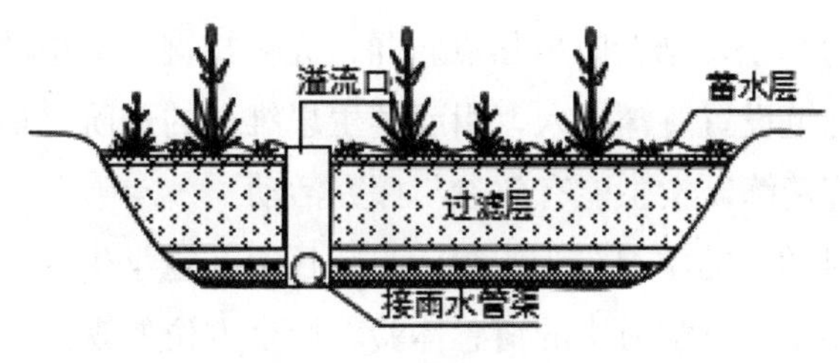

图 1

1. 下沉式绿地直接改变的水循环环节，主要有（多选）（　　）

A. 地表径流　　B. 水汽输送　　C. 大气降水　　D. 下渗

2. 下沉式绿地给城市带来的影响有（多选）（　　）

A. 缓解城市内涝　　　　B. 提供饮用水

C. 美化城市环境　　　　D. 净化径流

一场“沁人心脾的雨水”，也许是杜甫的“随风潜入夜，润物细无声”那场春雨，也许是苏东坡的“竹杖芒鞋轻胜马”经历的那场疾雨，也许是戴望舒“撑着油纸伞”的那场烟雨……下图示意水循环局部，读图完成 3~4 题。

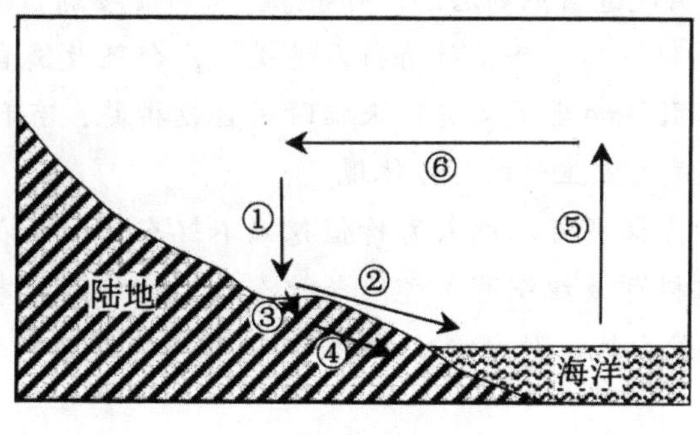

图 2

3.“春雨、疾雨、烟雨”到达地面后，至回归海洋期间，其经历的环节可能是图中的（　　）

A. ①②③　　B. ②③④　　C. ③④⑤　　D. ④⑤⑥

4.“沁人心脾的水”最可能参与了（　　）

A. 调节全球水热平衡　　　　B. 陆地水资源更新

C. 改变地壳物质成分　　　　D. 地表形态的塑造

【参考答案】

1. AD　2. AD　3. B　4. A

◎ 教学反思

优点：以教材为基础，结合时事热点新闻，充分挖掘生活中的地理知识；教学资源与素材丰富；问题链设置逐渐深入，引起学生思维上的进阶，最后落实学习目标；课堂环节完整，语言精练，学生能有效参与探究活动。

不足：教学中对学生的学习行为观察不足，还需注重学生的信息反馈，对学生知识的掌握、能力的发展以及学习中的情感体验获取全方位的观察；调动学生学习积极性方面略有欠缺；在进行素材选取时要注意取舍，把握课堂容量。

再教设计：注意学生课堂回答的信息反馈，以便及时纠正或调整学生的错误认知；备课时，对于素材的选取应更有目的性、针对性，敢于取舍；找准学生兴趣点，通过语言表达或活动设置，调动学生积极性。

点评

引导学生关注时事热点，尝试运用所学知识说明生活中的地理现象，通过案例分析、问题研究等多种方式，帮助学生多视角了解洪涝灾害的危害，对自然心怀敬畏；引导学生运用地理原理分析洪涝灾害的成因，从学科的视角思考洪涝灾害的防治措施，积极参与防灾、避灾措施的讨论，培养学生因地制宜、积极改造自然的思想；引导学生分析贵安新区海绵城市案例，培养学生以乐观积极的心态正确看待人地关系，合理改造自然，树立可持续发展的理念；引导学生关注灾害来临时的自救措施，有利于培养学生的地理实践力，更是关爱生命的具体体现。

对新闻素材等课程资源的教育价值挖掘不够充分，可以结合灾害来临之际党和政府积极有效组织有关部门保护人民生命财产的案例，对学生进行爱党、爱国、爱人民，努力学习，将来投身国家建设的思想教育。

点评：秦江（贵阳市第六中学）

五、乡土地理教学资源

◎ 海绵城市与贵安月亮湖

海绵城市，是新一代城市雨洪管理概念，是指城市在适应环境变化和应对雨水带来的自然灾害等方面具有良好的“弹性”，也可称之为“水弹性城市”。下雨时吸水、蓄水、渗水、净水，需要时将蓄存的水“释放”并加以利用。

2017 年，贵安新区作为全国首批海绵城市试点开始兴建。月亮湖公园则是贵安新区海绵城市设计理念的典型样板。它位于贵安新区中心区西南部的湖潮苗族布依族乡，是一个植物多样、水生生物种类丰富、湖田美景令人赏心悦目的湿地公园。

在月亮湖公园的中心广场、停车场地面都铺设有透水砖。透水砖下面连接盲管，具有良好的渗透性。下雨时，雨水可以渗透进绿地存储起来，在干旱时再释放出来。除此之外，开阔区域还设置了下凹式绿地、卵石渗井等。这些设施，都和透水砖一样，可以加快雨天透水，有效提高城市排水系统的标准，除缓减城市内涝压力外，对河、湖、池塘、绿地、花园等自然“海绵体”，也起到很好的保护作用。

在月亮湖公园，很多生态处理设施都以园林景观的面貌出现，其中绿地就是一个巨大的雨水调蓄池，公路上的雨水最先流进这里。月亮湖生态湿地还种植了大量芦苇、狐尾藻等净化能力强的水生植物，这些植物自带水体净化功能，使得汇入月亮湖的水体得到进一步净化。其实，月亮湖公园本身就是一套精密的水循环系统，里面处处可以看到巧妙的雨水收集设施。此外，在月亮湖公园的山丘下，可以看到很多长满草的小沟渠，这就是生态植草沟，可收集多余的雨水，将雨水传输至下游的月亮湖，而且植草沟里面的植物还能够净化水流。

第二节　海水的性质和运动

教学设计：邹娅玲　李　福

水圈是自然环境的四个基本圈层之一，而海洋是水圈的主体，海水的性质（主要指海水的温度、盐度、密度）和运动（主要指波浪、潮汐、洋流）对人类的生活和生产影响巨大。认识海洋、了解海洋，对于我们人类利用和保护海洋资源十分重要。

一、内容研读

◎ 内容要求

1.8 运用图表等资料，说明海水性质和运动对人类活动的影响。

◎ 认知内容

内容要求中“1.8（海水的性质和运动）”强化“运用图表等资料”这一要求，突出对学生运用图表等资料获取地理信息能力的培养。该条课标的认知内容规定了要能说明海水性质和运动对人类活动的影响。掌握海水的性质和运动是为了进一步正确揭示其对人类活动的影响（区域认知及人地协调观）作重要的知识铺垫。根据课标内容要求，学生应主要知道以下几个方面的知识：

1. 海水温度、盐度和密度的水平和垂向分布规律，重点是影响分布的主要因素。
2. 海水温度、盐度和密度与人们生产生活的关系。
3. 海水的基本运动形式：波浪、潮汐、洋流。
4. 海水运动对人类活动的影响。

◎ **教材对比**

以下针对海水的性质和运动相关内容进行简要对比，详见表 4-9 和表 4-10。

表 4-9　湘教版教材和人教版教材“海水的性质和运动”内容结构对比

版本	湘教版	人教版	
页数	13 页	13 页	
章节	第四章第二节 （海水的性质和运动）	第二节 （海水的性质）	第三节 （海水的运动）
内容模块	一、海水的性质 （一）海水的温度 （二）海水的盐度 （三）海水的密度 二、海水的运动	一、海水的温度 二、海水的盐度 三、海水的密度	一、海浪 二、潮汐 三、洋流
图表数量	图片 16 组 表格 0 张	图片 21 组 表格 0 张	
活动与材料数量	活动（探究）：7 个 阅读（案例）：4 个	活动（探究）：4 个 阅读（案例）：4 个	

表 4-10　湘教版教材和人教版教材“海水的性质和运动”主要图幅对比

版本	湘教版	人教版
主要图幅	4-10　正在作业的“雪龙”号科学考察船 4-11　8 月份世界海洋表层水温分布 4-12　太平洋 170°　W 附近三个观测站海水温度随深度的变化 4-13　8 月份世界海洋表层盐度分布 4-14　海洋表层盐度、温度随纬度的分布示意 4-15　长江口盐度分布 4-16　河口河水与海水交换示意	3.7　“长尾鲨”号核潜艇 3.8　太平洋西经 170° 低纬度某个观测站水温随深度变化的曲线 3.9　世界大洋 8 月表层海水温度分布 3.10　“雪龙”号 3.11　葫芦岛、厦门和西沙海洋站的表层海水月平均温度 3.12　世界大洋 8 月表层海水盐度分布 3.13　长芦汉沽盐场

（续表）

版本	湘教版	人教版
主要图幅	4-17 不同纬度海区海水盐度随深度的变化示意 4-18 长芦盐场 4-19 大西洋表层海水密度、温度和盐度随纬度的分布示意 4-20 不同纬度海区海水密度随深度的变化示意 4-21 波浪 4-22 钱塘江涌潮 4-23 科隆群岛景观 4-24 直布罗陀海峡两侧海水盐度、温度剖面及海水流向 4-25 欧洲鳗鲡的生命周期及洄游路径示意	3.14 河北唐山曹妃甸的海水淡化车间 3.15 红海和波罗的海沿岸地区的水系及代表地多年平均各月气温和降水量 3.16 大洋表层海水温度、盐度、密度随纬度的变化 3.17 新加坡滨海堤坝位置示意 3.18 新加坡滨海堤坝景观 3.19 诺曼底位置示意 3.20 波浪要素示意 3.21 青岛的海堤 3.22 福建霞浦紫菜养殖场 3.23 浙江温岭的江厦潮汐电站 3.24 钱塘江口位置示意 3.25 钱塘江大潮 3.26 洋流交汇海域浮游生物的卫星影像 3.27 纽芬兰岛位置示意

本节内容对应的课程标准是“运用图表等资料，说明海水性质和运动对人类活动的影响”。人教版和湘教版教材都采用了大量的图表对海水性质和运动这一内容进行图文并茂的展示，两套教材在图像总数量上相差 5 组，人教版各模块之间和模块内各部分内容的图幅都比湘教版多，使抽象知识具体化，学生更容易理解。新课程标准对教材编写也提出了“重视对地理问题的探究，适当安排学生的探究活动”这一要求，与人教版相比，湘教版的活动更多，加强了学生对此知识的掌握的同时，也拓宽了学生的视野。教师在进行教学时，可以将两套教材的优点进行整合，基于学生学情，合理选取案例进行教学。

◎ 教学建议

从教学内容上来看，第一部分“海水的性质”主要涉及物理性质，是可以量化的，温度、密度、盐度等可以通过图表展示，教材也提供了多幅图表，教师要利用好这些图表，引导学生阅读，让学生学会阅读图表的方法。例如，指导学生阅读“8 月份世界海洋表层水温分布”“太平洋 170° W 附近三个观测站海水温度随深度的变化”，海水盐度和海水密度的图可以交给学生，让学生自主阅读，通过阅读图表掌握影响海水物理性质分布和变化的主要因素。

第二部分“海水的运动”知识内容较多，要认识波浪、潮汐、洋流，贵州是内陆省份，对于学生来说，亲身体验大海的机会少，但知识难度不高。教师在本节课中对运动的成因不必过分探究，以后会在选择性必修 1“自然地理基础”中进行更深入的学习。因此这一阶段应将重点放在海水运动对人类活动的影响，可以通过活动探究和大量的案例及视频加深学生对海洋的理解，说明海水运动对人类生产生活的影响。

在教学方法上，教师可以采取案例教学、问题式教学、实验教学，对温度、盐度、密度等物理性质可以通过实验来理解，海水运动的动力也可用实验演示。

建议本节内容的教学使用 2 课时，第 1 课时学习海水的性质，第 2 课时学习海水的运动。

二、教学设计

◎ 学情分析

认知基础：学生在初中阶段的物理课和化学课上简单学过温度、盐度、密度等概念，可将已有知识迁移运用到对海水理化性质的概念理解中。高中学生具备一定的调查研究、逻辑思维和分析能力，但缺乏对地理问题深层次的探究能力、开放性思维能力及解决地理实际问题的能力。

不足条件：海洋距离我们较远，有很大一部分学生没有看到过真正的海洋，生产、生活经验缺乏增加了教学难度。

◎ 教学目标

1. 通过示意图，描述表层海水性质（温度、盐度、密度）的分布特征及其垂向变化特征。（综合思维、区域认知）

2. 通过合作探究，理解海水运动（波浪、潮汐、洋流）对人类生产生活的影响。（综合思维、区域认知、人地协调观）

3. 结合生活，举例说明海水性质、海水运动对人类生产生活的影响。（人地协调观）

◎ 重点难点

1. 教学重点：描述海水性质（温度、盐度、密度）的水平分布特征和垂向变化特征，说明海水运动（波浪、潮汐、洋流）对人类生产生活的影响。

2. 教学难点：简单分析影响海水盐度的主要因素。

◎ 教学方法

问题式教学，案例式教学。

◎ 教学资源

湘教版教材，多媒体课件。

◎ 教学过程

第 1 课时《海水的性质》、第 2 课时《海水的运动》的教学过程分别见表 4–11 和表 4–12。

表 4–11 《海水的性质》教学过程设计

教学环节	教师导学	学生活动	设计意图
情境导入	【讲述】2016 年 7 月 11 日，我国“雪龙”号科学考察船从上海出发，沿着“白令海—楚科奇海—加拿大海盆区域—楚科奇海台区域—北冰洋高纬海域—门捷列夫海岭海域”的既定路线，在途中各海域投放温盐仪、水下滑翔机、深水锚碇潜标等，观测海水的温度、盐度、密度等。 【展示】展示“雪龙”号科考船及投放温盐仪的图片。 【过渡】海水的温度、盐度和密度是海水的基本性质，许多海洋现象都与这些性质有关。让我们跟随“雪龙”号科考船，一起去认识海水的性质。	【观察】聆听讲述，观察图片，了解“雪龙”号第七次北极科考的真实情境，在课件中阅读“雪龙”号考察路线，了解其跨越的不同纬度区域，带着问题进入课程学习。 【归纳】根据“雪龙”号记录的数据归纳不同海区温度、盐度、密度的变化规律。	以“雪龙号”第七次北极科考的图文资料设计情境，激发学生兴趣，引领课堂学习。
预习检测	【设问】 1. 什么是海水的温度？海水温度主要取决于什么因素？ 2. 什么是海水的盐度？世界海洋的平均盐度是多少？海水的味道既咸又苦的原因是什么？ 3. 什么是海水的密度？海水密度的影响因素主要有哪些？ 【评价】对学生预习检测进行评价。 【过渡】了解了海水性质的相关基础后，让我们跟随“雪龙”号考察船，一起去探寻海水的温度、盐度、密度的相关规律。首先，探讨海水温度的相关规律。	【发言】海水温度是海水冷热程度的反映。主要取决于海水热量的收支状况。其收入主要来源于太阳辐射，支出主要通过海水蒸发。 海水盐度指溶解于海水中的盐类物质与海水质量的比值。世界海洋的平均盐度约为 35‰。海水的味道既咸又苦，主要是因为含有氯化钠（味咸）和氯化镁（味苦）。 海水密度指单位体积海水的质量。其主要影响因素有温度、盐度、压力等。	检测学生的预习效果，明确基础知识，为学习海水温度分布规律打下基础。

（续表）

<table>
<tr><th>教学环节</th><th>教师导学</th><th>学生活动</th><th>设计意图</th></tr>
<tr><td colspan="4">海水的温度</td></tr>
<tr><td>合作探究（海水温度分布规律）</td><td>【板书】海水的温度
【展示】图 1“8 月份北太平洋表层海水平均温度分布”，图 2“太平洋 170° W 附近三个观测站海水温度随深度的变化”。
【设问】
1. 据图指出“雪龙”号航行中，上海—白令海峡段海水平均温度随纬度变化的规律，并说明原因；
2. 据图指出长江口海域（A 地）和加利福尼亚半岛西侧海域（B 地）海水温度差异，并说明原因；
3. 据图推测“雪龙”号考察船出发时、返回时长江口海域海水温度差异；
4. 在图 2 中标注出甲、乙、丙三个观测站的大致位置，并说明理由；
5. 归纳三个观测站海水温度变化曲线的共同特征。
【评价】对学生的回答进行归纳评价。</td><td>【探究】通过小组合作探究，观察海水温度分布示意图，描述海水温度的纬度、季节、垂直分布等规律，并尝试从太阳辐射、季节、洋流、热导率等方面分析其原因。
【分享】
1. 海水温度的水平分布规律：表层水温从低纬向高纬递减。
2. 同一海区的水温，夏季高，冬季低。
3. 影响表层海水温度的因素主要有：太阳辐射（纬度）、季节、洋流等。
4. 垂直分布规律：①海水温度随深度增加而递减；② 1 千米内，变化幅度大；③ 1 千米以下，变化幅度小；等等。</td><td>通过小组合作探究，学习海水温度分布的相关规律，同时培养学生的读图能力以及综合思维、区域认知等素养。</td></tr>
<tr><td>讨论（海水温度对人类生产生活的影响）</td><td>【过渡】海水温度的变化与我们的生活息息相关，主要体现在哪些方面呢？
【设问】结合教材和生活常识，讨论海水温度对人类生产生活的影响。
【板书】影响
【过渡】海水的盐度是否也具有与温度相似的分布规律呢？让我们一起来探讨。</td><td>【讨论】结合生活常识，能够就海洋运输、渔业生产、大气温度、海水温差能发电等方面的实际例子作简要说明。</td><td>能够结合生活常识及所学知识，探讨海水温度对人类生产生活的影响，培养学生人地协调观及综合思维等素养。</td></tr>
</table>

（续表）

教学环节	教师导学	学生活动	设计意图
海水的盐度			
合作探究（海水盐度分布规律）	【展示】图1“8月份北太平洋表层盐度分布”，图2“海洋表层盐度、温度随纬度的分布示意”，图3“长江口盐度分布（夏季）”，图4“红海和波罗的海位置示意图”，图5“不同纬度海区海水盐度随深度的变化示意”。	【探究】通过小组合作探究，观察海水盐度分布示意图，描述海水盐度的纬度、季节、垂直分布等规律，并尝试从蒸发量、降水量、洋流、淡水注入、海区形状、结冰、融冰等方面分析其原因。	
合作探究（海水盐度分布规律）	【设问】 1. 据图指出沿170° W从赤道至北极圈，海水盐度随纬度变化的规律，并说明原因； 2. 描述夏季长江口海域盐度等值线的分布特点，并分析其成因； 3. 比较图2中A、B、C三地盐度高低，并分析原因； 4. 分析红海和波罗的海盐度差异显著的原因； 5. 推测“雪龙”号在北极附近海域利用温盐仪观测的海水盐度在垂直方向的变化特点； 6. 指出不同纬度海区海水盐度随深度的变化特征。 【评价】对学生的探究成果进行评价。 【过渡】海水盐度的变化也与我们的生活息息相关。主要体现在哪些方面呢？	【分享】能够结合图片和探究，分享如下观点： 1. 海水盐度的水平分布规律：从副热带海区分别向低纬度和高纬度海区递减（呈马鞍形曲线）； 2. 其影响因素主要有：蒸发量、降水量、洋流、淡水注入、海区形状、结冰、融冰等。 3. 垂直分布规律：①浅表层盐度比较均匀；随着深度增加，盐度会发生显著变化；到一定深度，盐度又近似均匀分布。②中低纬度海区，表层盐度较高，随深度增加，盐度降低；高纬度海区，表层盐度较低，随深度增加，盐度升高。	通过小组合作探究，学习海水盐度分布的相关规律，同时培养学生的读图能力以及综合思维、区域认知等素养。
讨论（海水盐度对人类生产生活的影响）	【设问】结合教材和生活常识，讨论海水盐度对人类生产生活的影响。 【板书】影响 【过渡】海水的密度是否也具有与温度相似的分布规律呢？让我们一起来探讨。	【讨论】结合生活常识，能够就海洋生态，渔业生产，获取盐、镁、溴等资源等方面的实际例子作简要说明。	能够结合生活常识及所学知识，探讨海水盐度对人类生产生活的影响，培养学生的人地协调观及综合思维等素养。

（续表）

教学环节	教师导学	学生活动	设计意图
海水的密度			
合作探究（海水密度分布规律）	【展示】图 1“大西洋表层海水密度、温度和盐度随纬度的分布示意”，图 2“不同纬度海区海水密度随深度的变化示意”。 【设问】 1. 据图分析表层海水密度随纬度变化的规律； 2. 据图分析表层海水密度与海水温度、盐度的关系； 3. 指出海水密度随深度的变化特征。 【评价】对学生分享成果进行评价和归纳。	【探究】观察海水密度分布示意图，描述海水密度的纬度、垂直分布等规律，并尝试从温度（热导率）、盐度、压力等方面分析其原因。 【分享】 1. 表层海水密度从低纬向高纬递增； 2. 低纬度海区：浅表层海水密度较低、变化小；随着深度增加，海水密度迅速增大；到一定深度，密度基本不变。 3. 高纬度海区：海水密度在垂向上变化很小。	通过小组合作探究，学习海水密度分布的相关规律，同时培养学生的读图能力以及综合思维、区域认知等素养。
总结提升	【讲述】海水的性质主要包括：温度、盐度和密度。我国一直不间断地进行南、北极的科学考察，其根本目的在于深入了解极地、海洋等在大气、水等方面的性质和变化，致力于解决全球性问题，助力全人类的可持续发展。	参照板书，构建思维体系，回顾课程学习内容。	从知识体系、思维构建等方面进行总结，强化综合思维素养的培育，并渗透环保理念。
拓展延伸	【展示】轮船“吃水线”示意图及文字说明。 【设问】在世界地图上，设计一条航线，分析同一艘轮船在同一季节行驶在不同海域时轮船吃水线深度的变化特点及其原因。 【提示】联系物理学中密度与浮力的关系。	【探究】根据文字和图片材料提示，小组合作于课后设计一条航线，探讨轮船吃水线深度的变化及原因。 【分享】下次课进行小组汇报分享。	联系物理学中密度与浮力的关系，结合地理学中密度的时空分布规律，进行跨学科融合。

（续表）

教学环节	教师导学	学生活动	设计意图
板书设计	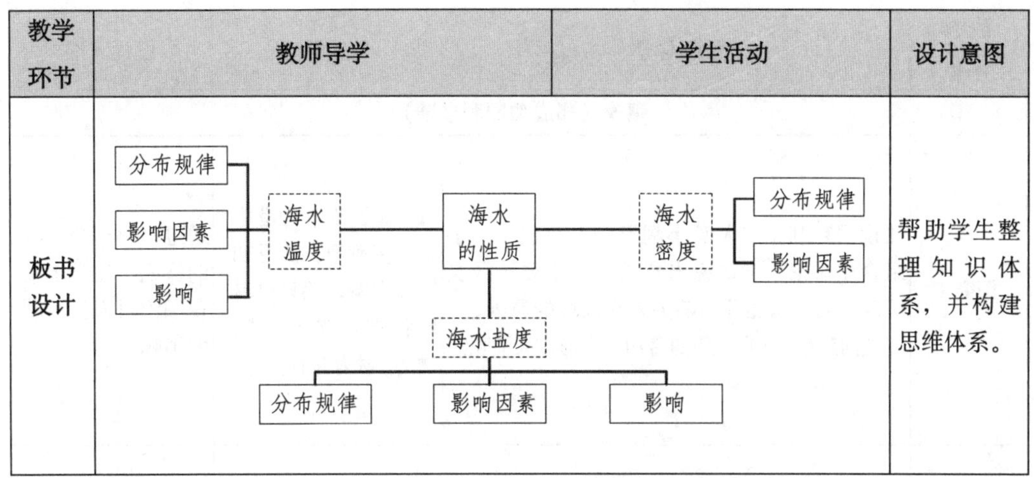		帮助学生整理知识体系，并构建思维体系。

表 4–12　《海水的运动》教学过程设计①

教学环节	教师导学	学生活动	设计意图
创设情境	【情境创设】郑成功与荷兰在台湾的战争始末。1624 年，荷兰殖民主义者侵占中国台湾。郑成功下决心赶走侵略军。1661 年 3 月，郑成功亲自率领 2.5 万名兵将，分乘百艘战船，从金门出发，越过台湾海峡，在澎湖休整几天准备直取台湾…… 【提问】同学们听完郑成功与荷兰在台湾的战争始末，有什么疑惑吗？	【思考】认真听完郑成功收复台湾的战争始末，陷入沉思。	通过郑成功收复台湾这一真实历史事件创设情境，引导学生提出问题。
问题呈现	【板书】对学生的问题进行归纳并板书。 1. 为什么一定要选择农历四月初一从鹿耳门港突入赤嵌城呢？ 2. 为什么郑成功预料时间与荷兰援军实际航行时间不一致呢？ 3. 为什么巴达维亚派来援助荷兰的舰队无法靠岸呢？ 【过渡】本节课我们就围绕这三个问题探究海水运动的主要形式。	【质疑】根据材料，在教师引导下提出疑问：为什么一定是农历四月初一呢？为什么不能靠岸呢？为什么三个月援军就抵达战场了呢？……	根据真实情境创设问题，以问题为线索，引导学生积极思考并为后续的探究活动作铺垫。

① 本节课获2021年贵阳贵安第七届高中地理优质课评比一等奖，执教教师：邹娅玲（贵阳市第六中学）。

（续表）

教学环节	教师导学	学生活动	设计意图
潮汐（郑成功顺利登陆）			
探究 1	【设问】利用“大潮小潮形成示意图”，小组合作讨论，尝试说出郑成功一定要选择农历四月初一从鹿耳门港突入赤嵌城的原因。 【追问】为什么在农历四月初一会形成大潮呢？	【讨论】鹿耳门港水浅又多礁石，四月初一涨大潮，船只可以顺利进入，节省人力、物力、财力并且安全。	通过对第一个问题的探究，让学生发现潮汐对人类活动的影响。
潮汐对人类活动的影响	【讲解】潮汐的概念、形成原因及周期。 【承转】在我国，你听说过最壮观、最有名的潮汐现象发生在哪里？ 【播放】钱塘江大潮视频。 【提问】潮汐除了可以作为旅游资源供我们观赏外，现代生活我们是如何来利用潮汐的呢？ 【举例】潮汐发电。 【提问】除了潮汐发电，我们在生产生活中还可以如何利用潮汐呢？	【发言】思考后发言：天体之间存在引力，太阳、月球对地球的引力使得海水涨起形成大潮。	
潮汐对人类活动的影响	【举例】潮间带采集、养殖活动，船舶进出港口。 【小结】发电、养殖等，包括本节课探究的第一个问题，郑成功就是利用潮汐规律把登陆时间选择在潮汐现象最为明显的四月初一，这些都是人类对潮汐的利用。	【运用】根据案例提示，举例说明在不同领域人类对潮汐规律的具体运用。	根据学生知晓概念、理解成因、应用分析的学习规律，逐步追问，完成潮汐的学习过程，为洋流、波浪的学习思路打基础。
洋流（荷兰军队请求支援）			
探究 2	【指令】利用“荷兰军队求援和增援时间与风向示意图”，小组合作讨论，尝试说出郑成功预料时间与荷兰援军实际航行时间不一致的原因。	【讨论】返回时顺风又顺水，速度快，节省时间。	运用对比分析的方法，培养地理思维能力。

（续表）

教学环节	教师导学	学生活动	设计意图
洋流对人类活动的影响	【讲解】洋流的概念，洋流的分类。 【过渡】刚刚我们已经提到洋流对航海的影响：顺洋流航行速度快，逆洋流航行速度慢，告别了帆船时代，顺洋流航行还可以节省燃料。洋流的影响还表现在气候、生物、环境等领域。 【活动】利用学案补充的图表材料三、四、五，总结归纳洋流对地理环境的影响，汇报学习成果。 【归纳】洋流对沿岸气候的影响。暖流：增温增湿；寒流：降温减湿。寒暖流交汇处和有明显上升补偿流处易形成大型渔场。洋流会加快净化速度，扩大污染范围。 【小结】洋流对航行、气候、生物、环境等领域的影响，也间接影响着人类的生产生活。	【理解】根据墨西哥湾暖流热感影像图理解洋流的概念和分类。 【讨论】通过补充的图表材料，小组成员讨论并总结归纳，派代表汇报学习成果。从辩证的角度了解洋流对人类活动的有利和不利影响。	引导学生初步认识洋流，根据墨西哥湾暖流的特点对洋流下定义。通过分析图文材料，培养团队合作意识，锻炼信息整理与表达能力，落实区域认知与综合思维素养的培养。
波浪（荷兰援军无法上岸）			
探究3	【指令】自主阅读教材第100页，尝试说出巴达维亚派来援助荷兰的舰队无法靠岸的原因。	【自主学习】根据波浪的特点和成因，得出结论：风大浪大，无法靠岸。	学生自主学习和探究，增强自信心。
波浪对人类活动的影响	【讲解】波浪的概念。 【提问】波浪能够影响军事战争，在生活中，我们如何利用波浪呢？ 【举例】冲浪，海上作业。 【小结】不同的生产生活活动对波浪的要求不相同，安全起见，进行海上活动前，需要提前收看波浪预报。 【思考】俗话说“无风不起浪”，但是海上无风也起浪，请同学们课后思考这又是为什么。	【理解】根据图片进一步理解波浪与风的关系。	引导学生认识到波浪对人类活动的有利影响，提出课后思考，让学生从综合的角度看待事物，分析地理问题。
总结提升	我们从一个真实历史事件中发现问题、获取信息、发表观点、相互质疑，最后解决问题。历史上，郑成功收复台湾，维护了中华民族的利益，捍卫了中国主权和领土的完整。当前，台海形势复杂严峻，两岸关系紧张对立，作为当代青年我们需要做什么呢？ 【补充】借用习近平总书记的话：当代青年要肩负起历史赋予的重任，就必须化爱国之情为报国之行，刻苦学习，锤炼自己，把满腔的爱国热情化为报国之行。	【回顾】参考板书，回顾本节课所学知识。 【发言】收复台湾，维护国家团结，维护民族统一。	从知识、方法、素养等方面进行总结，提高学生分析地理问题的思维能力。同时，提到台海形势，培养学生的家国情怀。

（续表）

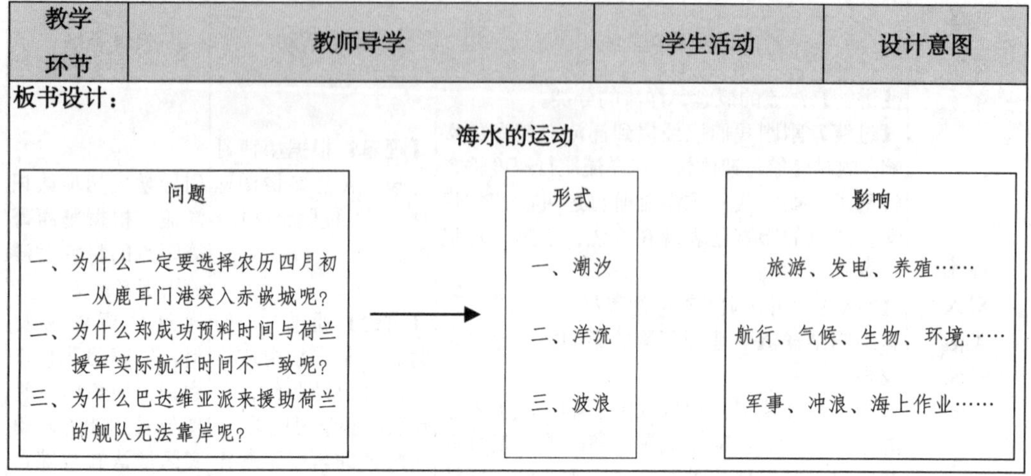

◎ 作业设计

地球上约97%的水储存在海洋中，海水的性质和运动对人类活动有着重要影响。下图示意“大洋表层海水温度、盐度、密度随纬度变化”。据此完成下面小题。

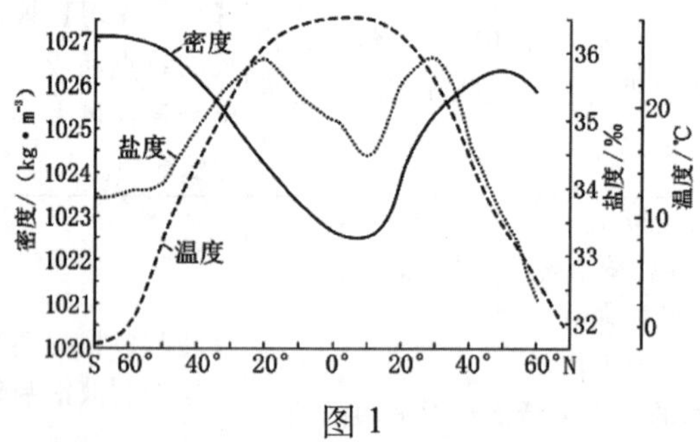

图 1

1. 由图可知，大洋表层海水（　　）

A. 副热带海域的盐度最高　　B. 温度随着纬度升高而升高

C. 密度随纬度升高而降低　　D. 温度与密度变化趋势一致

2. 受海水温度影响较大的人类活动是（　　）

A. 海轮顺着洋流航行　　B. 到海滨浴场游泳

C. 开发沿海风能资源　　D. 到钱塘江观大潮

3. 下列表达正确的是

A. 风浪、海啸、洋流是海水运动的三种主要形式

B. 潮汐是海水在风作用下发生的周期性涨落现象

C. 海浪侵蚀作用形成面积广阔的沙滩地貌

D. 寒暖流交汇的海域，易形成大的渔场

4. 阅读图文材料，完成下列要求。

纽芬兰渔场位于北美大陆的东海岸纽芬兰岛附近，下图为纽芬兰岛位置图。早在16世纪，这里的鱼群非常密集，人们甚至用“可以踩着鳕鱼背在海面上行走”来形容。经过几个世纪的开发，特别是20世纪50年代大型机械化拖网渔船开始在渔场作业后，纽芬兰渔场的鱼群数量急剧下降。

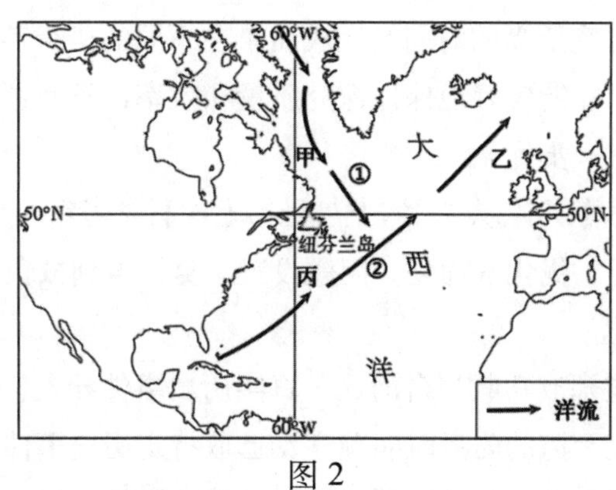

图2

（1）判断①、②两处洋流的性质。

（2）从海水运动角度说明纽芬兰渔场的形成原因。

（3）比较甲、乙、丙三处表层海水温度差异，并分析主要原因。

【参考答案】

1.A　2.B　3.D

4.（1）①处为寒流；②处为暖流。

（2）寒暖流交汇的海域，海水受到扰动，将下层营养盐类带到表层，有利于浮游生物大量繁殖，为鱼类提供饵料。

（3）表层海水温度：丙＞乙＞甲。原因：丙海区纬度比甲、乙海区低，太阳辐射相对较强（正午太阳高度角大），水温较甲、乙海区高；甲、乙海区纬度相近，但乙海区有暖流流经（甲海区有寒流流经），故而乙海区水温高于甲海区。

◎ 教学反思

第1课时教学反思

亮点：创设情境，提出问题。创设以“‘雪龙’号第七次科学考察”为载体的学习探究情境，提出两个核心问题，引导学生进行课程学习。合作探究，成果展示。通过展示图片资料，设置任务驱动的情境问题，引导学生开展探究活动，力求帮助学生认识海水的性质，理解海水温度、盐度、密度在水平方向及垂直方向的分布规律，并简要探讨海水温度、盐度对人类生产生活的影响，同时引导学生将探究成果进行现场展示和交流分享，从而培养学生的合作意识、探究精神，以及综合思维、区域认知、人地协调观等素养。迁移拓展，培养素养。通过设计海洋航线，结合海水密度的分布规律，尝试分析轮船吃水线深度的变化特点及其原因，达成学以致用的检测效果，培养学生综合思维和地理实践力素养。

不足：学生合作探究所需的时间及完成质量在不同的班级存在较大差异，需要教师的灵活引导和调控，才能较好地保证探究质量和效率；子问题的设计数目较多，学习任务较重，还有待进一步优化。

再教设计：可以思考具体以"'雪龙'号第七次科学考察"为载体，设计针对性、趣味性更强的情境任务，优化（简化）问题设置，努力做到减负提质。

第 2 课时教学反思

亮点：本堂课通过郑成功收复台湾这一真实历史事件导入，吸引学生的兴趣，通过图文材料，按照收复台湾的先后时间顺序，选取特定历史事件中蕴含的地理现象设置三个地理问题，分别对应"潮汐""洋流""波浪"的学习。本堂课主线鲜明，以问题为线索，带领学生深入学习了潮汐、洋流、波浪对人类活动的影响。情境导入，情境贯穿整个课堂，一境到底，使本堂课主线鲜明，知识系统化、情景化，教学各环节十分完整；本堂课通过小组合作探究的形式，课堂探究有深度、有内涵。让学生协作分工寻找答案，全体学生都参与到了学习交流的过程中，各小组组内分工明确，主持人、发言人、记录员各司其职，各小组在问题展示的过程中，积极踊跃参加，气氛活跃，课堂学习效果良好。

不足：在每一个步骤结束时，过渡自然但却缺少了中心内容的再次强化和总结，学习需要反复强调，需要梳理整体框架，这样能够使得课堂重点更加突出。

再教设计：在教学中精简教师的语言，在学生已经理解到位的环节可适当加快速度。这样就能在教学中对中心内容再总结，对出现的地理思想方法再强化。

点评

课时分配和内容安排合理。两节课都注重学习情境的创设和问题的设计，海水的性质运用"雪龙号"科考创设情境，设计两个核心问题。而海水运动则是挖掘真实的历史事件，设置三个核心问题形成一条逻辑关系密切的问题链。两节课都很好地做到了情境创设为问题设置服务，问题设置为学生探究活动服务，探究活动为达成教学目的服务，最终落实学科核心素养的教学指导思想。第 1 课时基于教学目标的情境化问题式教学，有利于学生在真实情境中观察地理现象，思考地理问题；基于地理逻辑思维的方法指导，有利于引导学生深入探究地理要素的内在联系；基于运用规律以解决实际问题的案例分析，在检测教学目标达成情况的同时，有利于培养学生的综合思维和地理实践力。第2课时从地理学科的视角解读真实的历史事件，一境到底的地理探究，代入感强；有效组织探究活动，有序推进课堂教学，在探究过程中有效培养学生的地理逻辑思维，较好地体现了以生为本、学科融合的新教改理念。课例很好地体现了课堂教学的有效性在于教师是否“用心、用智、用情”。

第1课时建议根据学业水平的要求，适当降低学业负担，有效帮助学生进行地理思维建模。第2课时建议在镜头转换、问题转承方面再下些功夫。

点评：秦江（贵阳市第六中学）

第三节　海洋与人类

教学设计：王炳福　刘明娅

海洋对人类的生存和发展至关重要。海洋为人们提供了丰富的食物和资源，海水养殖、石油开发、填海造陆等活动让人类获得了丰富的回报，海洋交通运输更是具有重要战略地位。如今，越来越多的高新技术应用于海洋开发，促使海洋产业迅速发展。但是，不合理的海洋开发也使得海洋的生态环境面临着多种威胁。

一、内容研读

◎ 内容要求

1.8 运用图表等资料，说明海水性质和运动对人类活动的影响。

◎ 认知内容

海水性质主要指海水的温度、盐度和密度。海水运动主要指波浪、潮汐和洋流。

内容要求中“说明”一词要求学生通过学习达到理解水平，在教学时可以运用与海洋有关的图片、图表、视频以及文字资料等作为辅助。

内容要求中的“影响”一词是该条内容的核心，可分解为两个维度：一是海洋对人类有什么样的影响，二是人类活动对海洋带来什么样的影响。影响又是辩证的，既有有利的一面又有不利的一面，人类如何处理好与海洋的关系，尽可能减少彼此之间的不利影响，促进彼此之间的有利影响，这是学生在学习中应该去重点探索的。

◎ 教材对比

贵州省使用的教材主要是人教版教材和湘教版教材，下面对这两个版本中“海洋与人类”这部分内容进行对比分析，详见表 4–13 和表 4–14。

表 4–13　人教版教材和湘教版教材“海洋与人类”内容结构对比

版本	人教版	湘教版
页数	13 页	7 页
章节	第三章第二节 （海水的性质） 第三章第三节 （海水的运动）	第四章第三节 （海洋与人类）
内容模块	一、海水的性质 二、海水的运动	一、海洋为人类提供丰富的资源 二、人类活动对海洋的影响
图表数量	图片 11 组 表格 0 张	图片 6 组 表格 0 张
活动与材料数量	活动（探究）：2 个 阅读（案例）：4 个	活动（探究）：3 个 阅读（案例）：4 个

人教版教材比较注重学科知识的系统性和条理化，与人教版教材相比，湘教版将“海洋与人类”知识单独列为一节，采用更多的阅读进行展示，旨在提升学生自主学习的能力，通过设计大量的活动加强学生对此知识的掌握的同时，也拓宽了学生的视野。

表 4–14　人教版教材和湘教版教材“海洋与人类”主要图幅及数量对比

版本	人教版	湘教版
主要图幅	图 3.10　“雪龙”号 图 3.11　葫芦岛、厦门和西沙海洋站的表层海水月平均温度 图 3.13　长芦汉沽盐场 图 3.14　河北唐山曹妃甸海水淡化车间 图 3.17　新加坡滨海堤坝位置示意 图 3.21　青海堤坝 图 3.22　福建霞浦紫菜养殖场 图 3.23　浙江温岭的江厦潮汐电站	图 4-26　深海热液喷口及热液生物群落 图 4-27　日本神户机场人工岛 图 4-28　迪拜人工岛修建前后的卫星影像对比 图 4-29　墨西哥湾“深水地平线”号石油钻井平台爆炸

（续表）

版本	人教版	湘教版
主要图幅	图 3.24　钱塘江口位置示意 图 3.26　洋流交汇海域浮游生物的卫星影像 图 3.27　纽芬兰岛位置示意	图 4-30　被石油污染的螃蟹 图 4-31　生物富集作用示意

图表是地理知识内容的主要载体。从主要图幅上看，人教版教材使用量较多，紧扣海水性质和海水运动对人类活动的影响，增强了直观性；湘教版教材图幅使用量相对较少，但内容更广泛，增加了海洋石油和可燃冰等矿产资源、填海造陆等海洋空间利用，人类对海洋的影响等知识，增强了知识的前沿性和时代性。

◎ **教学建议**

本节内容较为全面和系统地介绍了海洋与人类之间的相互关系。教材从两个维度展开教学，一是介绍了海洋对人类的影响——海洋为人类提供丰富的资源，主要有海洋生物资源、海洋矿产资源和海洋空间资源；二是介绍了人类活动对海洋的影响，既有有利影响，也有不利影响。

本节内容是在“海水的性质和运动”的基础上进行教学的，两节内容共同完成同一条内容要求——“1.8 运用图表等资料，说明海水性质和运动对人类活动的影响”。因此，在教学过程中需要分析这两节内容之间的相互关系。教学中可以通过案例分析和逻辑推理，让学生认识到海水的性质和运动会对海洋生物资源、海洋矿产资源和海洋空间资源等造成影响，进而对人类产生影响，以此培养学生的综合思维。

生活在内陆的学生，在空间距离上远离海洋，对海洋缺乏感性认识。但学生能够在生活中通过多种媒体甚至多学科的学习，摄取很多与海洋有关的信息，对海洋充满着好奇。因此，在教学中可以从我们身边接触到的与海洋相关的地理事物入手，多举一些真实的案例，多使用一些图片和视频。比如，引入时事热点新闻，举例生活中的海产品，播放相关的图片和视频等，降低教学的难度，提高教学的趣味性，使得教学内容易于接受。

本节内容的教学可以从学生的日常生活入手，让学生进行社会调查，在调查中深刻感知海洋对人类的影响。教学中可以引入时事热点来进行人类活动对海洋的影响这一重要内容的学习，通过分析海洋环境问题的相关热点内容，引导学生深入探究其原因，探讨人类与海洋的关系，培养学生的人地协调观。与此同时，要多采用合作探究、相互讨论、自主发言等多种形式开展教学，充分调动学生的主观能动性，让学生自愿地、主动地接受观念，采取行动。

二、教学设计

◎ 学情分析

认知基础：学生在初中阶段学过“大洲和大洋”和“海陆的变迁”相关内容，在本章第二节中对“海洋的性质和运动”也进行了学习，对海洋有了一定程度的了解。高一年级的学生，好奇心较强，具备一定的地理实践能力和创新思辨的能力。

不足条件：生活在内陆的学生，在空间距离上远离海洋，对海洋缺乏具象的感性认识，要让学生认识到人类与海洋协调发展的重要性，让学生形成正确科学的可持续发展观，并且从意识转向自觉行动的难度较大。

◎ 教学目标

1. 通过完成“生活中的海产品”社会调查，了解人类对海洋资源的分布、利用等情况。

2. 运用视频、图文等资料，归纳主要的海洋资源，并举例说明海洋对人类的重要性。

3. 结合案例，归纳主要的海洋环境问题及其成因，描述人类活动对海洋生态环境的影响。

4. 通过小组交流，探讨人类应该怎样与海洋和谐相处，培养人地协调观念。

◎ 重点难点

1. 教学重点：海洋对人类的影响，人类对海洋的影响。

2. 教学难点：海洋与人类人地协调观的培养。

◎ 教学方法

问题式教学法，问题清单详见表 4-15。

表 4-15 《海洋与人类》问题清单

核心问题	子问题	素养指向
海洋对人类有什么样的影响?	①海洋产品对我们的生活带来了什么影响?	综合思维 区域认知 人地协调观
	②海洋为我们人类提供了哪些资源?	
	③我国试采可燃冰获得成功的重要意义是什么?	

（续表）

核心问题	子问题	素养指向
人类活动对海洋有什么样的影响？	①人类对海洋空间资源的利用方式有哪些？ ②为什么要建造人工岛？	综合思维 区域认知
海洋与人类如何实现协调发展？	①人类应该怎样与海洋和谐相处？ ②深处内陆的我们会对海洋的生态环境造成影响吗？举例说明。	区域认知 人地协调观 综合思维

◎ 教学资源

湘教版教材，多媒体课件。社会调查：生活中的海产品（见附件1，即表4－17）。资料收集：收集海洋环境问题方面的2到3个实际案例资料并打印，与同学分享交流，探讨人类应该怎样与海洋和谐相处。

◎ 教学过程

本节教学过程见表4－16。

表4－16 《海洋与人类》教学过程设计

教学环节	教师导学	学生活动	设计意图
创设情境	【讲述】同学们，你们所认识的海洋是什么样的？是曹操“东临碣石，以观沧海。……日月之行，若出其中；星汉灿烂，若出其里”的浩瀚之海，还是《山海经》中“精卫填海”的神秘之海，抑或是歌谣“大海啊大海 生我养我的地方”中的生命之海呢？无论是诗词里的歌以咏志，还是远古的神话传说，抑或是如今的近海情怯，人类对海洋的探索从未停止。我们虽身处内陆，接触海洋的机会不多，但是接触海洋产品的机会却也不少。今天就让我们从生活中的海产品走进海洋。 【板书】第三节 海洋与人类	【聆听】认真聆听教师讲解，并结合生活经验，进入教学情境。	激发学生的学习兴趣，帮助学生快速进入课堂学习状态。
成果展示	**第一篇 在生活中感知海洋** 【讲述】课前同学们已经完成了社会调查“生活中的海产品”。海产品：指海洋中可供食用或使用的产品，范围很广，多指海生动物、海生植物。现在请同学们分享你们的调查结果。	【发言】分享调查结果。	通过社会调查感受海洋生物资源对人类活动的影响，培养学生的区域认知和综合思维。

（续表）

教学环节	教师导学	学生活动	设计意图
提出问题	【展示】展示“中国海洋资源”分布图。 【提问】 1. 在中国海洋资源分布图中，大致圈出调查中的海产品所涉及的产地。 2. 分享“生活中的海产品”调查总结，着重分享海洋产品对我们的生活带来的影响。 3. 认真阅读中国海洋资源分布图，说说海洋还给我们人类提供了哪些资源。	【发言】思考并回答相关问题。	培养学生的语言表达能力和区域认知能力，提升学生的地理综合分析能力。
解决问题	【总结】海洋生物约有 20 万种，为我们提供了诸如鱼、虾、食盐等丰富多样的食品、生活用品和工业原料，也为我们提供了诸如鱼肝油等各种药品和保健品。	【聆听】认真聆听教师总结的内容并思考内容的正确性。	帮助学生理解海洋生物资源。
提出问题	【过渡】海洋蕴藏着丰富的生物资源，所以我们常说海洋是生命的摇篮。但你可能不知道的是，深海极大可能是生命的起源之地。 【设问】阅读教材第 106 页“深海热液生物和冷泉生物”，思考：何为深海热液和冷泉？为什么说深海热液和冷液区域可能是生命起源的地方？	【阅读】阅读教材第 106 页“阅读”中“深海热液生物和冷泉生物”的相关内容。 【发言】思考并回答相关问题。	通过提出“深海热液和冷泉区域可能是生命起源的地方”这个观点，培养学生敢于质疑的精神。
迁移拓展	【归纳】中国的海洋渔场在世界上占据重要地位，大陆架渔场占世界已开发大陆架渔场的四分之一。黄渤海渔场、舟山渔场、南海沿岸渔场、北部湾渔场是中国的四大渔场。其中，舟山渔场是我国最大的渔场。你们调查中所提到的大黄鱼、小黄鱼、带鱼、墨鱼就是舟山渔场的主要渔产。	【思考】认真聆听教师总结的内容并思考内容的正确性。	帮助学生理解中国海洋生物资源。
创设情境	【总结】除了丰富的生物资源，海洋中还蕴藏着丰富的矿产资源。海洋石油资源储量约占全球石油资源总储量的 34 %，而大陆架的油气资源储量约占海洋油气资源储量的 60 %。我国沿海大陆架广阔，油气资源储量可观。海洋油气资源为我们提供了丰富的能源。海洋中能作为能源使用的还有可燃冰。2017 年 5 月，我国在南海海域试采可燃冰获得成功。	【聆听】认真聆听教师总结的内容并思考内容的正确性。	帮助学生理解海洋矿产资源；以中国为例，便于学生理解，同时培养学生的爱国情怀。

（续表）

教学环节	教师导学	学生活动	设计意图
提出问题	【展示】播放《我国全球首次试开采可燃冰成功》视频。 【设问】结合教材第 107 页可燃冰相关内容，说说我国试采可燃冰获得成功的重要意义。	【发言】结合教材第 107 页可燃冰相关内容，思考并回答相关问题。说明我国试采可燃冰获得成功的重要意义。	通过讨论我国试采可燃冰获得成功的重要意义，培养学生的小组合作能力和综合思维。
创设情境	**第二篇　走向海洋空间** 【展示】 材料一：澳门的填海造陆； 材料二：港珠澳大桥； 材料三：迪拜朱美拉棕榈岛。	【阅读】阅读资料，进入情境。	帮助学生理解海洋空间资源；运用典型案例教学，便于学生理解。
提出问题	【提问】 1. 结合材料，人类对海洋空间资源的利用方式有哪些？海洋空间资源的利用方式还有哪些？ 2. 人工岛可以为人类带来什么益处？	【发言】合作探究，回答问题。	通过问题探究，便于学生理解地理事物。
迁移拓展	【总结】填海造陆之所以能够这样大规模地推进，得益于凝结着人类智慧的高新技术的运用。让我们一起来了解我国的填海造陆神话之船“天鲲号”和“天鲸号”。 【展示】播放中国的“天鲲号”和“天鲸号”视频。	【观看】观看视频，认识高新技术的发展和运用。	便于学生理解科学技术的进步让人类开发利用海洋资源的梦想逐步变成现实。
解决问题	【设问】技术让我们的精卫填海不再是神话传说，技术让传说中的精卫神鸟衔微木变成现实的巨轮挖泥沙，技术让人类对海洋的探索中的很多不可能变成可能。那么，技术的发展是否可以让我们毫无顾忌地向海洋索取？有人认为我们可以大量向海要陆，这种观点你是否赞成，请说明理由。	【讨论】合作探究过度使用海洋资源可能带来的问题。	通过案例探究，理解海洋空间资源的重要性，培养区域认知和综合思维。
合作研究	**第三篇　迈向蓝色海洋文明** 【承接】海洋对人类的生存和发展至关重要，所以，自古以来，人类一直在探索和开发海洋。但不合理的海洋开发方式，使得海洋生态环境面临着多种危险。我们生活中有哪些与此相关的案例？请同学们分享课前收集的资料。	【分享】利用课前收集的资料，分享海洋环境问题案例，探讨人类应该怎样与海洋和谐相处。	通过讨论和发言，明确我们保护海洋的责任和义务，培养人地协调观。

（续表）

教学环节	教师导学	学生活动	设计意图
解决问题	【归纳】人类活动深刻地影响着海洋生态环境，石油泄漏造成的海洋污染、人类的过渡捕捞造成的渔业萎缩、人类的工农业生产带来的海洋赤潮等，使得海洋生态环境恶化，海洋生物诸如红树林、珊瑚礁、海草等急剧减少。	【聆听】认真聆听教师总结的内容并思考内容的正确性。	帮助学生认识人类活动对海洋的影响。
提出问题	【设问】沿海地区的人类活动对海洋生态环境影响直接而深刻。深处内陆的我们会对海洋的生态环境造成影响吗？请举例说明。	【发言】举例说明深处内陆的我们会对海洋的生态环境造成什么影响。	联系自己的生活实际，便于理解。
迁移拓展	【展示】播放 2021 年 6 月 8 日世界海洋日“保护海洋生物多样性，人与自然和谐共生”宣传片。 【归纳】同学们，我们刚才观看的是 2021 年世界海洋日“保护海洋生物多样性，人与自然和谐共生”主题宣传视频。2009 年联合国将首个世界海洋日的主题确定为“我们的海洋，我们的责任”，其后每年都有不同的主题。同学们，保护海洋我们不能只停留在观念上，还要落实在具体行动上，让我们携起手来，保护我们的海洋，履行我们的责任，保护我们的未来。	【观看】观看 2021 年 6 月 8 日世界海洋日“保护海洋生物多样性，人与自然和谐共生”宣传片。 【聆听】认真聆听教师总结的内容并思考内容的正确性。	培养学生保护海洋的责任意识。
板书设计	**第三节　海洋与人类** 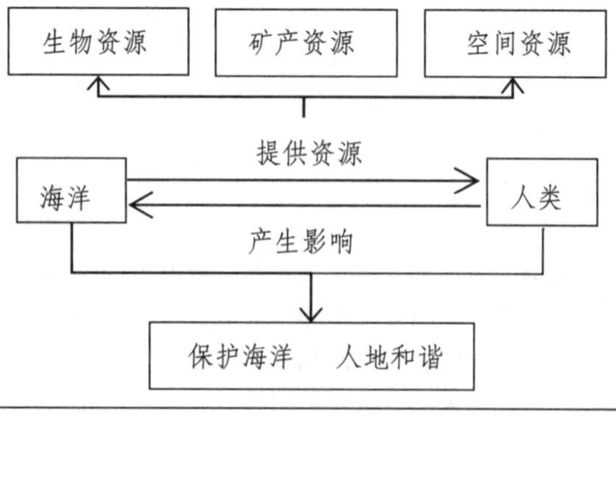 生物资源　矿产资源　空间资源 海洋 —提供资源→ 人类 人类 —产生影响→ 海洋 保护海洋　人地和谐		

表 4–17 《海洋与人类》教学设计附件

我们生活中的海产品调查

请同学们实地走访周边的大型超市，如北京华联超市、合力超市、沃尔玛超市、盒马鲜生超市等，调查生活中的海产品来源、售卖等情况，并完成下面的表格。

我们生活中的海产品

调查超市：				
调查日期：				
组　　员：				
访谈记录：				
品类	品种	产地	售卖情况	其他
鱼类				
贝类				
虾类				
藻类				
其他				

海产品：海洋中可供食用或使用的产品。

◎ 作业设计

半岛工程是指通过桥梁、海堤及促淤造地等方式，将海岛与陆地相连接的综合工程。1955 年，连岛海堤的建成让厦门岛成为半岛，铁路和国道得以连入厦门。21 世纪以来，由于港口规模较小，温州开始推进连岛兴港、围涂造地的半岛工程。与此同时，厦门开始启动拆堤建桥工程。左图示意厦门岛位置，右图示意温州位置。据此完成 1~3 题。

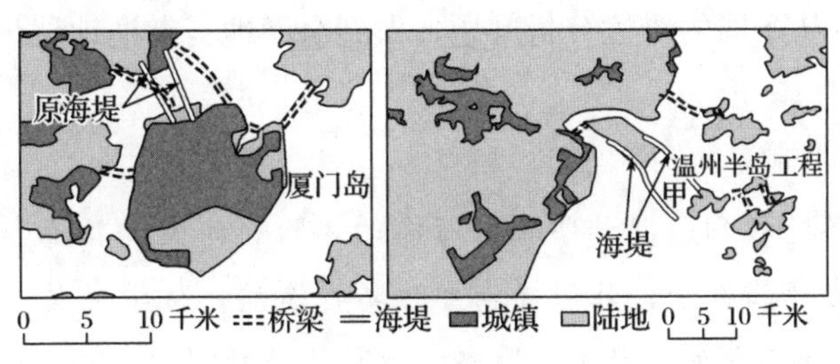

图 1

1. 温州半岛工程建设的主要目的是（　　）

A. 促进工业转型　　B. 增加城市功能

C. 增加城市用地　　D. 促进旅游业发展

2. 温州半岛工程两段海堤建成后，甲海域（　　）

A. 滩涂淤积增强　　B. 盐度明显下降

C．深水泊位增加　　　　D．海水污染减轻

3．厦门拆堤建桥是为了（　）

A．改善交通安全　　　　B．降低维护成本

C．促进海洋运输　　　　D．修复海洋生态

【参考答案】

1.C　2.A　3.D

◎ **教学反思**

亮点：社会调查从学生生活出发，联系生活实际，使教学有用；课堂教学中注重问题链设计探究，层层递进，使教学有理；在整个学习中渗透人与海洋的和谐相处观念，让教学有魂；无论是课前任务还是课堂活动设计，给予学生充分分享和展示的机会，关注学生主体发展，使教学有效。本节课充分研究了课标内容要求，巧妙设计课前社会调查和资料收集，着重培养学生的合作能力和地理实践能力。课堂上学生进行成果分享，充分培养了学生的语言表达能力和综合思维，教师对社会调查巧妙设计追问，较好地处理了教学的重难点。通过分享收集的海洋环境问题，利于培养人地协调观。

不足：本节课标内容要求是“运用图表等资料，说明海水性质和运动对人类活动的影响”。然而，湘教版教材在内容上专门设置了“海洋与人类”这一节，内容较为宏观，未能清晰地体现海水性质和运动对人类活动的影响。本节教学也受教材的影响，未能形成海水性质和运动对人类活动的影响的严密逻辑。

再教设计：充分利用教材素材和资源，帮助学生充分理解相关内容；精准把握教材思路，教会学生从不同的维度分析问题，做到全面地、辩证地认识和分析问题。

点评

受生活环境影响，内陆学生对海洋的体验和体会一般不会深刻。但本节课从调查海产品入手，让海洋与学生不再遥远，从学生关心的生活实际中获取第一手调查资料，让教学有趣，逐层递进的问题设置，让教学有理，值得一提的是，将我国在海洋研究和开发方面所取得的最新成果作为教学素材，在引导学生学习的同时，也向学生们打开了一扇了解海洋资源开发利用的窗，撒下一粒为祖国富强而投身于海洋事业的种子，使教育有了魂。基于实践调查的成果分享和问题探究，体现了引导学生了解和认识社会的“大课堂”理念。

可结合学业水平的要求，适当增加一些利于学生体验和感知的内容，

让学生从宏观和微观方面多维度了解、体验海洋对人类的影响，减少内陆学生对海洋的陌生感；对学生探究活动的设计可以再丰富，对学生活动结果的预设需要更充分。

点评：秦江（贵阳市第六中学）

第五章 《地球上的植被与土壤》教学研究与案例设计

内容研读：郑　建　　青　渝　　秦　江

植被和土壤是独特的自然体，是各种自然地理要素的集中体现。从万木葱茏的森林，到碧绿无涯的草原，再到浩瀚苍凉的荒漠，植被分布具有显著的规律。土壤类型多种多样，形成原因复杂，肥力差异大，或深厚肥沃，或浅薄贫瘠。植被和土壤是我们生活的根基，给予我们丰盛的衣食，养育着苍茫大地上的芸芸众生。在高中地理学业水平考试和地理核心素养培养目标下，本章要求如下：

人地协调观：在日常生活和生产情境中，能够辨识土壤与成土母质，说出主要植被的类型和形态特征，简单分析土壤与植被对人类活动的影响。

综合思维：对于给定类型的土壤，能够简单分析其主要形成因素，能够说出植被与其他自然要素之间的相互关系，能够说出土壤、植被与人类活动相互作用的主要方式和结果。

区域认知：能够辨识特定区域中主要土壤和植被的类型；根据提示，能够归纳出给定区域中土壤和植被的空间分布特征，能够归纳出给定区域中影响土壤和植被形成的主导因素。

地理实践力：能够在野外或户外识别土壤与成土母质，辨识植被类型，简单描述土壤的外部特征和植被的形态特征；在野外或户外与他人合作时，能够将土壤和植被的特征与周边的影响因素相互关联，简要地解释土壤的形成原因、植被的形成条件。能够将植被和土壤与当地的生产生活相关联。

根据本章的教学目标，建议采用3个学时完成教学，其中第一节《植被与自然环境》2个学时，第二节《土壤的形成》1个学时，使学生能达到学业质量“水平2”的要求。

第一节　植被与自然环境

教学设计：冯　虎　雷　灿

植被是自然地理环境的组成要素之一，与地理环境的关系非常密切，不同的植被类型都是在特定的自然环境下形成和演化的，是反映自然地理环境的一面镜子。当植被发生变化时，势必导致自然环境的其他要素乃至整个环境发生变化。

一、内容研读

◎ 内容要求

1.10 通过野外观察或运用视频、图像，识别主要植被，说明其与自然环境的关系。

◎ 认知内容

根据课程内容要求、多版本教材的特点和贵州实际，学生应主要知道以下方面的知识：课标侧重于培养学生的地理实践力，要求学生对当地的植被进行观察、识别和描述。课标中所涉及的植被一般以陆地植被为主，包括森林、草原、荒漠和湿地等，其中森林植被最为重要，它还可以进一步分为热带雨林、亚热带常绿阔叶林等。教学中应该使学生意识到，由于人类活动强烈干扰，保存下来的自然植被已经越来越少。

“识别”植被是说明植被与环境关系的基础，只需要抓住典型生态特征即可（避免将地理课上成生物课），关键在于抓住特征形成的地理原因。“说明植被与环境的关系”是本节的核心内容，需要从两个方面阐明植被与环境的关系：一是不同自然环境下因水热、土壤、地形等条件的差异，形成了不同的植被类型，植被的生态特征是与当地环境相适应的结果；二是不同植被对自然环境的影响，如森林植被具有防风固沙、涵养水源、保持水土、净化空气、减弱噪声等作用，湿地具有保护生物多样性、调节径流、改善水质、调节小气候等功能。

◎ 教材对比

关于人教版和湘教版两个版本的教材中“植被与自然环境”内容简要对比见表5−1。

表 5–1 人教版教材和湘教版教材“植被与自然环境”内容结构对比

版本	人教版	湘教版
页数	6 页	8 页
章节	第五章第一节（植被）	第五章第一节（主要植被与自然环境）
内容板块	一、植被与环境 二、森林（热带雨林、常绿阔叶林、落叶阔叶林、亚寒带针叶林） 三、草原与荒漠	一、主要植被 二、植被与环境
图表数量	图片 12 组 表格 1 张	图片 16 组 表格 0 张
活动与材料数量	活动：2 个（通过调查，了解校园树木与环境的关系；分析红树林植物特征的环境适应性） 自学窗：精品公园“精”在何处	探究：1 个（1 组材料，2 个问题） 活动：2 个（5 组材料共计 8 个问题） 阅读（案例）：2 个（植物群落；植物物候节律）

无论是人教版还是湘教版教材，对于植被的描述都比较翔实，图文资料的呈现都丰富多样。两个版本的知识点都包括了植被的概念、植被的类型、植被与环境的关系，详见表 5–2。

表 5–2 人教版教材和湘教版教材“植被与自然环境”主要图幅对比

版本	人教版	湘教版
主要图幅	图 5.1 智利沙漠中的花海 图 5.2 森林中的成层现象 图 5.3 热带雨林的茎花和板根现象 图 5.4 我国南方地区的常绿阔叶林景观 图 5.5 我国华北地区的落叶阔叶林秋季景观 图 5.6 加拿大落基山脉地区的亚寒带针叶林景观 图 5.7 巴西北部河口地区的红树林 图 5.8 东非高原的热带草原景观 图 5.9 内蒙古呼伦贝尔的温带草原景观 图 5.10 北部非洲的热带荒漠景观 图 5.11 新疆阿克苏地区的温带荒漠景观 图 5.12 皇城根遗址公园景观	图 5-1 内蒙古自治区植被景观分布 图 5-2 热带雨林景观 图 5-3 亚热带常绿阔叶林景观 图 5-4 亚寒带针叶林景观 图 5-5 温带落叶阔叶林景观 图 5-6 热带草原景观 图 5-7 温带草原景观 图 5-8 荒漠景观 图 5-9 热带季雨林景观 图 5-10 亚热带常绿硬叶林景观 图 5-11 猴面包树 图 5-12 纺锤树 图 5-13 天山植被景观 图 5-14 保和岛巧克力山景观 图 5-15 保和岛气温变化曲线和逐月降水量 图 5-16 植物体的增长与气温的关系

从主要图幅上看，无论是人教版还是湘教版教材都使用了大量的图片。人教版呈现的图片主要有自然带景观图、植被类型图等；而湘教版呈现的图片主要有区域图和自然带景观图，植物照片，降水量和温度曲线图等。

◎ 教学建议

本节内容有着“新”“多”“难”的特点，主要是新名词过多，但本节内容较为贴近生活。在教学中建议辅以PPT课件、视频等加以讲解，同时教师利用好校园里天然的教具——植被辅以讲解，必要时，可拿一些盆栽植物或植物标本进入教室让学生进行观察。如果条件允许，还可以带学生到周边地区进行研学旅行。

在本节课之前，教师可先对学校中的植被加以了解并拍下照片或视频，便于在课上展示。如针对贵阳市的学生，可从生活中入手，拍摄本节教材中出现的亚热带常阔叶林景观等。同时，教师最好对贵州省本土的植被或周边公园的植被加以了解，上课时可设计地方案例进行教学。

建议本节内容的教学使用2课时。第1课时学习主要植被，第2课时学习植被与环境。

二、教学设计

◎ 学情分析

认知基础：学生在七年级上册学过气候的有关知识，对气候的影响因素气温和降水已经了解，也学习过世界的气候类型分布，有助于理解植被类型。植被是学生在生活中最常见的自然地理要素，也是最能体现自然地理环境的要素，学生在生活中已经对植物有所了解，通过各种媒介也见过不同类型的植被，因此对植被与自然环境之间的关系也能理解一部分。

不足条件：这节课需要将植被与自然环境进行联系，需要学生有较强的综合思维能力，由于学生对植被的理解还不够深入，不能归纳和总结、梳理和描述这种关系，需要学生能通过基本的区域认知和已有知识进行综合分析和整体理解。

◎ 教学目标

1. 通过野外观察和校园考察，区别植物、种群、群落、植被，认识本地植被类型、群落特征、季相变化等。（地理实践力）

2. 结合实物（银杏、樟树、仙人掌盆景）及各植被类型景观图，根据给定区域的相关位置信息，比较区域气候特征的异同，能够说出主要的植被类型。（区域认知）

3. 通过案例，分析影响植被分布的自然环境因素，能够辨析在不同大小的地理尺度下，影响植被的主导因素，推断植被的分布规律。（综合思维）

4. 根据材料讨论植被对自然环境的生态功能，理解植被遭受破坏对自然环境产生的影响。（人地协调观）

◎ 重点难点

1. 教学重点：结合实例，分析植被与环境的关系。
2. 教学难点：植被的结构和特征。

◎ 教学资源

植物标本，多媒体课件，校园植被及照片，世界主要植被景观视频。

◎ 教学方法

观察法，对比分析法，分组合作学习法。

◎ 教学过程

第1课时《主要植被》、第2课时《植被与环境》的教学过程分别见表5–3和表5–4。

表5–3　《主要植被》教学过程设计

教学环节	教师导学	学生活动	设计意图
新课导入	【导入】贵州是国家生态文明示范区，作为山地公园省，各地植被景观丰富多彩，多样的植被构筑了贵州的自然之美。 【展示】展示“梵净冷杉”“茂兰水上森林”“乌蒙大草原”“花溪黄金大道”植被景观图片。 【设问】什么是植被？请判断上述四种景观属于自然植被还是人工植被。	【观看】欣赏家乡贵州的自然之美。 【发言】结合教材内容和所观察的图片景观说出植被的概念。同时结合概念，分别对“梵净冷杉”“茂兰水上森林”“乌蒙大草原”“花溪黄金大道”进行自然植被与人工植被的判断。	从家乡的自然之美出发，激发学生的学习兴趣。 从导入的图片景观引出植被的概念，并根据概念对自然植被和人工植被进行有效判断，与导入形成无缝对接。
新课教学	【讲述】由于不同地区的自然条件不同，对应的植被也不同。总体来看，大致可以把自然植被分成三类：森林、草原、荒漠。	【讨论】全班分为三个大组——森林组、草原组、荒漠组，进行小组合作探究。	

（续表）

教学环节	教师导学	学生活动	设计意图
新课教学	【设问】分别从植被类型、所属气候、气候特征、结构特征、景观表现（植物种类、数量、季相变化、根叶情况）、典型植物等方面对所展示的植被进行描述。 【小结】利用表格归纳，补充学生的回答，并对比总结不同植被的特点。 【承转】为了让校园更美丽，学校打算采购一些观赏植物，请同学们根据所提供的植物进行合作探究。 【展示】橡胶树、柑橘、梧桐树、仙人球等植被景观图片。 【布置任务】 （1）判断图片中植物所属的植被类型。 （2）为学校挑选适宜的观赏植物，并说明理由。	【观察】各小组同学根据教材和教师所展示的图片，详细观察各类植被在类型、所属气候、气候特征、结构特征、景观表现（植物种类、数量、季相变化、根叶情况）、典型植物等方面的特征。 【分享】学生就本组探究成果进行发言，其他小组同学进行补充。 【观察】观察老师所展示的植物，仔细分析植物特点。 【活动】小组合作完成任务。 【分享】小组合作讨论，并就问题进行交流发言，其他小组进行思考和补充。	通过对景观的观察和对气候的分析，有利于提升学生的区域认知和综合思维能力。 通过对不同植被的对比，加强对全球植被的了解和辨识能力。 从认识主要植被承转到运用知识解决实际问题。 通过活动让学生强化对不同植被的认知，同时培养学生的地理实践力。
总结	通过学习，我们对植被有了基本了解，在感受自然植被多样之美的同时，也明白了保护和合理利用植被能让我们的环境更加美好。		培养人地协调观。
板书设计	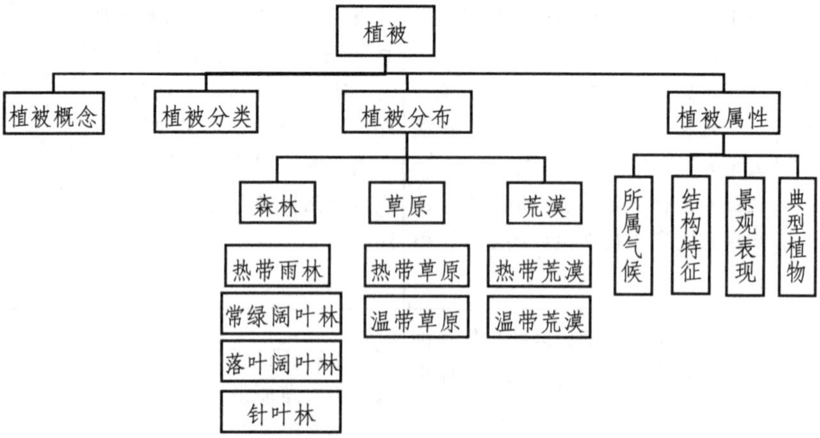 植被 植被概念 植被分类 植被分布：森林（热带雨林、常绿阔叶林、落叶阔叶林、针叶林）；草原（热带草原、温带草原）；荒漠（热带荒漠、温带荒漠） 植被属性：所属气候、结构特征、景观表现、典型植物		

表 5–4 《植被与环境》教学过程设计

教学环节	教师导学	学生活动	设计意图
新课导入	【设问】让我们乘坐旅游专列，从海南岛出发，经过琼州海峡后沿陆路旅行到黑龙江漠河，依次会欣赏到哪些植被景观？从东北漠河向西经内蒙古一直旅行到乌鲁木齐，依次又会看到哪些自然植被景观？ 【展示】中国植被类型分布图。	【观察】观察中国植被类型分布图，对植被的地区分布差异有宏观的把握。 【发言】根据观察进行发言，对旅行路线上的植被差异及变化进行简要说明。	通过展示中国不同区域的植被，让学生在体验不同景观的同时，提升区域认知能力并快速进入情境。
新课教学	【设问】为什么我国不同地区的自然植被会有如此大的差别？请结合陆地植被水平分布与热量、水分关系图进行分析。 【展示】展示陆地植被水平分布与热量、水分关系图。 【讲解】在大尺度上，植被的分布主要由气候条件决定，特别是其中的热量和水分条件以及两者的组合状况，这让全球植被分布呈现一定的规律。	【探究】分小组参照陆地植被水平分布与热量、水分关系图对我中国植被类型分布的差异进行原因分析。 【发言】由学生说明和补充形成结论：东部地区接受太阳辐射由南向北递减，所以森林受热量变化影响发生由南向北的变化，从东向西离海越来越远，受海洋影响小，降水逐渐减少，水分减少使得景观呈现森林—草原—荒漠的更替。	通过大尺度环境对植被的影响分析，让学生明确纬度（热量）和海陆位置（水分）对植被的影响。
	【展示】展示梵净山植被分布图。 【设问】在梵净山区，从山麓到山顶，气温和降水会发生哪些变化？这会对植物分布产生什么影响？ 【铺垫】保和岛位于菲律宾中部，深受热带季风气候的影响，当地森林茂密。但是，岛上 1000 多座高度在 40~120m 的石灰岩小山丘上却只长草不长树，形似草堆。每年热季，“草堆”干枯，转为褐色，犹如一排排巧克力摆放在大地上，“巧克力山”的称谓由此而来。 【设问】 1. 从大尺度上来讲，保和岛的植被类型是什么？ 2. 讨论巧克力山只长草不长树的原因。	【观察】观察梵净山植被景观的垂直差异，思考并回答问题。 【回答】在中尺度上，受地形影响，从山麓到山顶水热状况随海拔增加而变化，植被随海拔升高发生变化，出现垂直分带现象。 【活动】阅读材料，完成任务。 【回答】在热带季风控制下保和岛地带植被为热带季雨林。 【回答】巧克力山只长草不长树主要是受到小尺度的土壤因素的影响。	通过中尺度环境对植被的影响分析，让学生明确热量和水分综合条件对植被的影响。 通过案例分析的方式帮助学生理解小尺度地表植被类型的差异，让学生对植被的影响因素有比较微观的认识，提高学生的区域认知和地理实践能力。

（续表）

教学环节	教师导学	学生活动	设计意图
新课教学	【总结】某一区域的自然环境，尤其是气候，深刻影响着该地区的植被类型。在小尺度上，受坡向、坡度、洋流、土壤、人类活动等因素的影响，植被也会出现局部差异。	【质疑】在大尺度和中尺度作用基本相同的情况下，为什么保和岛上的小山丘植被出现了如此大的差异？	
	【播放】塞罕坝视频。 材料：中国塞罕坝林场建设者荣获2017年联合国环保最高荣誉“地球卫士奖”。历史上塞罕坝曾是一片绿洲，是皇家猎苑。后来，人们在这里开垦伐木，这里逐渐变成了一望无际的荒漠，成为北京沙尘天气的主要沙源地。1962年，国家决定建立国有林场，恢复被破坏的植被。经过不懈努力，如今这里绿树遍植、花开草长，有了绿水青山，也来了金山银山。 （1）说明塞罕坝植被类型的变化过程。 （2）分析当地植被对环境的影响。	【观看】学生观看塞罕坝视频并阅读塞罕坝相关材料，了解塞罕坝植被的变化过程及原因。 【发言】学生根据视频及材料说明塞罕坝植被的变化。 【思考】塞罕坝的案例说明植被的变化带来了环境的变化，那么良好的植被对环境又有着怎样的影响？ 【发言】主要从以下方面对植被对环境的影响进行发言和补充：涵养水源、保持水土、防风固沙、美化环境、调节气候、维护物种多样性等。	通过塞罕坝这一案例材料，明确自然地理环境与植被之间是相互影响、相互作用的，提升学生的综合思维能力。 通过分析植被的生态功能，进一步提升学生保护植被的意识，形成正确的人地协调观。
结语	在我们生活的地球上，从万木葱茏的森林，到碧绿无垠的草原，再到浩瀚苍凉的荒漠，植被分布具有显著的规律。植被是我们生活的根基，给予我们丰盛的衣食，养育着苍茫大地上的芸芸众生。我们一定要爱护植被，保护好我们的家园。		强调保护植被、人地和谐。
板书设计	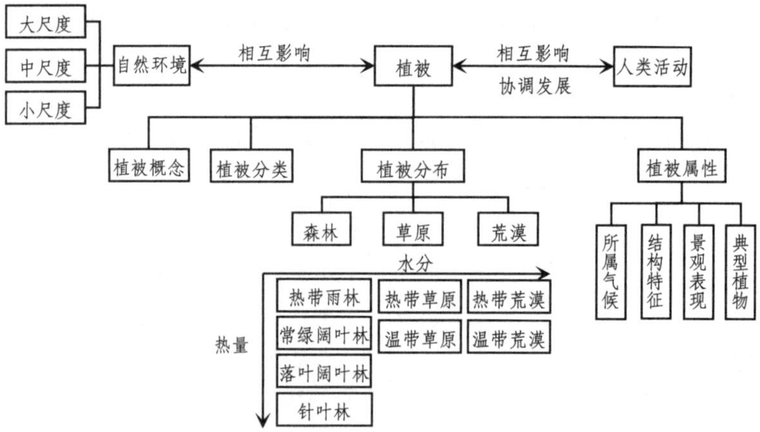 大尺度 中尺度 小尺度 自然环境 ←相互影响→ 植被 ←相互影响 协调发展→ 人类活动 植被概念 植被分类 植被分布：森林、草原、荒漠 水分→ 热量↓ 热带雨林 热带草原 热带荒漠 常绿阔叶林 温带草原 温带荒漠 落叶阔叶林 针叶林 植被属性：所属气候、结构特征、景观表现、典型植物		

◎ 作业设计

读某地景观图，据此完成 1~2 题。

图 1

1. 该景观图反映的植被带是（　　）

A. 温带草原带　　B. 热带草原带

C. 苔原带　　D. 亚寒带针叶林带

2. 该景观图可能出现的地区是（　　）

A. 内蒙古高原　B. 青藏高原　C. 东北平原　D. 东非高原

下图是陆地自然植被类型分布与水热条件关系图。读图，完成 3~4 题。

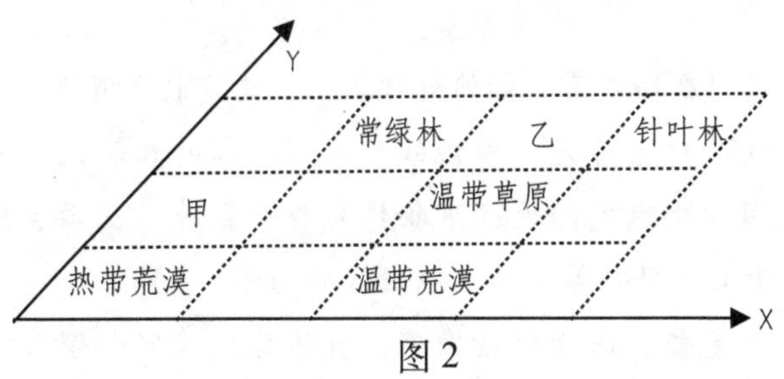

图 2

3. 对图示自然植被分布规律影响因素的叙述，正确的是（　　）

A. 沿 X 方向热量减少　　B. 沿 X 方向降水增加

C. 沿 Y 方向热量增加　　D. 沿 Y 方向降水减少

4. 甲、乙所表示的自然植被类型，正确的是（　　）

A. 甲——热带草原　　B. 甲——热带雨林

C. 乙——热带雨林　　D. 乙——硬叶林

【参考答案】

1. B　2. D　3. A　4. A

◎ 教学反思

亮点：本教学设计充分遵循课标要求，以“认识植被”和“说明植被与自然环境的关系”两大目标为落脚点。第1课时，通过贵州不同地区植被景观引出植被概念，以“森林植被探究”“草原植被探究”“荒漠植被探究”构成本节课的主要内容，从而实现较为全面的植被认识，最后用校园绿化实现所学知识的运用，整节课课堂层次感与节奏感鲜明，内容把握和运用得当，探究与活动中学生参与度高，课堂气氛非常活跃。第2课时，从祖国的各地植被景观导入，接着从大尺度—中尺度—小尺度三个方向层层探究，使学生充分认识自然环境对植被的影响，最后以“塞罕坝”这一典型案例，探究植被对自然环境的影响，使学生对植被与自然环境的相互关系有了更为全面的了解。两节课对人地协调观、区域认知、综合思维、地理实践力四大核心素养都进行了很好的渗透。

不足：第1课时对各类植被的探究，资料提供得不够充分，学生对各类植被的特征表述上只能通过对一两张图片的观察进行，存在一定的认知困难，在表述上也存在一定的遗漏和表述不清。植被的认识缺少一定的野外观察基础。

再教设计：课前可以组织学生进行近距离的野外植被观察，课堂探究的材料在准备上应该更加充分。

点评

本节内容是教材新增内容，如何处理教材，选择教学资源、教学方法，设计学生活动，这些对老师是一种挑战。本节内容的教学采用问题式教学的方式开展，利用学生熟悉的地理事物作为教学资源，让学生感受身边的地理知识，利于学生学习兴趣和学习积极性的培养。

教学设计结构完整，课标解读准确，教学目标确定合理、重难点判断正确。学生活动以探究为主，重视学生学习能力和核心素养的培养。对植被的学习，通过解读课程标准，应该重点培养学生的区域认知能力和地理实践力。教学设计中提供了大量的图片，其中包括学校附近的植被图片，学生感觉亲切，想要了解，因此学习主动性得到提高。课后作业有进阶，要求高，能够对学生利用知识解决实际问题的能力进行评价。

不足之处：新概念或核心概念的讲解不够，作业设计中试题难度高于学业水平要求，存在知识性表述错误。学生活动设计简单，提供的学习资源少，对学生的探究活动开展作用不大。有机会老师要带学生走出教室、走出学校，感受身边的地理知识。

点评：郑建（贵州师范学院）

三、乡土地理案例

◎ 梵净山垂直地带性

贵州梵净山国家级自然保护区位于贵州省东北部的江口、印江、松桃三县交界处。梵净山是武陵山脉主峰，最大高差约2000m，气候呈现明显的垂直差异，土壤和植被也呈现出明显的垂直分异。其中植被大体可分为：

山麓马尾松林带。海拔800m以下的山麓地区，其土壤种类主要为黄壤及灰化黄壤，pH值为4.0~4.5。植被主要是以马尾松、杉木、柏树为主的南方山地针叶林。

常绿阔叶林带。主要分布于海拔800~1500m的地区，土壤为pH值4.0~4.6的黄壤。植被以锥栗、青冈栎等常绿阔叶木本群落为主，属亚热带常绿阔叶林带。

常绿阔叶与落叶阔叶混交林带。主要分布在海拔1500~1900m的地区，土壤为pH值4.7~5.0的黄棕色森林土。植被以常绿与落叶木本群落为主。

落叶阔叶林带。主要分布在海拔1900~2502m的地区，土壤为pH值4.5~4.7的灰棕壤。植被以落叶木本群落为主，如水青树、七裂槭等；同时该林带有灌木分布，例如卷叶杜鹃、粉白杜鹃等。

高山草地灌丛带。分布在海拔2250m至山顶地区，土壤为pH值4.5~5.0的高山草甸土。植被主要为灌木及草本植物混合生长，形成灌丛草甸带。在山顶全为马先蒿、龙胆草、大叶当归、柴胡等草本植物生长。

第二节 土壤的形成

教学设计：秦文彦 李 福

土壤是指陆地表面具有一定肥力、能够生长植物的疏松表层。土壤是自然界中各种自然地理要素的集中体现，是独特的自然体。其类型多种多样，有些深厚肥沃，有些浅薄贫瘠。土壤能为植物提供并协调水分、养分、温度、空气等营养条件，是人类赖以生存的最基本的自然条件。

一、内容研读

◎ 内容要求

1.9 通过野外观察或运用土壤标本，说明土壤的主要形成因素。

◎ 认知内容

根据课程标准的要求，本节教学重点落实的内容是“说明土壤的主要形成因素”，采用的方法是“通过野外观察或运用土壤标本”。知识内容要达到“说明”的行为目标要求，需要了解主要的成土因素，并知道这些因素对土壤形成的作用。在讲述各成土因素对土壤形成的作用时，重在说明结果，不需要深入机理，但在讲述各因素对土壤形成的作用时，涉及土壤的一些基本特征，如颜色、质地、组成、剖面等，需要做出适当解释。同时需要认识土壤的作用以及土壤保护的重要性，了解土壤保护的措施。

本节核心概念是土壤及土壤剖面。土壤通常指位于陆地表层和浅水域底部，由有机质和无机质组成的，具有一定肥力而能够生长植物的疏松表层，其厚度一般为数10厘米到2米。土壤剖面是指从地面垂直而下的土壤纵断面，由一些形态特征各异的、大致与地面平行展布的土层所构成。土层通常可分为有机层、腐殖质层、淋溶层、淀积层、母质层和母岩层。剖面特征反映土壤的形成过程和性质，通过观察可大体了解土壤性状，从而为改良土壤、合理用土提供依据。

◎ 教材对比

关于人教版和湘教版两个版本教材中“土壤的形成”内容简要对比见表5−5和表5−6。

表5−5　人教版教材和湘教版教材“土壤的形成”内容结构对比

版本	人教版	湘教版
页数	8	9
章节	第五章第二节（土壤）	第五章第二节（土壤的形成）
内容板块	一、观察土壤（颜色、质地、剖面） 二、土壤的主要形成因素 三、土壤的功能和养护	一、成土因素 二、土壤剖面
图表数量	图片10组 表格0张	图片12组 表格0张
活动与材料数量	活动（探究）：2个（观察家乡的土壤、解释常见的土壤现象） 阅读（案例）：1个（我国黄淮海平原盐碱地的综合治理） 自学窗：地方病与土壤	活动（探究）：3个（7组材料共计13个问题） 阅读（案例）：5个（成土母质的粒度与化学成分、温度与土壤有机质、生物与土壤有机质、人类活动与土壤、森林土壤和草原土壤剖面）

无论是人教版还是湘教版教材，对于土壤的描述都比较翔实，图文资料的呈现都丰富多样。如表5−5所示，两个版本教材的知识点都包括了土壤的概念、土壤的形

成因素、土壤剖面的认识，但不同点在于人教版侧重于由表及里的描述，先是观察土壤，再是说明土壤的成因，最后是土壤的用与护；湘教版则是直接在土壤概念的基础上学习成土因素，并详细介绍了土壤剖面的相关知识，通过阅读和活动内容介绍了土壤的功能与养护。相较于人教版，湘教版缺少了土壤观察的内容，丰富了土壤剖面的内容。在用湘教版进行教学时可以增加土壤观察的内容，既符合学生的认知规律，又有利于培养学生的地理实践力。

表 5–6　人教版教材和湘教版教材“土壤的形成”主要图幅对比

版本	人教版	湘教版
主要图幅	图 5.13　亚马孙河流域的土壤 图 5.14　黑龙江垦区的黑土景观 图 5.15　云南东川的红壤景观	图 5-17　寻乌古居民 图 5-18　土壤与其他自然地理要素的关系示意 图 5-19　乔木发达的根系
主要图幅	图 5.16　砂土、壤土和黏土 图 5.17　森林土壤剖面及各土层特点 图 5.18　耕作土壤剖面及各土层特点 图 5.19　生物对土壤形成的作用（生物循环）示意 图 5.20　土壤在地理环境中的地位 图 5.21　北丘洼盐碱地综合治理的基本方法 图 5.22　湖南西北部农村种植的绿肥作物	图 5-20　土壤剖面的土层垂直序列 图 5-21　我国棕壤、红壤的分布及其土壤剖面 图 5-22　我国黑土、黑钙土的分布及其土壤剖面 图 5-23　海南岛土壤类型分布 图 5-24　海南岛地形及年降水量分布 图 5-25　生长在培地茅之间的果树 图 5-26　培地茅茂密的根系 图 5-27　土壤形成与自然地理环境各要素之间的关系示意 图 5-28　希施金代表作《砍伐树木》

从主要图幅上看，无论是人教版还是湘教版教材都使用了大量的图片。人教版呈现的图片主要有土壤景观图、土壤剖面图、土壤与生物之间的关系及土壤在自然界中的地位等；而湘教版呈现的图片主要展示土壤与其他要素之间的关系及不同地区的土壤剖面，同时利用简洁明了的地理概念图来解释土壤与其他自然地理要素之间的关系，人教版中没有涉及地理概念图。

◎ 教学建议

新教材湘教版第五章第二节内容围绕土壤形成的自然因素如成土母质、气候、生物、地形和时间等，以及土壤剖面的相关知识进行描述，本节内容主要由“成土因素”和“土壤剖面”两部分内容组成。教材以位于江西东南边陲的寻乌作为课程导入的情境材料。由于情境中的材料与学生的认知产生巨大反差，可以提高学生学习的兴趣和探究土壤的热情，教材在介绍了土壤的概念后，以“土壤与其他自然地理要素的关系示意”引出成土因素这部分内容，然后分别介绍各成土因素对土壤形成的影响，并重点说明各因素在土壤形成过程中的作用。“土壤剖面”这部分内容的学习，教材采用了实物照片及文字资料对照的形式展开，直观形象地介绍了土壤剖面的序列及结构，并通过阅读部分进一步介绍了森林和草原土壤不同的剖面情况。为了加深学生的理解，每一部分都配有相应的活动，既能培养学生的综合思维和区域认知，也有利于提高学生的地理实践力。

根据课程标准的要求，建议学习本节课的方法为“通过野外观察或运用标本”，这对教学是比较大的挑战。首先，大多数高中学校很难找到符合要求的土壤样本；其次，学生通过观察静态的土壤样本不可能找出主要的成土因素，更不用说能够“说明”各成土因素对土壤形成的作用。进行本节内容的教学之前，教师可以准备一些土壤样本，有条件的教师可以录制野外土壤考察相关的视频资料，以便上课时进行展示。如针对贵州的学生，可以在当地找一些黄壤的相关资料或由教师录制贵州土壤野外考察相关视频，让学生通过触碰实物以及观看相关视频来观察、感受家乡的土壤，从而更加深入地认识家乡，了解乡土地理，在学生感性认识的基础上再重点讲解“成土因素”。如果条件允许，可以组织学生到校外进行土壤的野外考察，学习生活中的地理。对于我们贵州当地而言，土壤流失严重，出现了石漠化现象，在教学时可以兼顾土壤的保护，渗入人地协调发展的观念。在教学时，建议以学生观察、讨论分析、展示为主，让学生主动参与课堂的学习，发挥学生的主体作用。宜多采用引导、提问等方式，发挥教师的主导作用，从而培养学生的地理实践力、综合思维和人地协调观。备课中，建议参考人教版教材的相关内容，找到适合自己和当地学生的内容，丰富课堂教学内容。此外，准备相应的练习题有利于对该部分知识内容进行随堂巩固。

本节内容的教学建议使用1~2课时完成，第1课时开展野外考察，第2课时进行课堂教学。本节内容的教学设计仅针对课堂教学进行设计。

二、教学设计①

◎ 学情分析

认知基础：土壤离学生很近，有时就在脚下，学生对土壤有一定的了解，但仅限于生活经验，知识基础相对较弱。高一阶段的学生对新知识充满好奇，具备一定的观

① 本节课获贵阳市第七届优质课比赛一等奖，执教教师：秦文彦（贵阳市第二中学）。

察力和实验操作的能力。

不足条件：学生没有学习过土壤的相关知识，对土壤的认识非常模糊和抽象，尤其是生活在城市里的学生，对土壤颜色、组成和剖面等相关知识了解很少。而本节内容重点在于成土因素的分析，重在说明结果，不需要深入机理，对学生而言，需要有比较宽的知识面，能够进行综合分析，但是高一学生知识面还不够宽。

◎ 教学目标

1. 运用土壤样本，观察土壤的颜色、组成和剖面结构，掌握观察土壤的基本内容和方法。

2. 通过课前的成土因素微课学习，结合湘教版教材及分组合作学习，说出影响土壤形成的主要因素。

3. 结合贵州石漠化现象，应用所学知识，为家乡土壤资源的利用和保护提出建议。

◎ 重点难点

1. 教学重点：土壤的主要形成因素。

2. 教学难点：各因素在土壤形成的过程中所起的作用。

◎ 教学资源

多媒体课件；贵州黄壤野外采集相关视频；石漠化治理相关视频；采集制作的黄壤样本；纸巾；模拟喀斯特地区水土流失的实验器材：铁架台，大块自然的石灰岩体，自然草皮，自然泥土一袋，打孔疏密不同的小水盆 2 个，标注 1 ～ 4 号同等容量的大烧杯，水勺等。

◎ 教学方法

观察法，实验演示法，合作探究法。

◎ 教学过程

本节教学过程详见表 5–7。

表 5–7 《土壤的形成》教学过程设计

教学环节	教师导学	学生活动	设计意图
新课导入	【展示】中国贫困县分布示意图。 【讲述】我们贵州贫困县的数量在 2019 年 5 月时排在中国第二位，而这些贫困县主要分布在石漠化比较严重的地区，现在我们通过短片来了解什么是石漠化。 【播放】播放贵州石漠化视频。 【讲述】我们的土壤为什么流失了呢？土壤与地理环境之间有着怎么样的关系？如何恢复家乡土壤，提高人民的生活水平呢？希望通过本节对“土壤的形成”的学习，同学们能给出合理的建议帮助家乡摆脱贫困。	【观察】看图了解中国贫困县分布情况及家乡贵州贫困县的情况。 【聆听】获悉导致家乡贫困的主要原因之一：石漠化。 【观看】通过视频了解石漠化现象。贵州大面积的石漠化，意味着土壤损失严重，无法种植农作物，这是导致贫困的原因之一。	从贫困县、石漠化、脱贫攻坚入手，联系家乡实际，呈现真实的问题情境，开展问题教学，引发学生对土壤的思考，激发学生的学习兴趣。
识土——土壤之印象			
新课教学	【讲述】说文解字：土——地之吐生物者也。二象地之下、地之中，丨，物出形也。壤——柔土也。无块曰壤。地理中关于土壤的概念：土壤是指陆地表层具有一定肥力，能够生长植物的疏松表层。（生长植物：吐生物者也；疏松表层：柔土也。）土壤的厚度一般为数厘米到两米不等。	【聆听】土壤的概念。 【回答】说出家乡主要土壤的类型，如黄壤、红壤、石灰土……	通过说文解字讲解土壤的概念，加深学生对土壤的认识，为后面土壤的学习做好铺垫。
	【设问】同学们知道我们贵州的土壤有哪些吗？ 【评价】展示贵州省土壤示意图进行评价和补充。	【观察】观察贵州省土壤示意图，了解家乡土壤类型。	结合生活经验尝试说出贵州省的土壤类型。在学生认知基础上通过展示贵州省土壤示意图，让学生真正了解家乡的土壤，在激发学生学习兴趣的同时，引导学生关注家乡。
	【承转】贵州土壤类型主要有 8 种，从图中可以看出以黄壤为主，同学们有没有认真观察过我们身边的黄壤呢？		

（续表）

<table>
<tr><th>教学环节</th><th>教师导学</th><th>学生活动</th><th>设计意图</th></tr>
<tr><td colspan="4">观土——土壤之构造</td></tr>
<tr><td rowspan="3">新课教学</td><td>【播放】土壤样品的采取过程视频。
【指导】引导学生完成观土环节的探究。
【总结】在观察土壤时一般从颜色、剖面、组成等方面进行。
1. 土壤剖面：第一层为有机层，该层主要为植物残体。第二层颜色较深，为腐殖质层，该层腐殖质较多。第三层是淋溶层，本层矿物质淋失，颜色较浅。第四层为淀积层，通过观看取样视频，知道该层密度比较大，可溶性盐类不容易通过，在此沉淀、积累，形成淀积层。最下面的一层为母质层。
2. 土壤颜色是土壤最重要的外部特征之一。土壤的颜色也可以反映肥力的高低，颜色越深土壤越肥沃，很多土壤用颜色来命名，比如东北的黑土、四川盆地的紫土等。</td><td>【观看】认真观看土壤样品采取过程视频。
【观察探究】以小组为单位，结合样品盒，观察家乡土壤。
1. 观察土壤的颜色自上而下是否有变化，如何变化。
2. 打开土壤样本盒，观察体验不同层次土壤疏松程度有何不同。
3. 用一块纸巾包住一小块土壤，用手攥紧，土壤的体积发生了什么变化？纸巾湿了吗？为什么会出现这种现象？
4. 在土壤中有没有枯枝落叶？
5. 请在土壤样本盒标签处写上土壤剖面每层的名称。</td><td>以观察家乡的土壤为主题设计了观察土壤的实践活动。利用身边的土壤拓展情境，引导学生亲近土壤。通过观看土壤样品采取过程视频，让学生了解土壤野外考察的相关知识，了解土壤样品采集的过程，既加深了学生对土壤剖面知识的学习，又培养了学生地理实践力这一核心素养。</td></tr>
<tr><td>3. 土壤组成物质有水分、有机质、空气、矿物质，其中矿物质是土壤重要的物质组成，有机质反映土壤肥力的高低（展示图片“理想土壤组成物质的体积百分比”）。</td><td>【分享】分享家乡土壤的颜色，土壤中有水分、空气、枯枝落叶等，展示标注出来的土壤样本盒中每层土壤剖面的名称。某一小组回答，其他小组进行补充完善。</td><td>以观察体验为基础，通过运用土壤标本，设置系列问题引导学生观察土壤、触摸土壤，增强学生对土壤的感性认识，进一步落实地理实践力的培养。</td></tr>
<tr><td colspan="3">【承转】组成土壤的这些物质从哪里来呢？下面让我们进入探土环节，一起探讨土壤究竟是如何形成的。</td></tr>
</table>

（续表）

教学环节	教师导学	学生活动	设计意图
探土——土壤之成因			
新课教学	【微课反馈】通过对课前“土壤的形成因素”微课的学习，请同学们说出影响土壤形成的主要因素。 【评价】采用生生互评的方式。 【指令】分组探讨各成土因素对土壤形成的影响。 【展示】材料一：风化作用是指地表或接近地表的坚硬岩石、矿物与大气、水及生物接触过程中产生物理、化学变化而在原地形成松散堆积物的全过程。 展示岩石的风化作用、生物对土壤的影响、土壤与其他自然地理要素的关系示意图。 【总结】土壤是自然界各要素综合作用的产物，所以我们在分析成土因素时，要综合考虑各自然要素之间的联系。 【补充】从岩石演变为土壤需要漫长的时间，1cm 土壤的形成据说需要数百年，1m 土壤的形成需要数万年，土壤的形成非常不容易，然而土壤造就了中国四千年的农耕传奇，我们贵州的很多农产品与当地土壤密切相关：威宁马铃薯块茎大皮薄与当地灰泡土有关，遵义凤岗富锌富硒茶与酸性富含锌、硒土壤有关，黄平烤烟色泽亮、油分重与当地黄泥土有关，而黄平也通过烤烟摆脱了贫困。	【回答】生物、气候、地形、时间、人类活动…… 【合作学习】土壤的主要形成因素。 通过课前微课学习，结合教材及材料一内容，分组讨论：各成土因素对土壤形成的影响？（第 1、第 2 组探讨成土母质，第 3、第 4 组探讨生物，第 5、第 6 组探讨气候，第 7、第 8 组探讨地形，时间 2 分钟。） 【分享】一小组回答，另一小组进行补充完善。 【聆听】了解时间对土壤的影响。通过了解家乡农产品与土壤的密切联系，认识土壤对农业发展的重要性。	该部分为本节课的重点和难点，通过课前微课学习、课堂合作探究、成果展示、教师总结等环节突破重点和难点，帮助学生运用综合思维深入理解“土壤是环境各要素综合作用的产物”。 通过数据来了解土壤形成的不易，通过列举家乡农产品与土壤的关系，认识土壤的重要性及土壤损失的严重性，从而增强学生保护土壤的意识。
	【承转】但是我们贵州其他地方仍然因为土壤损失存在贫困现象，那么土壤到底是如何损失的呢？我们通过实验来模拟石漠化地区土壤损失的现象。		

（续表）

教学环节	教师导学	学生活动	设计意图
用土——石漠化防治			
新课教学	【实验】正常情况下岩体表面发育得有土壤和植被，现在模拟石漠化地区水土流失的演示实验。 【演示】实验前模拟降水：此次降水的目的主要是将土壤和植被用水浸湿，以便于后面实验的对比。 【要求】观察有植被覆盖时的水土流失现象。 【要求】观察裸地时，同样降水量情况下的水土流失现象。 【要求】观察裸地时，加大降雨强度后的水土流失现象。 【要求】实验结束，请对比观察烧杯 2、烧杯 3、烧杯 4 的浑浊度。倒掉烧杯中的水后，观察泥沙含量。 【设问】现在请同学们根据实验观察结果，结合材料二，完成 1~2 题。 【展示】材料二：贵州省安顺关岭地区石漠化严重，农民在山上放牧、砍柴，找土种玉米，当地农民反映，山上的土一年比一年薄，一发大水，土全被冲走了，玉米也被冲走了。石头越来越多，最后连玉米也无法种了，生活越来越困难。 【评价】对学生的回答可采用学生评价与教师评价相结合的方式。 【播放】贵州关岭石漠化治理措施及成果视频。	【实验探究】观察喀斯特地区石漠化形成过程的演示实验。4 位同学按照教师指令配合完成：甲同学负责实时投屏，乙同学负责模拟大气降水，丙同学负责取草皮，丁同学负责更换烧杯。 1. 实验前模拟降水：乙同学进行模拟大气降水的操作，丁同学负责用烧杯 1 接水。 2. 模拟植被覆盖时的降水：乙同学进行模拟大气降水的操作，丁同学负责用烧杯 2 接水。 3. 模拟裸地时的降水：丙同学负责将草皮取出，变成裸地，乙同学用同样的水量来模拟大气降水，丁同学负责用烧杯 3 接水。 4. 模拟裸地时的强降水：乙同学更换更密集的降水槽模拟强降水，丁同学负责用烧杯 4 接水。 【观察】对实验结果进行观察，对比三个烧杯的浑浊度及泥沙含量。 【讨论】分组讨论以下问题： 1. 分析关岭地区石漠化产生的自然原因和人为因素。 2. 请你为关岭地区土壤资源的使用和保护提出合理的建议。 【分享】石漠化产生的原因、耕作方式的影响等，以及家乡土壤治理和保护的措施。	设计同样降水强度下有植被覆盖土地和裸地水土流失情况对比，以及同为裸地时，不同降水强度下的水土流失情况对比实验，可以让学生直观地感受到植被、降水强度对土壤的影响，直观地了解土壤损失的原因（也即是家乡石漠化的成因），同时让学生参与到实验的操作中，有助于培养学生的地理实践力。加入地形（坡度）对水土流失的影响，培养学生多因素综合分析的能力。 首尾呼应，从人地关系出发，运用所学知识为家乡发展献计献策，帮助家乡脱贫，重在培养学生的人地协调观。 播放贵州关岭石漠化治理的视频，既是对学生答案的肯定和补充，同时也让学生意识到未来乡村振兴的责任在自己身上，并对此进行展望。

（续表）

教学环节	教师导学	学生活动	设计意图
展望	现在脱贫攻坚已经顺利结束，但脱贫摘帽不是终点，而是新生活、新奋斗的起点。我们要在巩固脱贫攻坚成果的基础上，踏上乡村振兴的新征程。同学们，未来可期，相信今后的幸福生活一直有你的身影。		
板书设计	第二节　土壤的形成 颜色　组成　剖面 观察 土壤 成因 成土母质 —生物、气候、地形 时间、人类活动→ 成熟土壤		

◎ 作业设计

（贵阳市高一地理期末监测考试）位于黔中腹地的开阳县，境内 99.91% 的土壤富含硒元素，硒含量是全国土壤平均值的 2 倍。“开阳富硒茶”荣获国家地理标志保护产品称号。据此完成 1~2 题。

1. 开阳县土壤中硒元素主要来源于（　　）

A. 大气　　B. 生物　　C. 成土母质　　D. 人类活动

2. “开阳富硒茶”能荣获国家地理标志保护产品称号的有利自然条件有（　　）

①富含硒元素的土壤　　②温暖湿润的气候

③优良的生态环境　　④丰富的种植经验

A. ①②③　　B. ②③④　　C. ①②④　　D. ①③④

下图为土壤组成物质示意图。读图回答 3~4 题。

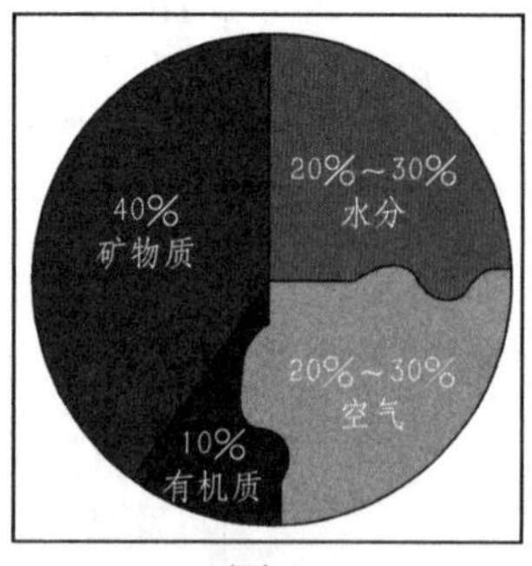

图 1

3．图中不能显示的土壤形成的因素是（　　）

A．时间　　B．生物　　C．成土母质　　D．气候

4．土壤涉及的圈层有（　　）

A.1个　B.2个　C.3个　D.4个

5．（贵阳市高一地理期末监测考试）阅读图文资料，完成下列问题。

鱼鳞坑是黄土高原常用的生态整地方式，是在较陡的山坡上，有序挖掘半月形坑穴。这些坑穴呈品字形交错排列，状若鱼鳞，故称鱼鳞坑。鱼鳞坑具有一定的蓄水能力，再加上植树造林，大大减弱了地表径流对坡面的侵蚀作用，可保土、保水、保肥。下图为黄土高原鱼鳞坑景观。

图2

（1）解释鱼鳞坑能保土、保水的原因。

（2）贵州省喀斯特山区水土流失现象较为严重，能否借鉴类似黄土高原鱼鳞坑的生态整地方式？请表明观点并说明理由。

【参考答案】

1.C　2.A　3.A　4.D

5．（1）坑内利于泥土沉积，减少土壤流失；坑内利于拦蓄雨水及地表径流，增加下渗，涵养水源。

（2）能。喀斯特山区，地势起伏大，水土流失严重，地表水缺乏，鱼鳞坑可减轻水土流失，蓄水保土。

不能。鱼鳞坑生态整地方式应因地制宜，贵州多为石质地表，开挖困难，成本高，石灰岩透水性强，不易蓄水。

◎ **教学反思**

亮点：一是问题情境教学方法的使用，利用真情境、真问题展开教学，将学习任

务置于真实情境（贵州石漠化土壤损失严重导致贫困，如何帮助家乡脱贫）中引导学生学习，最后利用所学知识为家乡发展献计献策，前后呼应，形成整体。二是关注国家政策方针，关注家乡发展，由脱贫攻坚到乡村振兴，引导学生运用所学知识为家乡发展做贡献，培养家国情怀。三是设计观察家乡土壤的活动，引导学生关注身边的地理现象，以观察体验为基础展开教学，落实地理实践力的培养。四是石漠化地区水土流失模拟实验的设计，加深了学生对石漠化的感性认识，有利于更好地提出治理石漠化的措施，了解如何保护和利用土壤，渗透人地协调观。

不足：在模拟石漠化地区水土流失的实验中，受条件所限，只体现了植被、降水强度等对水土流失的影响，而地形因素的影响没有得到明显体现，需要进一步完善实验。

再教设计：针对模拟实验的再设计，在原来模拟实验的基础上，设计洼地、缓坡、陡坡等不同地形区，同时使不同地形区的植被有所差别，将真实情况的缩小版展示给学生，让学生能直观准确地找到石漠化产生的原因，并为家乡土壤的保护和利用提出合理建议；针对培养地理实践力的再设计，如果后期条件允许，在保证学生安全的前提下，带着学生进行野外实地观察，掌握野外观察的方法，培养地理实践力。

点评

本节内容是教材新增内容，对学生来说学习内容既熟悉又陌生，如何处理教材，选择教学资源、教学方法，设计学生活动，对老师是一种挑战。本教学设计采用实验观察和探究式学习组织教学，在导入—演示实验—学生活动—案例分析这些环节，都用学生熟悉的身边的地理知识作为教学资源，利于学生学习兴趣的培养和学习积极性的提高。问题设置有层次，学生活动有思考。

教学设计结构完整，课标解读准确，教学目标确定合理、重难点判断正确；重视学生学习能力和核心素养的培养；充分利用多种教学资源和现代信息技术手段辅助课堂教学，有视频、图片，有实验，还有微课，教学过程设计自然无痕，学生参与度高，教学效果较好；同时重视学生人地协调观的培养，培养学生关注家乡、热爱贵州的家国情怀；设计的思维导图清晰有效。

不足之处：新概念或核心概念的讲解不够，水土流失实验的科学性有待商榷。有机会老师要带学生走出教室、走进户外，感受身边的地理知识。

点评：郑建（贵州师范学院）

三、乡土地理案例

贵州省位于云贵高原上，地势西北高东南低，属于湿润亚热带气候特征。贵州地质条件复杂，岩石种类较多，沉积岩分布广泛，在生物、地形、气候的共同作用下，形成十分复杂的母质条件，母质类型的不同直接影响土壤类型。全省自南向北分布的土壤有南亚热带砖红壤化红壤和红泥田，中亚热带黄壤、黄红壤和黄泥田，北亚热带黄棕壤和灰泡土三个地带。省内土壤类型的形成和分布特点，无疑为农、林、牧综合配置提供了丰富的物质基础。如贵州的很多农产品与当地土壤密切相关，威宁马铃薯块茎大皮薄与当地灰泡土有关，遵义凤岗富锌富硒茶与酸性富含锌、硒的土壤有关，黄平烤烟色泽亮、油分重与当地黄泥土有关，而黄平也通过烤烟摆脱了贫困。在此提供相关案例，可以在教学中进行典型示例展示、知识补充等。

附录 A 野外考察

黔灵山地理野外考察

教学设计：王炳福　蒲祖进　田海玉

地理野外考察是培养学生地理实践力的重要方式之一。同时，也是学生了解家乡、认识家乡、热爱家乡的重要途径。地理必修一从地球表面形态、地球上的大气环境、地球上的水、地球上的植被和土壤等章节简要概述了地理要素与自然环境的关系。在地理必修一新课结束后，结合乡土地理资源，开展一次野外地理考察，可以帮助学生将书本知识与自然环境进行有机结合，让学生在大自然中“享地理之美，悟地理之道”。

一、内容研读

◎ 内容要求

1.4 通过野外观察或运用视频、图像，识别3~4种地貌，描述其景观的主要特点。

1.9 通过野外观察或运用土壤标本，说明土壤的主要形成因素。

1.10 通过野外观察或运用视频、图像，识别主要植被，说明其与自然环境的关系。

1.12 通过探究有关自然地理问题，了解地理信息技术的应用。

◎ 认知内容

通过野外观察，了解黔灵山主要岩石的类型及其形成的地质年代；描述黔灵山山地地貌特点；观察黔灵山酸性黄壤的土壤剖面构成，识别不同土壤层面的差异；描述黔灵山植被特点，区别亚热带常绿阔叶林带与云贵鹅耳枥植物群落。

◎ 教学建议

利用休息日半天时间开展地理野外考察实践活动。

二、教学设计[①]

◎ 学情分析

认知基础：完成地理必修一的学习后，学生们对地质地貌、土壤、植被等地理要素已具备一定的认知，对各地理要素之间的相互联系、相互影响也有了初步了解；通过考察前的学习，学生基本掌握了地质罗盘、“形色”手机 APP 等考察工具的使用，也收集了一些有关黔灵山的资料；同时，贵阳市的学生基本上都有游玩黔灵山的经历，对黔灵山游玩线路、景点分布、景观特点等比较熟悉。

不足条件：学生对地理必修一不同地理要素的学习是分章节进行的，缺乏在真实环境中对地理要素的统一认知。学生收集资料的能力还有待提高，收集黔灵山资料的途径过于单一，资料内容的指向性、针对性不够明确；由于还没有开展过野外地理考察活动，所以考察过程中的小组合作，考察后学习资料的整理，撰写考察报告，分享考察成果等方面的能力还不足。虽然大部分学生都去过黔灵山，但之前缺乏运用地理眼光和地理视角研究地理环境的经验。

◎ 教学目标

1. 学生能够说出罗盘的主要结构，能够运用罗盘测量岩层的走向、倾向、倾角等岩层产状，能够正确读取测量数据。

2. 学生能够规范地采集、标识、保存草本和灌木标本，并规范制作植物标本。

3. 学生通过观察，了解典型的酸性黄壤的剖面结构；能够规范测量土壤 pH 值。

4. 撰写野外考察报告，分享考察成果。

结合学业质量标准的要求，预设两级达标水平，见黔灵山野外考察预设层级水平。

---

① 本次野外考察为贵阳市高中地理学科带头人工作站展示案例，执教教师：王炳福，蒲祖进，邓婕妤，邹娅玲，田海玉（贵阳市第六中学）。

表 A–1 黔灵山野外考察预设层级水平

水平一	水平二
在黔灵山真实情境中，能够辨识山地地貌、酸性黄壤、亚热带常绿阔叶林、石灰岩等自然地理要素。（区域认知） 简单了解黔灵山植被保护的历史，简单分析亚热带季风气候与亚热带常绿阔叶林之间的关系。（人地协调观、综合思维）	在黔灵山真实情境中，能够辨识山地地貌、酸性黄壤、亚热带常绿阔叶林等自然地理要素；能够区别自然带与植物群落的差别；能够简单分析亚热带季风气候与亚热带常绿阔叶林之间的关系及其与酸性黄壤发育的关系。（人地协调观、综合思维）
借助他人的帮助，能够使用“两步路”手机APP记录考察线路，能够使用地质罗盘和手机软件测量岩层产状，能够规范采集两种植物标本。（地理实践力）	能够根据测量数据在地形剖面图中绘制地质剖面图，能够制作两种以上植物标本，能够辨识三种以上土壤层。（地理实践力）

◎ 重点难点

1. 教学重点：正确使用地理工具，规范开展野外考察；能够分析气候与自然带、土壤发育的关系。

2. 教学难点：使用地质罗盘准确测量岩层产状。

◎ 教学方法

1. 教法

以讲授法和演示法为主。讲授法主要运用于讲授活动要求、知识背景等内容上；演示法主要用于植物标本的采集和制作等实践活动，为学生提供规范的实践活动参照。

2. 学法

任务驱动法：每个教学环节基本按照任务清单的方式推进，让学生在努力完成相关任务的同时体验完成任务的成就感。

讨论法：主要用于对比记录结果，分析讨论自然现象的成因等。

实践法：主要用于观察、实验、采集和制作植被标本等实践环节。

◎ 教学资源

1. 自制“地质罗盘微课”，利用 QQ 群提前发送给学生自主学习。

2. 黔灵山公园。

3. 汪际、张慧主编的《贵州省中学乡土地理教学案例》。

◎ 教学过程

表 A–2 黔灵山地理野外考察教学过程设计

教学环节	教师导学	学生活动	设计意图
行前准备	【准备】 1. 考察前踩点，拟定考察线路和内容：黔灵山公园南大门东侧（地质罗盘的使用）、白象山西麓登山步道口（观察褶皱）、九曲径（观察土壤剖面、植物群落、采集植物标本）。 2. 设计和发放任务清单（包括岩层产状记录表、土壤剖面观察记录表、野外植物观察记录表等）。 3. 制作和发放“地质罗盘的使用方法”微课及地质罗盘。	【分组】以 4~5 人为一组，明确小组成员职责。 【自学】 1. 观看地质罗盘微课视频，进行操作演练，不清楚的地方问老师和同学。 2. 下载安装并熟悉相关手机软件。 3. 熟悉学习内容和各自的任务。 4. 查阅黔灵山地质、土壤、植被等自然方面的资料。	培养兴趣，明确任务。提前熟悉相关工具，提高野外考察效率。
野外考察	考察点 1：黔灵山公园南大门东侧 【简介】学生在南大门集合后，以二叠纪石灰岩为切入点，通过介绍黔灵山三叠纪灰岩、侏罗纪砂岩的分布来简单介绍黔灵山的地质演化过程：黔灵山主体是由下二叠系茅口组组成的北北东向背斜。山体东部为三叠系白云质灰岩和白云岩组成的贵阳向斜。山体西部属于都拉营向斜的一部分，为黔灵湖向斜，其轴部组成为侏罗系自流井群砂岩、页岩和泥岩。 【设问】判断“黔灵山第一山”摩崖石刻的地质构造，并说明理由。 【讲解】判断断层的依据：观察两侧的岩块是否存在明显的断裂构造，如果存在，则可以确定是断层。再根据断层两侧相对移动的方向判断断层类型。	【观察】观察并记录黔灵山南大门附近的地貌类型和二叠纪薄层石灰岩的特征。 【判断】观察、记录陡崖特征，判断断层层面。	让学生对照地质年代表，对黔灵山的地质演化过程有一个大体的认知，培养学生从宏观和微观视角了解区域的地理思维能力。
	【检测】检查“地质罗盘的使用方法”微课学习情况，演示学生还没有掌握的内容。 【演示】按照岩层测量面的方法，运用罗盘实际测量岩层产状。	【操作】使用地质罗盘实际测量目标岩层的产状。 【分组活动】分小组按任务清单要求，在规定时间内完成三个测量点岩层产状、目标物方位角的测量与记录。	不排除还有不熟悉地质罗盘操作的同学，老师可通过演示及时指导。

（续表）

教学环节	教师导学	学生活动	设计意图
野外考察	【评价】查看各小组实测数据，聆听讨论的结果，进行必要的评价与修正。 【演示】指导学生将测量数据绘制为地质剖面图的方法，从而实现数据可视化。	【分享】各小组交流测量数据。 【探究】对比其他小组的测量数据，查找误差，分析误差产生的原因，提出改进措施。 【绘图】在地形剖面图上，根据测量数据绘制地质剖面图。	学生很可能因操作不正确、测量面选择不正确等原因出现较大的误差，引导他们在分享中发现问题，在实践中解决问题。 通过教师演示和学生实际操作，帮助学生突破难点。
	考察点 2：白象山西麓登山步道口 【演示】讲解皱褶空间尺度差异，演示拍摄野外地质摄影记录的过程。	【观察】观察微褶皱特征，掌握通过标尺或参照物进行野外拍照记录的方法。 【实践】各小组进行微皱褶地质结构景观拍摄。自行评比哪个小组拍摄得最好。	通过自行评选活跃气氛。
	考察点 3：通往九曲径的步道 【讲授】教师借助土壤剖面出露点讲授土壤的发育过程和分层结构。 需要给学生说明山麓地区还会受到崩塌等影响，不具有代表性。进一步给学生说明如何选择开挖土壤观察点位。因公园保护等原因，不能开挖新鲜土壤剖面。 【设问】结合化学知识，推测土壤呈黄色的原因。	【实践】观察并记录土壤剖面的特征；学生分组实验，测量土壤剖面中不同层次的pH值，归纳 pH 值的变化规律并推测其原因。 【推测】铁离子含量较高，氧化作用强烈。	在帮助学生了解土壤剖面特征的同时，也有助于树立其遵规守法和实事求是的思想。 运用化学、地理等学科知识解决地理问题，实现跨学科融合。
	【讲授】简单介绍土壤的形成与基岩、气候、植被之间的关系。 【讲授】教师指导学生观察和辨认马尾松、油茶、黑足鳞毛蕨等植物的特征。讲授亚热带季风气候区酸性黄壤上发育的典型植物群落。 【演示】演示野外采集和制作植物标本的一般方法。比一比哪个小组采集的标本最规范。 【设问】观察并简述九曲径云贵鹅耳枥生长环境的特征。 【追问】如果该地植被遭到破坏，可能出现什么情况？	【实践】运用“形色”软件，辨识油茶、黑足鳞毛蕨。 【思考】思考黔灵山属于什么自然带，说明判断理由。 【实践】分组采集和制作油茶、黑足鳞毛蕨标本，完善标签记录信息。 【分享】土层薄甚至缺失；植物根系裸露，扎根岩缝中。	运用现代信息技术为学习服务。 培养学生的综合思维。 通过一个小评比，激发学生的兴趣。 树立保护森林、保护环境的意识。

（续表）

教学环节	教师导学	学生活动	设计意图
总结	【总结】野外考察记录和数据一定要真实、准确，为后期撰写考察报告提供优质基础材料。教师要指导学生检查观察记录表是否完整；检查和收整废弃物，携带至景区外，置于垃圾池中。	【整理】完善岩性观察记录表（见表A-3），根据不同岩石的岩性判断岩石类型及成因。 完善土壤剖面观察记录表（见表A-4），归纳不同土壤层的特点及其成因。 检查整理野外考察中测量的数据、记录以及收集的资料等。 整理野外考察工具。	培养学生在野外考察中及时记录、结束后进行初步资料整理、考察工具的清理和归整等良好习惯，以及其环境保护的意识。
后期指导	【实验】指导学生在实验室运用规范方法测量土壤样本的pH值，指导学生定期翻晾和制作植物标本。 指导学生撰写考察报告。	【实验】记录实验数据，对比野外测量结果（见表A-5）。 【实践】待植物标本阴干后，制作植物标本。 【分享】分享小组考察成果。 课后，小组合作设计水循环实验，改进实验装置，提升实验效果。	掌握野外观察和实验室定量测量相结合的方法，分享成果以增加学生的成就感，从而进一步提升学生学习地理的积极性。

表 A–3　岩性观察记录表

考察点位名称：			经纬度：		
地层名称：			海拔：		
岩石类型	表面纹理	岩石类型	表面纹理	岩石类型	表面纹理

表 A–4　土壤剖面观察记录表

土壤类型		
土层代号	土层名称	土层厚度（cm）
O	有机层	
A	腐殖质层	
E	淋溶层	
B	淀积层	
C	母质层	
R	母岩层	

表 A–5　野外植物观察记录表

采集日期：		采集人：	
采集点位：		海拔：	
植物生境：	□裸石地　□草地　□林地　□耕地　□水域		
生活型：	□乔木　□灌木　□草本　□附生　□藤本　□其他		
次级生活型：	□常绿　□落叶　□阔叶　□针叶　□多年生草本　□一年生草本		
株高：	胸径：	学名：	拉丁文名：
形态特征：	□根　□茎　□叶　□花　□果实		
备注：			

◎ 教学反思

优点：此次野外考察行前准备充分；任务驱动有效调动了学生的积极性和参与意识；对学生考察期间发现的新问题等生成性课程资源加以引导，效果较好；在学习使用传统测量工具的同时，教师还介绍了常用手机软件的使用方法，有利于学生学习新方法、掌握新技术、拓展新视野；按照学科素养的培养要求，进行不同层次教学质量的描述性评价，关注学生在活动中的表现，对学生的价值取向进行正确引导。

不足：对于测量数据，没有提供有效的参照；学生野外测量土壤 pH 值的方法不规范；由于时间关系，并没有对水文观察、岩层的地质年代进行考察活动设计，教学内容显得单薄。

再教设计：在不断地实践中，有意识地强化自身的野外考察设计和指导能力，经常开展微专题地理野外考察活动设计。

点评

大自然是最生动、有趣的地理课堂，地理野外考察是地理科学最基本的研究方法之一。黔灵山公园作为我国唯一一个地处主城区内的5A级公园，有着丰富的地质地貌、水文、土壤植被等自然景观，也有丰富的人文景观。在学生学习完必修一，对自然地理要素有基本的认识之后，组织学生开展地理野外考察，是教师充分挖掘乡土课程资源，帮助学生理论联系实际，运用地理方法观察地理现象、解决地理问题的重要途径，也是培养学生地理实践力的重要手段。

地理野外考察可适当让学生运用提前收集好的黔灵山相关资料，提高学生获取信息、运用信息的能力，同时可以适当增加野外考察时间，考察环节还可以更加紧凑，考察内容还可以更加丰富，以增强学生的体验感。

点评：秦江（贵阳市第六中学）

三、乡土地理案例

贵阳市区适合开展野外地理考察的地点较为丰富，在选择考察点时，可结合教学目标，遵循就近、安全等原则组织实施。2021 年贵阳市适合中小学开展专题野外考察的部分研学旅行基地名单如下：

气象类：农业气象外场试验基地，贵阳市气象局，清镇市气象局等。

植被类：贵州森林野生动物园，贵阳市鹿冲关森林公园等。

地质地貌类：高坡龙打岩山地研学创新基地，南江大峡谷中小学生研学基地，天河潭国家地质公园，贵州师范大学·关岭自治县——喀斯特生态系统野外科学观测站等。

水文类：花溪十里河滩，阿哈湖湿地公园等。

综合类：黔灵山公园，桃源河旅游景区等。

附录B　地理1课程内容涉及的主要行为动词及行为条件解读

表B–1　地理1课程内容涉及的行为动词统计及解读

行为动词	次数（次）	解读	具体任务
描述	3	描写叙述，对事物进行形象地阐述。作为最基本的地理素养，要求学生运用地理学科语言形象地叙述地理事物或地理现象。	地球所处宇宙环境，地球的演化过程，地貌景观特点。
说明	8	解释明白，要求高于“描述”。要求学生运用地理基本知识、基本原理、基本规律解释清楚地理事物和地理现象。	太阳对地球的影响，地球的圈层结构，大气的组成和垂直分层及其与生产生活的联系，大气受热过程与热力环流原理，海水性质和运动对人类活动的影响，土壤的主要形成因素，植被与自然环境的关系，常见自然灾害的成因。
解释	1	分析阐明，类似“说明”。	大气受热过程与热力环流带来的地理现象。
识别	2	辨别、辨认。	地貌，植被等。
了解	2	知道得清楚。	避灾、防灾的措施，地理信息技术的应用。

表B–1　地理1课程内容涉及的行为条件统计及解读

行为条件	次数（次）	解读
运用资料	7	学生能够借助教材或教师给定的图、文、音、像、标本等资料，获取解读必要的地理信息，作为达成目标的重要手段或途径。
运用示意图	3	学生运用教材中给定的示意图或自行绘制示意图，正确表达对地理事物或地理现象的理解。
通过野外观察	3	学生对野外或户外地理事物（地貌、植被、土壤）和地理现象仔细查看，并能够对地理事物和地理现象进行辨别、辨认、描述。

参考文献

[1] 中华人民共和国教育部.普通高中地理课程标准(2017年版2020年修订)[S].北京:人民教育出版社，2020.

[2] 韦志熔，朱翔．普通高中地理课程标准（2017 年版 2020 年修订）解读 [M]．北京：高等教育出版社，2020.

[3] 中华人民共和国教育部．普通高中课程方案（2017 年版 2020 年修订）[S]. 北京：人民教育出版社，2020.

[4] 汤国荣．普通高中教科书教师教学手册：地理必修第一册 [M]．长沙：湖南教育出版社，2019：1-6.

[5] 傅伯杰．地理学：从知识、科学到决策 [J]．地理学报，2017（11）：5-14.

[6] 白海珍，董捷．高中地理教材内容及特点分析——以 2019 年人教版和湘教版必修教材为例 [J]．中学地理教学参考，2021（18）：18-20+46.

[7] 国家测绘工程技术研究中心．国家测绘工程技术研究中心：助力“科技冬奥”[EB/OL]．（2022-02-11）[2022-06-10]．http://www.glac.org.cn/index.php?m=content&c=index&a=show&catid=4&id=8696.

[8] 航天宏图．航天宏图：冬奥赛场群星闪耀 航天宏图幕后全力保障 [EB/OL].（2022-02-11）[2022-06-10]．http://www.glac.org.cn/index.php?m=content&c=index&a=show&catid=4&id=8698.

[9] 叶玮，王红雷．贵州：测绘地理信息技术助力脱贫攻坚 [J]．中国测绘，2020（04）：11-15.

[10] 杨明，王仕佐，罗建，等．贵州花江大峡谷地区自然人文旅游资源综合评价及规划开发研究 [J]，贵州大学学报（社会科学版），2006，24（6）：38-47.

[11] 田初晨．硅在黄河内蒙古段沉积物上的吸附特征及形态变化研究 [D]．呼和浩特：

内蒙古师范大学，2020.

[12] 赵实. 三北防护林工程建设中林木种苗的发展思路分析 [J]. 绿色科技，2018（13）：207-208.

[13] 苏维词. 中国西南岩溶山区石漠化治理的症结、模式及对策 [J]. 水土保持学报，2002，16（5）：24-29.

[14] 吕洪波，章雨旭. 壶穴、锅穴、冰臼、岩臼等术语的辨析与使用建议 [J]. 地质通报，2008（6）：917-922.

[15] 段玉山. 普通高中课程标准（2017 年版 2020 年修订）教师指导：地理 [M]. 上海：上海教育出版社，2021.

[16] 金梓乔. “大气的受热过程”的教学反思 [J]. 地理教学，2011，（18）：9-11.

[17] 贵阳市人民代表大会常务委员会. 贵阳市环城林带建设保护办法 [S/OL].（2002-11-01）[2022-06-10]. https://www.guiyang.gov.cn/zwgk/zfxxgks/fdzdgknr/lzyj/dfxfg/201401/t20140118_8176208.html.

[18] 红枫湖 [EB/OL]. [2022-06-10]. https://baike.so.com/doc/5366638-5602363.html.

[19] 汪际，张慧. 贵州省中学乡土地理教学案例 [M]. 贵阳：贵州人民出版社，2017.

[20] 黄会前，何腾兵，牟力. 贵州母岩（母质）对土壤类型及分布的影响 [J]. 浙江农业科学，2016，57（11）：1816-1820.

[21] 文雪峰，魏晓，杨瑞东. 黔灵山公园地质遗迹类型及成因分析 [J]. 贵州地质，2010，27（1）：59-66+72.

[22] 于俊伟，吴战平，高秋沙. 贵州的夜雨特征 [J]. 贵州气象，2010，34（2）：13-14+17.